Darwin's Table

다윈의 식탁

논쟁으로 맛보는
현대 진화론의 진수

장대익 지음

바다출판사

| 차례 |

| MENU |

해밀턴의 장례식 그리고 다윈의 식탁

"윌리엄 해밀턴 박사, 아프리카 콩고에서 급성 말라리아에 감염되어 사망."

2002년 5월 20일, 이메일을 여는 순간 내 몸은 얼어붙었다. 영국 옥스퍼드 대학교의 진화생물학자 윌리엄 도널드 해밀턴William Donald Hamilton 박사가 아프리카 콩고에서 말라리아에 걸려 5월 17일 혼수상태에 빠졌고, 그 후 사흘 만에 운명을 달리했다는 부고였다. 내 눈을 의심해봐야 소용이 없었다. 믿을 수 없는 그 슬픈 소식은 이내 인터넷을 통해 전 세계로 빠르게 퍼지고 있었다.

"장례식은 열흘 후에 영국 옥스퍼드 대학교 뉴칼리지의 예배당에서 거행될 예정이다."

나는 며칠간의 일정을 모두 정리하고 부랴부랴 짐을 꾸려 런던행 비행기에 몸을 실었다. 창문 밖으로 그와 함께 자전거를 타고 옥스퍼드 대학교 교정을 질주하던 몇 달의 추억이 스쳐 지나갔다.

해밀턴 박사는 우리에게 말 그대로 전설이다. 다윈 이후로 진화학계가 내놓은 혁신적 성과들 뒤에는 늘 그가 있었다. 예컨대 자연선택 이론을 유전자의 관점에서 재해석한 '포괄 적합도 이론inclusive fitness theory'을 제시했고, 성性이 기생자parasite의 침입에 대응하기 위한 숙주의 전략으로 진화했다는 '기생자 이론'을 창안했으며, 성선택 이론sexual selection theory을 발전시켜 공작의 깃털이 왜 그렇게 화려한지를 명쾌하게 밝히기도 했다. 그래서 진화학계는 그를 사회생물학, 행동생태학, 진화심리학의 '이론적 아버지'라 부르는 데에 이견이 없다. 그는 학계에서는 매우 드물게 아마존 정글과 수리 모형의 세계를 자유자재로 넘나들 수 있는 천재 박물학자였다.

최근에 그는 에이즈AIDS의 기원에 관한 새로운 이론을 입증하기 위해 콩고의 정글을 정기적으로 찾았다. 그동안 에이즈의 기원에 대한 정설은 카메룬의 야생 침팬지에게 물린 영장류 사냥꾼들에게 침팬지의 면역결핍 바이러스가 전이되었다는 이론이었다. 하지만 해밀턴에게는 다른 가설이 있었다. 그것은 에이즈가 1950년대 아프리카에서 경구용 소아마비 백신을 테스트하는 과정에서 잘못되어 인간에 전이된 질병이라는 것이다. 그날도 그는 어떤 이론이 과학적으로 더 적합한지를 조사하기 위해 환갑을 훌쩍 넘긴 몸으로 콩고의 정글을 탐험 중이었다. 하지만

얄밉게도 콩고의 자연은 그의 재능과 열정을 이번만큼은 받아
줄 수 없었던 모양이다.

해밀턴 박사의 장례식은 전 세계에서 온 진화론의 대가들로
북적였다. 해밀턴의 이론을 《이기적 유전자The Selfish Gene 》(1976)
라는 책을 통해 대중화하는 데에 성공한 리처드 도킨스Richard
Dawkins는 물론이거니와, 해밀턴에게 지적인 빚을 진 전 세계
의 학자들이 하나둘 모여들었다. 하버드 대학교의 에드워드 오
스본 윌슨Edward Osborne Wilson, 러트거스 대학교의 로버트 트
리버스Robert Trivers, 뉴욕 주립대학교의 조지 윌리엄스George C.
Williams, 영국 서섹스 대학교의 존 메이너드 스미스John Maynard
Smith……. 나는 해밀턴과 함께 도시락을 까먹고 자전거를 타고
밤이 늦도록 진화에 대해 이야기를 해본 것이 전부이지만, 여기
모인 이들의 대부분은 그야말로 그의 학문적 동지들이다.

심지어 지난 30년간 이들과 학문적으로 끝없이 충돌해온 미
국 하버드 대학교의 고생물학자 스티븐 제이 굴드Stephen Jay Gould
와 유전학자 리처드 르원틴Richard Lewontin도 애도의 뜻을 직접
전하러 대서양을 건너왔다. 뜻밖의 일이다. 전 세계 진화학의 석
학들이 아군과 적군 구분 없이 이렇게 한 자리에 모일 수 있으
리라고는 그 누구도 예견하지 못했을 것이다. 나는 해밀턴의 사
망이 너무나도 슬펐지만, 이렇게 많은 석학을 한꺼번에 만날 수
있게 된 것이 한편으로는 신기했다.

장례식에는 나의 스승이자 세계적인 인지철학자 대니얼 데

닛Daniel C. Dennett 선생님도 와 계셨다. 선생님을 발견한 나는 가까이 가서 인사를 드린 후 해밀턴의 생애에 대해 한참 동안 이야기를 나누었다. 그러던 중 옆쪽에서 《생물학과 철학Biology and Philosophy》이라는 학술지의 편집장을 맡고 있는 뉴질랜드의 킴 스티렐니Kim Sterelny와 미국의 저명한 생물철학자 엘리엇 소버 Elliott Sober의 대화 소리가 들렸다. 그들도 이 모든 이가 한 자리에 모인 것에 흥분한 기색이었다. 스티렐니가 소버에게 말했다.

"교수님, 아무리 큰 학회라 해도 이런 대가들이 한 자리에 다 모이기도 쉽지 않겠죠? 이번 기회에 현대 진화론을 둘러싼 그간의 혈전을 한번 결판내는 것은 어떨까요?"

"에이, 그게 가능하겠어요? 이 사람들이 얼마나 바쁜데요. 그리고 생물학자들은 철학자들처럼 논쟁을 그렇게 즐기는 사람들도 아닌데……."

"그래도 일단 사람들에게 제안을 한번 해볼게요. 만일 성사만 된다면 엄청난 이슈가 될 것 같은데요? 진화학과 생물철학의 발전에도 큰 기여를 할 것 같고요."

옆에서 나와 함께 이 대화를 듣게 된 데닛이 그들에게 반가움을 표시했다.

"정말 재밌겠는데요?"

"오우, 데닛 선생님. 옆에 계신지 몰랐습니다. 그동안 잘 지내셨지요?"

"네. 두 분도 잘 지내셨죠? 어쩌다 보니 두 분의 대화를 듣게 되었는데요, 엄청난 지적 이벤트가 될 것 같아요."

실현 가능성에 의구심을 품었던 소버가 데닛에게 말한다.

"만일 그런 토론 모임이 성사만 된다면 선생님은 당연히 모셔야 할 겁니다. 참석은 가능하신가요?"

"네, 물론이죠. 그런 대토론회에 참여한다면 정말 멋질 것 같아요. 하지만 한 가지 조건이 있어요. 적어도 도킨스와 굴드는 참여해야 합니다. 그 두 사람을 빼놓고 현대 진화론 논쟁을 이야기하는 것은 불가능하거든요."

사실 도킨스와 굴드는 지난 30여 년 동안 탁월한 소통 능력을 자랑하며 학계의 거장으로 등극했다. 하지만 이 둘은 진화론의 거의 모든 쟁점에서 늘 으르렁댔다. 게다가 이 '전쟁'은 거의 언제나 편을 가르는 방식으로 확전되었고, 자연스럽게 그 둘은 현대 진화론을 양분하는 라이벌로 진화했다. 가령 굴드가 책을 내면 도킨스와 그의 친구들은 벌떼처럼 일어나 적을 공격했고, 그반대도 마찬가지였다. 어느덧 이 둘은 진화론의 양대 산맥으로서 팬과 안티 팬을 동시에 몰고 다니는 진화 무림의 고수가 되었다. 소버가 데닛의 말에 맞장구를 쳤다.

"이들이 참여하지 않은 진화론 전쟁은 B급 대회일 수밖에 없습니다. 흥행을 위해서라도 도킨스와 굴드는 공동으로 주인공을 맡아줘야 해요."

이들의 존재감을 누구보다도 잘 알고 있는 소버와 스티렐니는 좀 더 진지하고 체계적으로 일을 도모하기 시작했다. 소버는 굴드를, 스티렐니는 도킨스를 찾아가 정식으로 제안했다. 하지만 역시나 두 사람은 모두 바쁜 일정을 핑계로 손사래를 쳤다. 어쩌면 이들의 주저함은 이 토론의 결과에 대한 우려 때문이었는지도 모른다. 만약 상대방에게 결정타를 맞게 된다면 전장을 쓸쓸히 떠나야 하는 상황이 올 수도 있기 때문이다.

이런 상황을 간파한 중재자들은 기막힌 아이디어를 생각해냈다. 우선 그들은 굴드와 도킨스를 우리가 처음 이야기했던 곳으로 모셔왔다. 데닛은 그들에게 '한국에서 진화학과 생물철학을 연구하는 학자'라며 나를 소개해줬다. 소버의 말이 이어졌다.

"이러면 어떨까요? 굴드와 도킨스가 팀장을 하고 두세 명의 팀원을 모아보세요. 그런 다음에 팀 대 팀으로 논쟁을 하는 방식으로 진행해봅시다."

도킨스가 잠시 생각해보더니 고개를 끄덕였다.

"그거 좋겠네요. 굴드 박사가 동의하면 저희도 하겠습니다. 그나저나 누구에게 부탁을 해봐야 하나. 사람들이 너무 많은데……."

"도킨스 박사가 하겠다면 저도 당연히 참석을 해야겠지요. 이번에 아주 제대로 붙어봅시다. 하하하."

다행히 굴드도 승낙을 했다. 그리고 우리는 토론 방식에 대해서도 다음과 같이 합의했다.

"첫째, 월요일부터 금요일까지 닷새 동안은 매일 저녁 5시에 모여 함께 식사를 한 후 7시부터 두 시간 동안 한 가지 큰 쟁점에 대해 토론한다. 둘째, 토요일은 쉬고 일요일에 다시 모여 도킨스와 굴드의 공개 강연과 종합 토론으로 전체를 마무리한다."

도킨스와 굴드는 각자 자신의 팀에 누구를 참석시킬지를 결정하고는 일일이 찾아가 함께하자고 제안하기 시작했다. 놀랍게도 그 둘에게 정식으로 초대를 받은 사람들은 모두 이 토론회의 취지와 방식에 동의했다. 문제는 이 바쁜 학자들이 모두 모일 수 있는 일정을 급하게 잡는 일이었다. 하지만 재밌는 일이 벌어졌다. 도킨스와 굴드가 전향적으로 석 달 뒤에 일주일간 시간을 내보겠다고 선언하자, 그의 친구들도 각자의 선약들을 조정하면서까지 동참하기로 결정한 것이다. 실로 놀라운 일이었다. 어떻게 이런 일이 가능하단 말인가?

이제 이 역사적인 토론 시리즈의 이름을 멋지게 짓는 일만 남았다. 몇 가지 이름들이 오르내렸다.

"진화론 대토론회, 진화론자들의 생존경쟁, 진화의 대향연……."

그때 내 뇌리에 두 단어가 번쩍였다.

"다윈의 식탁Darwin's Table."

사람들의 시선이 모두 나에게로 쏠렸다.

"다윈의 후예들이 식탁에 둘러앉아 치열한 토론을 벌이는 것이니, '다윈의 식탁'이라고 하는 것이 어떨까요?"

순간, 함께 모인 학자들이 고개를 끄덕였다. 스티렐니는 내 어깨를 툭 치더니 엄지손가락을 들어 올린다.

"와우 좋은데요. 뭔가 있어 보여요."

다행히도 더 좋은 아이디어가 나오지 않았고, 결국 이 토론회의 명칭은 '다윈의 식탁'으로 낙찰되었다. 그 덕에 나는 장례식에 참석한 다른 학자들의 부러움을 사며 식탁의 서기로 임명되었다. 말 그대로 '가문의 영광'이었다. 서기의 일이란 모든 모임에 직접 참여하면서 토론의 내용, 분위기, 의미 등을 후기 형식으로 작성하여 주최 측에 보내는 것이었다. 나는 무엇보다도 다윈의 식탁 전부를 현장에서 직접 관람할 수 있는 특권이 가장 마음에 들었다.

장소는 토론의 정신을 살리기 위해 영국 케임브리지 대학교 다윈칼리지Darwin college의 교수 식당으로 쉽게 정해졌다(이 칼리지는 다윈의 둘째 아들인 조지 다윈이 구입한 토지 위에 세워졌는데 다윈의 집안을 기리는 뜻으로 그 같은 이름이 붙었다). 다섯 명의 사회자와 서기로 구성된 조직위원회도 꾸려졌다. 하지만 다윈의 식탁에 올릴 요일별 메뉴(토론 쟁점)와 손님(패널)의 명단을 최종적으로 확정하는 데에는 몇 번의 밀고 당기기가 있었다. 왜냐하면 어떤 쟁점에서는 굴드 편이지만 다른 쟁점에서는 도킨스 쪽에 가까운 사람들이 있었기 때문이다.

장례식이 끝난 후에도 일은 척척 진행되었다. 조직위원회는 모임 홍보를 위해 《네이처》의 편집장과 영국 BBC의 편성국장을 만나기로 했다. 이들은 다윈의 식탁 출연자 명단을 보자마자 함께하자고 달려들었다. 결국 《네이처》는 토론 전문을 정리하여 공개하고 BBC는 토론 현장을 중계하는 방식으로 이 역사적 토론회를 후원하기로 했다. 조직위원회는 석 달 후에 '지상 최대의 진화쇼'가 열린다는 생각에 몹시 흥분해 있었다. 하지만 그들, 특히 BBC 측은 우리가 미처 생각하지 못한 한 가지 우려 사항을 전달했다.

"다 좋긴 한데, 과연 일반인들이 토론 내용을 얼마나 이해할 수 있을지가 약간 걱정됩니다. 대가들의 논쟁이다 보니 서로 안다고 전제하고 이야기하는 것들이 많을 것 아닙니까? 일반 시청자들은 그만큼 소외될 것 같아요. 물론 도킨스나 굴드처럼 대중 친화적인 패널도 있지만 다 그렇지는 않을 텐데요……."

듣고 보니 일리가 있었다. 물론《네이처》입장에서는 이것이 문제되지는 않았다. 어차피 자기네는 전문가들을 주로 상대하니까 말이다. 어쨌든 우리 조직위원회는 이 지적에 잠시 시끄러워졌다. 몇몇은 이것은 어차피 진화론 전문가들 간의 논쟁이니 대중들은 신경 쓰지 말자고 했다. 반면 다른 이들은 이 기회에 일반인들에게 진화론에 대한 정확하고 수준 높은 지식을 전달하자며 팽팽히 맞섰다. 이 광경을 보고 있던 BBC 편성국장이 흥미로운 제안으로 중재에 나선다.

"잠시만요. 제게 좋은 아이디어가 있습니다. 진화론의 핵심을 쉽게 소개해주는 방송을 만들어 '다윈의 식탁' 시작 하루 전쯤에 방영하면 어떻겠습니까? 준비 기간을 고려해보면 강연회가 좋을 것 같아요. 잘만 되면 두 마리 토끼, 그러니까 전문가와 일반 대중을 다 잡을 수 있지 않을까요?"

원윈 전략이었다. 누군가가 '진화론으로의 초대' 같은 다큐멘터리를 만들면 어떻겠느냐고 제안했지만 BBC 측은 석 달이라는 짧은 기간 때문에 현실적이지 못하다고 답했다. 결국 강연회를 녹화하여 방영하자는 쪽으로 결정되었다. 이제 누가 그런 강연을 할 것인가가 남은 문제였다. 물론 소통 능력으로만 보면 당연히 도킨스나 굴드가 나서야 하겠지만, 논쟁의 당사자들이니 이번만큼은 그럴 수가 없었다. 잠시 후 소버가 하버드 대학교의 진화생물학자 에른스트 마이어Ernst Mayr를 추천하고 나섰다.

"마이어 선생은 말 그대로 진화학계의 살아 있는 전설입니다. 그는 20세기를 통째로 함께 하면서 자연선택 이론의 부침을 실제로 목격한 분이지요. 게다가 탁월한 분류학자로서 1940년대에 진화론의 '근대적 종합The Modern synthesis'을 이룬 일등공신 중 한 명이었습니다. 이후에는 종분화 이론을 비롯하여 진화론의 철학과 역사에까지 선도적인 연구를 하셨습니다. 《뉴욕타임스》가 그를 가리켜 '20세기의 다윈'이라고 했을 정도입니다. 게다가 그는 어떤 의미에서 이 모든 논쟁에서 중립적 입장을 취할 수 있는 유일한 분입니다. 가령 그는 도킨스의 이기적 유전자 이론에도 반대하지만 굴드의 단속평형론도 과장되었다고 비판합니다. 이런 이유들 외에도 그여야만 하는 결정적 이유는, 그가 작년에 《진화란 무엇인가What evolution is》라는 책을 냈다는 사실 때문입니다. 그 책을 기반으로 강연을 하면 되겠지요."

다들 처음에는 소버의 이야기에 고개를 끄덕였지만, 몇 초가 지나지도 않아 고개를 갸웃거리는 이들이 생겨났다. 나도 그중 하나였다.

"실례지만 그분의 연세가 올해 어떻게 되지요?"

누군가가 위키피디아를 검색해보더니 아흔일곱이라고 대답한다.

"아이고, 안 되겠습니다. 그 연세에 단독으로 방송 강연을 하시게 할 수는 없어요. 우리로서도 큰 모험이고요."

BBC 측의 이 말에 아무도 이견을 달지 않았다. 우리는 이 옵션을 포기할 수밖에 없었다. 또 한 번 고민에 빠져 있던 우리에게 BBC 측이 또다시 신선한 아이디어를 냈다. 아예 다윈의 '아바타'를 등장시켜 다윈이 직접 강의하는 것처럼 하자는 것이었다. 기술적으로는 문제가 없다고 했다.

'다윈의 아바타라니, 참 좋은 세상이다!' 나는 속으로 중얼거렸다.

우리는 결국 새로운 시도를 해보기로 결정했고, 앞으로 있을 준비 모임 일정들을 정한 후에 헤어졌다. 《네이처》와 BBC는 바로 일주일 후에 '다윈의 식탁'을 예고하는 광고를 대대적으로 내기 시작했다. 이로써 다음과 같은 일정과 출연진이 일반인에게도 공개되었다.

다윈의 식탁: 토론 메뉴 및 손님 명단

토론 주제	도킨스 팀	굴드 팀	사회자
첫째 날 (월) 강간도 적응인가? - 자연선택의 힘	도킨스 코스미데스 핑커 에드워드 윌슨	굴드 르원틴 촘스키 코인	소버
둘째 날 (화) 이기적 유전자로 테레사 수녀를 설명할 수 있나? - 협동의 진화	도킨스 윌리엄스 트리버스	굴드 데이비드 윌슨 소버	스티렐니
셋째 날 (수) 유전자에 관한 진실을 찾아서 - 유전자와 환경 그리고 발생	도킨스 키처 캐럴	굴드 르원틴 오야마	소버
넷째 날 (목) 진화는 100미터 경주인가, 멀리뛰기인가? - 진화의 속도와 양상	도킨스 데닛 마이어	굴드 엘드리지 길버트	루즈
다섯째 날 (금) 박테리아에서 아인슈타인까지 - 진화와 진보	도킨스 메이너드 스미스 서트마리	굴드 맥셰이 라우프	힐
여섯째 날 (토)_휴식 진화론의 나무 아래서 - 진화론의 계보	없음	없음	없음
마지막 날 (일)_공개 강연 다윈의 진정한 후예는? - 진화론과 종교	도킨스 〈종교는 왜 바이러스인가?〉	굴드 〈왜 다윈의 이론이 불완전 한가?〉	셔머

- 스티븐 제이 굴드: 하버드 대학교 고생물학(미국)
- 에른스트 마이어: 하버드 대학교 진화생물학(독일/미국)
- 대니얼 데닛: 터프츠 대학교 심리철학 및 인지과학(미국)
- 리처드 도킨스: 옥스퍼드 대학교 동물행동학 및 과학대중화(영국)
- 마이클 루즈: 플로리다 대학교 생물철학 및 생물학사(미국)

- 리처드 르윈틴: 하버드 대학교 진화유전학(미국)
- 로버트 트리버스: 러트거스 대학교 인류학(미국)
- 대니얼 맥셰이: 산타페 연구소 복잡계학(미국)*
- 존 메이너드 스미스: 서섹스 대학교 진화생물학(영국)
- 엘리엇 소버: 위스콘신 대학교(메디슨 캠퍼스) 생물철학(미국)
- 킴 스티렐니: 빅토리아 대학교 및 호주 국립대학교 생물철학(뉴질랜드/
  오스트레일리아)
- 닐스 엘드리지: 미국자연사박물관 고생태학(미국)
- 데이비드 슬론 윌슨: 뉴욕 주립대학교(빙엄턴 캠퍼스) 진화생물학(미국)
- 에드워드 오스본 윌슨: 하버드 대학교 사회생물학(미국)
- 에이브럼 노엄 촘스키: MIT 언어학(미국)
- 레다 코스미데스: 캘리포니아 대학교(산타바바라 캠퍼스) 진화심리학(미국)
- 제리 코인: 시카고 대학교 진화유전학(미국)
- 스티븐 핑커: MIT 언어학 및 신경과학(미국)**
- 조지 윌리엄스: 뉴욕 주립대학교(스토니브룩 캠퍼스) 진화발생생물학(미국)
- 필립 키처: 컬럼비아대학교 생물철학(미국)
- 션 캐럴: 위스콘신 대학교(매디슨 캠퍼스) 진화발생학(미국)
- 수전 오야마: 뉴욕 시립대학교 발생생물학(미국)
- 스코트 길버트: 다트머스 대학교 발생생물학(미국)
- 데이비드 라우프: 시카고 대학교 고생물학(미국)
- 데이비드 헐: 노스웨스턴 대학교 생물철학(미국)
- 와르시 서트마리: 헝가리 고등과학원 이론생물학(헝가리)

* 2014년 현재 듀크 대학교 유기체 생물학 및 행동진화학.
** 2014년 현재 하버드 대학교 언어심리학 및 진화심리학.

| APPETIZER |

이것이 진화론이다

2002년 8월 18일 저녁 7시 59분 40초, 영국 BBC는 내일(19일)부터 펼쳐질 '다윈의 식탁'을 알리기 위해 20초짜리 광고를 내보냈다. 도킨스와 굴드가 각각 수백 명의 청중 앞에서 강연하는 장면들이 짧게 오버랩되더니 식탁에 둘러앉아 토론하는 학자들의 모습이 비친다. 그런데 마지막 멘트가 살짝 식상하다. "도킨스 팀 vs. 굴드 팀, 최후의 승자는 누가 될 것인가!"

광고가 사라지자, 다윈같이 생긴 아바타가 등장한다. 수염이 조금 과장된 듯하지만 봐줄 만하다. 그가 이야기를 시작한다.

나의 인생

안녕하세요? 전 세계의 BBC 시청자 여러분. 저는 150년 전쯤에 《종의 기원On the Origin of Species》(1859)을 쓴 찰스 로버트 다윈Charles Robert Darwin이라고 합니다. 우선 저를 잘 모르시는 분들을

19
APPETIZER • 이것이 진화론이다

위해 간단히 소개드리지요. 많은 분들이 저를 세상을 바꾼 생물학자라고 불러서 제가 좀 민망합니다만, 저는 원래 생물학자도 아니었고 이른바 천재도 아니었습니다. 열여덟 살에 의과대학을 중퇴하고 낙향하여 사냥이나 하며 지내던 '루저'였지요. 의사인 아버지가 보다 못해 "목사나 되라"고 하셔서 맘에도 없는 신학교에 들어갔습니다. 그래도 엘리트 집안이어서 케임브리지 대학교 신학부에 입학할 수 있었습니다.

하지만 마음은 늘 콩밭에 가 있었습니다. 저는 남아메리카를 여행하며 자연의 세계를 탐구하는 박물학자의 인생을 늘 꿈꿨거든요. 그러다 우연히 대타로 HMS 비글호에 승선하여 꿈에 그리던 남아메리카를 탐험하게 됩니다. 4년 10개월 동안이나요. 그때 에콰도르 서쪽의 갈라파고스 군도에 방문했는데, 영국에 돌아와 그때 채취한 샘플들을 정리하다가 놀라운 발견을 하게 됩니다. 먹이 환경에 따라 새의 부리 모양이 다르다는 사실을 깨닫고 '자연선택natural selection'이라는 진화 메커니즘을 고안한 것이죠. 그래서 후세에는 갈라파고스 군도를 세상을 바꾼 섬이라고 하더군요. 저는 20년 동안 자연선택 이론을 숙성시키고 있다가 앨프리드 러셀 월리스Alfred Russel Wallace라는 젊은 친구의 편지를 받고 자극을 받아 1859년에《종의 기원》을 출간했습니다.

깔끔한 소개다. 하지만 오해의 소지가 있는 말도 섞여 있다. 다윈이 갈라파고스 군도의 핀치들을 관찰하고 난 뒤 자연선택 개넘을 바로 얻었다고 흔히들 알고 있지만, 사실은 그게 아니다. 다윈은 거기서 채취해온 새들이 전부 다른 종인 줄 알았다. 너무 다르게 생겼기 때문이었다. 하지만 당대 최고의 조류분류학자는 이것이 모두 같은 핀치류라고 말했다. 다윈은 거기에 충격을 받았고 한편으로 당혹스러움을 느꼈다. 왜냐하면 어느 섬에서 채취한 것인지도 기록하지 않았을 정도로 처음에는 그 새들의 중요성을 알지 못했기 때문이다. 따라서 갈라파고스의 핀치를 보고 자연선택 이론을 떠올렸다는 이야기는 사실과 거리가 있다. 어쨌든 다윈이 세상을 바꾼 다른 과학자들에 비하면 머리가 비상했다고는 할 수 없을 것 같다. 대신 8년 동안 죽어라고 따개비 같은 미물을 연구했다거나 20년 동안 이론을 갈고닦았다는 점을 보면 끈기만큼은 그를 따라갈 자가 없을 것이다. 또 죽기 2년 전에는 지렁이와 토양의 관계에 관한 연구서를 내기도 했다. 그의 말이 이어진다.

생명의 나무와 공통 조상

많은 분들이 제가 한 일에 대해서 이런 평가를 해주십니다. '종이 변한다는 생각을 처음으로 한 사람'이라든가, '종의 변화 메커니즘을 처음으로 제시한 사람'이라고요. 하지만 이런 평가에는 오해가 있습니다.

우선 저는 '종의 가변성'을 처음으로 주장했던 사람이 결코 아닙니다. 제가 《종의 기원》에서 이미 명백히 밝혔듯이, 저의 선배 중 적지 않은 분들이 그런 주장을 먼저 하셨지요. 그중에는 저의 친할아버지이신 에라스무스 다윈Erasmus Darwin과 프랑스의 장 바티스트 라마르크Jean-Baptiste Lamarck 선생도 있습니다. 진실을 말하자면, 종이 변한다는 생각은 그 당시 웬만한 지식인들에게는 공공연한 사실이었습니다. 입 밖으로 내기 힘들었을 뿐이죠. 다만 저는 어떻게 새로운 종이 생겨나고 사라지는가에 대해 과학적으로 설명하려 했습니다.

제가 한 일 중에서 독창적인 것은 그럼 무엇이냐고요? 저는 맨 처음으로 '생명의 나무' 개념을 창안했습니다. 저 이전의 사람들은 (적어도 서양 사람들은) 생명을 한 줄로 세워놓고 등급을 매기는 것에 익숙했습니다. 그들의 존재론은 '생명의 사다리'라고 할 수 있지요. 그 사다리의 맨 위에는 신이, 그 밑에는 천사가, 그리고 그 밑에는 인간, 침팬지, 원숭이 등이 서열대로 배치되어 있는 구도였습니다. 이 사다리에서 인간은 자연계의 수장이었습니다. 알렉산더 포프Alexander Pope라는 당대 시인은 이것을 '존재의 대사슬'이라고도 불렀지요. 이 사슬의 특징은 고리 하나하나가 전부 고정되어 있다는 점입니다. 이런 생각은 성서를 문자 그대로 믿는 창조론자들의 구미에도 딱 들어맞는 것이었습니다. 창세기에서 창조의 순서를 이야기하는 대목과 "각 종류대로 만들었다"는 구절은 종간 서열과 종의 불변성을 전제하는 생명의 사다리 개념 속에 잘 반영되어 있습니다.

하지만 저는 이 사다리 대신에 '생명의 나무'라는 개념을 도입했습니다. 나무의 줄기에서 가지들이 뻗어 나오듯이, 한두 개의 공통 조상에서 출발한 생명이 다양하게 분기해왔다는 주장이지요. 저는 1837년에 이미 이런 생각에 도달했지만 20년 후에야 《종의 기원》을 통해 제 생각을 세상에 알렸습니다. 그 책에 나오는 단 하나의 그림이 바로 생명의 나무입니다. 이 개념은 그 이전에 종의 변화를 주장했던 라마르크 선생의 존재론과도 다릅니다. 그는 종의 가변성을 주장하면서도 이전 사람들처럼 생명의 위계질서를 인정했습니다. 어떻게 그것이 가능할까요? 라마르크의 아이디어는 이런 것이었습니다. '생명은 어디에서 시작하든 시간이 지나면 더 복잡한 상위의 존재로 변화한다. 생명의 직선적 위계는 본래부터 존재한다.' 고정된 사다리가 아니라 아래서 위로 이동하는 에스컬레이터라고나 할까요?

자, 라마르크와 제가 진화에 대해 정확히 어떤 차이를 보이는지 조금 더 분명하게 이야기해보겠습니다. 퀴즈를 하나 내드릴게요. "지금 동물원에 있는 침팬지들은 대체 몇 십만 년이 지나야 인간으로 진화할 수 있을까요?" 500만 년, 1000만 년? 생명의 나무 개념에서는 그런 일은 수억 년이 지나도 절대로 일어나지 않습니다. 왜일까요? 생명은 가지를 치듯이 진화한다는 저의 이론을 잘 생각해보시면 됩니다. 이 이론에 따르면 침팬지와 인간은 과거 언젠가 하나의 '공통 조상common ancestor'에서 갈라져 나왔습니다. 두 종이 가지를 치듯 분기를 한 것이지요. 이때 중요한 것은 그 두 종을 분기시켰던 '공통 조상'이 존재한다는 사실입니다. 최근 영장류학자들은 그 분기 시점을 600만 년 전쯤이라고 하더군요. 그러나 라마르크 선생에게는 '공통 조상'이라는 개념이 없습니다. 따라서 종이 분기한다는 개념도 없지요.

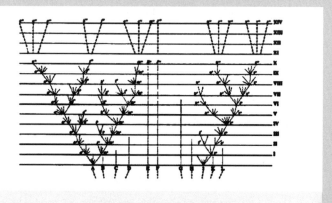

다윈이 《종의 기원》 4장에서 그린 생명의 나무. 현존하는 종들이 결국 과거의 한 두 공통 조상에서 비롯된 것이라는 발상은 그 당시로서는 매우 독창적인 것이었다.

자, 그러니 동물원에 가서 침팬지를 가리키며 애들에게 "저기 우리 조상님이 계신다"고 말씀하시면 곤란합니다. 그동안 원숭이나 침팬지가 우리의 조상이라고 생각하셨던 분이 계시다면, 그분은 저, 다윈이 아닌 라마르크의 후예이신 겁니다. 침팬지는 인간의 조상이 아니라 우리의 사촌종입니다. 이렇게 생명의 나무와 공통 조상 개념은 제 진화론의 핵심입니다.

다윈의 식탁

자연의 관계에 대해 창조론자, 라마르크, 그리고 제가 얼마나 다른 생각을 갖고 있는지 이제 좀 더 명확해졌으리라 생각됩니다. 그런데 어떤 분들은 이렇게 반문하시더군요. "생명의 사다리든, 에스컬레이터든, 나무든, 그건 생물학자들에게나 중요한 문제일 뿐, 우리와는 별 상관이 없는 이야기 아닌가요?"

아닙니다! 그 문제에 대한 생각의 차이는 자연계에서 인간의 위치가 어디인가에 대한 아주 근본적 차이를 불러일으킵니다. 가령 생명의 나무 개념에서 보면 우리 인간도 현존하는 수많은 종 중 하나일 뿐입니다. 운 좋게 살아남은 잔가지 중 하나일 뿐

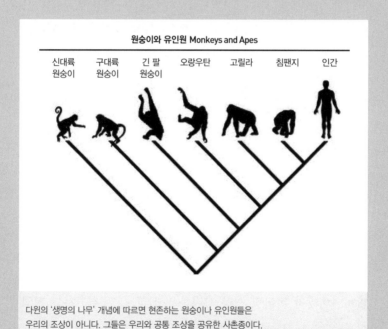

원숭이와 유인원 Monkeys and Apes

| 신대륙 원숭이 | 구대륙 원숭이 | 긴 팔 원숭이 | 오랑우탄 | 고릴라 | 침팬지 | 인간 |

다윈의 '생명의 나무' 개념에 따르면 현존하는 원숭이나 유인원들은 우리의 조상이 아니다. 그들은 우리와 공통 조상을 공유한 사촌종이다.

이지요. 인간은 생명의 중심도 아니고 최상위층도 아닙니다.

　게다가 현재 살아 있는 모든 종들은 38억 년의 생명 역사에서 살다 간 수많은 종 중 단 1퍼센트에 불과합니다. 즉 99퍼센트는 모두 멸절했다는 이야기입니다. 이것은 기가 막힌 이야기입니다. 이렇게 생각해보세요. 여러분의 어머니와 아버지가 과거에 사랑을 나누지 않았다면 여러분은 여기 존재할 수가 없습니다. 할머니와 할아버지가 짝짓기에 실패했어도 여러분은 탄생할 수가 없는 것이죠. 이렇게 거슬러 올라가면 여러분은 기막힌 우연들을 뚫고 여기 이 자리에 와 계신 겁니다. 그 수억의 고리들 중 하나라도 삐끗했다면 여러분은 여기 없는 겁니다. 호모 사피엔스도 마찬가지라는 이야기입니다. 그저 운 좋게 그 1퍼센트에 들어서 여기에서 반짝이고 있는 것이죠. 우리가 생명의 나무에서 잔가지에 불과하다는 것은 바로 그런 뜻입니다. 겸양을 떠는 발언이 아닙니다. 전율해야 하는 사실이죠.

　자, 그럼 이제 제 이론의 독창적 측면 몇 가지를 더 이야기해보겠습니다.

자연선택과 종분화

1800년대까지 적어도 서양 사람들은 신과 같은 전능하고 지적인 존재가 동식물을 완벽하게 창조했다고 믿었습니다. 그래서 윌리엄 페일리William Paley 같은 신학자는 자연계에 존재하는 다양하고 정교한 생명체들을 보면 완벽한 신의 존재를 인정할 수밖에 없다고 주장했지요. 그러나 저는 생명체의 다양성과 정교함을 초자연적 원인이 아닌 자연적 원인으로 설명하는 데 성공한 최초의 과학자입니다.

물론 페일리의 아이디어는 오늘날의 관점에서도 정말 매력적입니다. 시계를 떠올려 보시지요. 요즘은 시계보다 복잡한 것이 넘쳐나지만 18세기만 해도 시계는 복잡한 기계의 상징이었습니다. 페일리는 이렇게 이야기합니다. "시계를 보라. 그것은 복잡한 기계이기에 저절로 생겨날 수는 없다. 그것을 만들 만큼 훨씬 더 복잡하고 뛰어난 지적인 존재, 즉 시계공이 있어야 한다. 그렇다면 시계보다 더 복잡하다고 할 수 있는 자연계의 특성들, 가령 시각 장치(눈)는 어떻게 생겨난 것일까? 신과 같은 지적인 설계자가 만든 것일 수밖에 없다."

정말 그럴듯한 추론 아닌가요? 사실 제가 신학교를 다닐 때 제일 감명 깊게 읽었던 책이 바로 그의 《자연신학》입니다. 그의 논증에 완전히 매료되었죠. 이후에 비글호 항해를 하고 자연계를 더 깊이 탐구하면서 그와는 완전히 다른 대답에 도달하긴 했지만, 그의 질문, 즉 "다양하고 정교한 자연은 어떻게 생겨나게 되었는가?"는 정말 중요한 공통의 화두였습니다.

그 화두에 대한 저의 대답은 '자연선택'이라는 자연적이고 기계적인 메커니즘에 의해 그 모든 것들이 가능했다는 것이었습니다. 《종의 기원》은 '자연선택에 의한 진화'를 주장하기 위한 '하나의 긴 논증'이라고 할 수 있습니다. 자연선택에 의해 생명이 진화했다는 것은, 자연선택이라는 메커니즘에 의해 가장 단순한 구조로 시작한 생명체가 가지를 치듯 분기하여 현재와 같이 수없이 많은 종들로 다양해졌다는 뜻입니다. 그렇다면 자연선택은 대체 무엇일까요? 그것이 무엇이기에 이렇게 대단한 힘을 갖고 있는 것일까요?

우선 진화에 대해서 좀 더 이야기할 필요가 있습니다. 진화란 시간에 따른 종의 변화라고 할 수 있습니다. 한 종은 수많은 세대를 거치면서 유전적 변화를 통해 다른 종들로 변화할 수 있습니다. 이것이 바로 진화입니다. 여담입니다만, 사실 저는 '진화evolution'라는 용어를 쓰고 싶지 않았습니다. 사람들이 저, 즉 '다윈' 하면 떠올리는 '적자생존survival of the fittest'이라는 용어도 정말 싫었어요. 그런데 제가 살던 때 매우 인기 있던 철학자 허버트 스펜서Herbert Spencer가 두 용어로 제 이론을 너무 널리 알리는 바람에 저도 울며 겨자 먹기로 쓰게 된 것입니다. 그래서 '적자생존'은 《종의 기원》 5판부터, '진화'는 6판에 가서야 썼습니다. 그럼 '진화'라는 용어 전에는 뭘 썼느냐고요? '변화를 동반한 계승descent with modification'이라는 용어를 줄곧 사용했습니다. 좀 더 길긴 하지만 더 정확한 표현이지요.

진화를 시간에 따른 종의 변화라고 한다면 그 변화를 이끄는 힘은 무엇일까요? 저는 그것을 자연선택이라고 했고, 그것은 저의 트레이드마크가 되었지요. 자연선택 메커니즘이 작동하기 위해서는 다음의 네 가지 조건이 만족되어야 합니다.

1. 모든 생명체는 실제로 살아남을 수 있는 것보다 더 많은 수의 자손을 낳는다.
2. 같은 종에 속하는 개체들이라도 저마다 다른 형질을 가진다.
3. 특정 형질을 가진 개체가 다른 개체들에 비해 환경에 더 적합하다.
4. 그 형질 중 적어도 일부는 자손에게 전달된다.

여기서 '형질character'이란 개체의 어떤 특성을 뜻합니다. 가령 큰 키, 빠른 발, 긴 날개 등이 그것입니다. 위의 네 조건 중 첫 번째는 경쟁 조건이라 할 수 있습니다. 두 번째는 변이 조건입니다. 집단에 존재하는 개체들이 모두 똑같다고 한다면 자연선택은 일어나지 않습니다. 즉 서로서로 달라야 합니다. 그런데 다행히 자연에는 늘 변이들이 득실대지요. 가령 우리 중에 똑같은 사람은 아무도 없습니다. 심지어 일란성 쌍둥이도 생김새나 성격 등이 서로 다릅니다.

세 번째 조건은 그 변이들이 생존과 번식에 있어서 능력의 차이가 있어야 한다는 것입니다. 만일 모든 개체들을 다 먹여 살릴 만큼 자원이 풍부하다면 생존 경쟁 따위는 일어날 필요가 없겠죠. 하지만 자연은 그렇지 못합니다. 그래서 생존과 번식을 두고 경쟁이 일어납니다. 따라서 생존과 번식의 측면에서 좀 더 유리한 변이를 갖고 있는 개체가 더 잘 살아남게 될 것입니다. 하지만 이 조건만으로는 충분하지 않습니다.

네 번째 조건은 대물림 조건입니다. 즉 생존과 번식에 차이를 준 그 형질이 다음 세대에도 대물림될 때 비로소 자연선택이 작동한다는 조건입니다. 대물림되지 않는 차이라면 한 세대 만에 끝나버립니다. 진화는 한 세대의 변화를 이야기하지 않습니다. 수많은 세대를 거치면서 새로운 종들이 탄생하는 것이어야 합니다.

위의 네 조건이 만족되면 한 집단population의 구조는 변하기 시작합니다. 즉 그 집단 내 형질들의 빈도는 시간이 지나면서 변할 수밖에 없습니다. 그 변화가 너무 심해 처음 집단과 나중 집단의 개체들이 서로 교배가 안 될 정도라고 할 때, '종분화speciation'가 일어났다고 말합니다. 즉 두 집단 간에 '번식적 격리reproductive isolation'가 일어난 경우라고 할 수 있겠지요.

쉬운 예를 들어볼게요. 늑대가 출몰하는 환경에 양들이 살고 있다고 해봐요. 이 상황에서 빨리 달릴 수 있는 다리를 가진 개체는 생존에 유리할 수밖에 없습니다. 그런 형질을 가진 개체만 살아남겠지요. 그런데 우리는 그 정도의 변화를 진화라고 하지 않습니다. 진화는 세대에서 세대로 이어지는 긴 기간 동안의 변화이니까요. 이 대목에서 네 번째 조건, 즉 대물림 조건이 등장합니다. 즉 빠른 다리가 다음 세대에 대물림 되는 형질이라고 해야 자연선택이 작동한다는 것입니다. 대물림 조건이 만족되지 않는다면 이득이 되는 형질들이 다음 세대에 보존되지 않기 때문에 진화가 일어나지 않습니다. 이 네 조건이 다 만족되면 그 집단에서는 빨리 달리는 양들이 점점 많아질 것입니다. 생명의 다양성과 정교함은 이런 종분화 과정이 셀 수 없을 정도로 많이 일어나 차곡차곡 쌓여 생긴 결과라고 할 수 있습니다.

자연선택에 의한 진화, 이제 이해하셨나요? 그런데 이 자연선택 메커니즘을 이해했다고 하는 분들도 다음과 같은 의심을 종종 합니다. '과연 이 기계적 과정만으로도 자연세계에 존재하는 정교한 생명체가 생겨날 수 있을까?' 사실 이런 의심은 《종의 기원》이 나온 이후 지금까지도 계속되고 있습니다. 하지만 자연선택이 누적적으로 일어난다는 사실을 알면 이런 의심은 더 이상 할 필요가 없게 됩니다.

가령 아마존에 가면 등판이 넓적한 사마귀가 서식하는데, 나뭇잎과 모양이 비슷해서 구분이 잘 안 됩니다. 심지어 잎맥과 비슷하게 금이 가 있는 등판도 존재합니다. 이런 사마귀의 디테일한 변화와 존재를 설명할 수 있는 길은 무엇일까요? 자연선택뿐입니다. 제가 설명해볼게요. 정상적인 사마귀보다 등판이 조금 더 넓은 변이가 생겨날 수 있습니다(변이 조건). 그런데 등판이 넓으면 포식자가 몸을 잘 볼 수 없으므로 생존에 유리합니다(적합도 조건). 그리고 만약 이 등판의 크기가 대물림된다고 한다면, 세대를 이어가면서 등판이 큰 개체들로 집단이 구성될 수 있겠지요(대물림 조건). 이 과정이 반복되면 사마귀의 등판은 전부 다 커지게 됩니다. 설명 끝!

자연선택은 복잡하고 정교한 형질들이 어떻게 자연적인 원인에 의해 생겨날 수 있는가에 대한 유일한 설명방식입니다. 가장 복잡한 형질이라고들 하는 인간의 눈이 자연선택으로 어떻게 진화할 수 있는지를 보여주는 시뮬레이션도 가능합니다. 그럼에도 불구하고 사람들이 자연선택의 이러한 강력한 힘을 의심하는 이유는 무엇일까요? 그것은 그것이 누적적으로 일어난다는 사실을 간과하기 때문입니다. 자연선택은 정교함을 단 한 번에 만드는 힘이 아닙니다. 그것은 마치 금고털이범 같이 일을 하지요. 무슨 말이냐고요?

여러분이 만약 금고털이범이라고 상상해보세요. 지금 여러분 앞에 비밀번호 숫자 열 개를 순서대로 다 맞춰야 열 수 있는 금고가 있습니다. 어떻게 여시겠습니까? 제 아무리 금고털이의 신이라 해도 단 한 번에 그 숫자를 다 맞히지는 못할 것입니다. 아마도 청진기를 다이얼 근처에 대고 일의 자리부터 돌리다가 덜커덕 하면 그 번호를 그대로 둔 채 다음 자리로 이동하는 식으로 하겠지요. 이런 과정을 열 번을 거쳐야 금고가 열립니다. 금고털이범은 이런 식으로 '누적적인 과정'을 거치며 '불가능해 보이는' 금고 열기에 성공하는 것입니다.

자연에는 도저히 설명이 불가능한 것처럼 보이는 복잡한 형질들이 존재합니다. 그래서 사람들은 "이게 어떻게 단번에 생겨날 수 있겠느냐"며 진화론을 의심하고 창조론으로 쉽게 넘어갑니다. 하지만 금고털이범의 예에서처럼 자연선택에 의한 진화는 그렇게 단번에 일어나는 과정이 아닙니다. 게다가 복잡한 형질에 대한 만족스러운 설명이 아직 없다는 이유로 창조론으로 눈을 돌리는 것은 '회피'이지, 더 좋은 대안적 설명을 찾은 것이라고 할 수 없습니다. 왜냐하면 창조론자들은 "자연계는 너무 정교해서 자연적 원인으로는 도저히 설명할 수 없다"는 말만 반복할 뿐, 자신들의 이론을 설명하려는 시도조차 하지 않기 때문입니다. 반면 자연선택 이론은 자연계에 존재하는 정교함과 다양성에 대해 그동안 인류가 시도한 설명 중에서 최고라고 할 수 있습니다. 이것이 바로 제가 《종의 기원》에서 진정으로 하고 싶었던 주장입니다.

《종의 기원》 초고를 완성하고 나서 저와 절친한 토머스 헉슬리Thomas Huxley에게 보내 읽어보고 고칠 점들을 이야기해달라고 한 적이 있습니다. 그가 원고의 마지막 쪽을 덮고 나서 내뱉

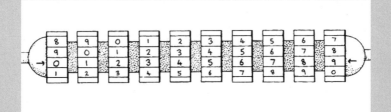

자연은 금고털이범처럼 누적적인 과정을 통해 불가능해 보이는 복잡성에 이른다.

은 탄성은 아직도 회자되고 있습니다. 뭔지 아시나요? "바보 같으니. 나는 왜 여태 이런 단순한 생각을 하지 못했을까?"였습니다. 자연선택 이론은 지금까지 인류의 지성사를 흔들어 놓은 몇 개의 과학 이론 중에서도 가장 이해하기 쉽습니다. 여러분, 뉴턴 선생의 《프린키피아》를 읽어보신 적이 있나요? 원문은 라틴어로 되어 있죠. 저는 젊은 시절, 시도는 해봤지만 바로 포기했습니다. 고급 기하학을 알아야 이해할 수 있겠더군요. 그러면 아인슈타인의 상대성 이론은 어떻습니까? 이제는 똑똑한 물리학과 대학생들이면 이해할 만한 지식이 되긴 했지만, 아직도 본인이 이해했다고 착각하고 있는 경우가 적지 않죠. 참, 어렵습니다.

그것들에 비하면 자연선택 이론은 아주 단순하죠. 심지어 세상을 바꾼 '과학책'이라는 《종의 기원》에는 수식이 단 하나도 안 나옵니다. 전부 글로 표현했지요. 그래서 사람들이 고개를 갸웃거립니다. '이렇게 쉬운 이론이 설마 위대한 과학적 발견일까?' 너무 쉬우니 믿으려 하지 않습니다. 하지만 위대한 과학 이론일수록 단순하다는 사실에 주목해주십시오. 사실 뉴턴과 아인슈타인의 물리법칙들도 그 핵심은 지극히 단순합니다. 복잡한 변수들을 남발하는 과학자들은 대가들이 아니라 애송이들입니다. 간결하지만 많은 것을 설명하는 이론, 우리는 그것을 '우아하다elegant'고 말합니다. 후세 사람들이 저의 이론을 우아하다고 해줄 때 저는 가장 기분이 좋습니다.

그러나 여전히 잘못 이해하시는 분들이 있습니다. 특히 창조론자 중에서 "다윈의 진화론이 참이라면 종이 분화하는 과정을 관찰할 수 있어야 하는데, 과연 그것을 본 사람들이 있는가?"라 며 질문하는 분이 적지 않습니다. 종의 분화는 대체로 점진적으로 진행됩니다. 그래서 한 세대가 몇 십 년인 경우에는 수만 년에서 수천만 년이 걸리기도 하지요. 따라서 우리의 생애 동안 그 과정을 관찰할 수 없는 것은 아주 당연합니다. 하지만 세대의 주기가 짧은 미생물이나 일부 곤충들의 경우에는 심지어 며칠 만에도 새로운 종이 생겨나는 것을 직접 목격할 수도 있습니다.

진화를 이끄는 또 다른 힘들

이제 자연선택 메커니즘과 그것에 의한 진화가 무엇인지를 이해하셨는지요? 그렇다면 자연선택만이 진화를 일으키는 요인일까요? 아닙니다. 진화를 추동하는 힘은 자연선택 말고도 몇 가지가 더 있습니다. 우선 프랑스의 위대한 진화학자 라마르크가 제안했던 '용불용설用不用說'부터 이야기해봅시다. 라마르크는 이 가설을 통해 생명이 주변 환경에 따라 어떻게 변화하는지, 궁극적으로는 하등 생물이 고등 생물로 어떻게 발전할 수 있는지를 설명하려 했습니다.

그의 논리는 매우 단순하고 명확했습니다. '기린의 목은 어떻게 길어졌나?'에 대한 그의 설명을 들어볼까요? 기린은 예나 지금이나 대개 키가 큰 나무가 있는 지대에 서식합니다. 기린의 조상은 지금처럼 그렇게 목이 길지 않았습니다. 그런데 그중 어떤 한 개체가 높이 매달려 있는 잎을 따먹기 위해 목을 열심히 늘렸습니다. 이런 과정이 반복되는 동안 그 개체 속에 존재하는 신경액이 목 쪽으로 더 많이 쏠리게 되었고, 그 결과 그 기린은 목이 길어졌지요. 기린에게 긴 목은 하나의 '획득된 형질'입니다. 그런데 라마르크는 여기에 머물지 않고 그 획득 형질이 자손들에 전달된다고 생각했습니다. 즉 부모가 늘린 목을 새끼들이 물려받는 일이 거듭되면서 오늘날과 같은 기린의 모습이 되었다는 것이지요. 이것이 바로 라마르크의 유명한 '획득 형질의 유전'이라는 가설입니다.

어떤가요? 한편으로 그럴듯해 보이기도 합니다. 노력해서 얻은 만큼 후손들에게 물려준다는 스토리는 아름답기까지 합니다. 하지만 생물학적으로는 받아들일 수 없는 주장일 뿐입니다. 왜냐하면 부모의 형질은 생식세포(정자와 난자)를 통해서만 자식에게 대물림된다는 사실이 밝혀졌기 때문입니다. 가령 부모 기린이 아무리 목을 잡아 빼서 길어졌다 해도 그 변화는 절대로 생식세포에 새겨지지 않습니다. 그러니 그런 변화는 당대에서 끝나는 것이죠. 여러분이 열심히 운동을 해서 몸을 만들었다고 해서 여러분의 자녀가 몸짱 몸매를 그대로 물려받는 것은 아니라는 말입니다. 여러분이 부모라면 이 얼마나 다행스러운 사실입니까? 공부 못하는 자녀들이 부모의 게으름을 탓할 수 없으니 말입니다.

하지만 놀랍게도 획득 형질이 유전될 수 없다는 사실은 20세기 초에 가서야 밝혀집니다. 독일의 세포학자 아우구스트 바이스만August Weismann은 부모 쥐의 꼬리를 잘랐을 때 자손들의 꼬리에 어떤 영향이 있는지를 실험했습니다. 그런데 이 실험에서 자손들의 꼬리는 짧아지지 않았습니다. 그는 이 결과를 바탕으로 오직 생식세포만이 대물림된다는 이론을 입증했습니다.

그렇다고 라마르크 선생을 비난할 수는 없습니다. 그때는 유전 현상에 대해서 모두 다 무지했으니까요. 그때는 유전물질이 뭔지도 몰랐었고 유전자란 것이 있는지도 모르지 않았습니까? 사실, 저는《종의 기원》에서 자연선택을 진화의 주요 메커니즘이라고 주장했지만 그렇다고 용불용 메커니즘을 완전히 배제하지도 않았습니다. 약간 부끄러운 이야기네요.

흥미로운 광경이다. 용불용설에 대한 미련을 끝까지 버리지 못했음을 시인하는 다윈의 모습이라니! 하지만 진실을 알면 더 실망스러울지 모른다.《종의 기원》이 출간되자마자 학계에서는 자연선택의 힘을 의심하는 목소리가 터져 나왔다. 자연선택의 작용 자체는 인정하지만 그것만으로 자연계에 만연한 정교함을 다 설명할 수 있을지에 대해서는 의문 부호를 달 수밖에 없다는 것이었다. 그들은 생명체 내부에 어떤 목표를 향한 변화의 힘이 있다고 믿거나('정향 진화설'), 라마르크의 용불용설 등을 받아들였다. 심지어 다윈마저도 《종의 기원》를 개정(총 6판까지 있었음) 하면서 계속 뒷걸음질을 쳤는데, 1880년에 《네이처》 편집장에게 한 변명은 차라리 안쓰럽기까지 하다. "내가 언제 자연선택에만 의존한다고 했단 말입니까?" 딱한 다윈, 아니 조금은 뻔뻔해 보이는 그의 아바타가 말을 잇는다.

자, 이제 기린의 긴 목이 어떻게 진화했는지를 자연선택 메커니즘으로 설명해볼까요? 라마르크의 설명 방식과 어떻게 다른지 잘 들어보십시오. 다른 기린에 비해 목이 조금이라도 긴 개체는 유전적 변이에 의해 생겨날 수 있습니다. 기린의 서식 환경에서 목이 조금이라도 긴 개체는 그렇지 않은 다른 개체들에 비해 생존에 약간이라도 유리합니다. 그리고 목의 길이는 대물림되는 형질이지요. 이로써 아까 말씀드린 자연선택이 작용하기 위한 조건이 다 만족되었습니다. 요컨대 긴 목은 기린의 생존에 더 유리하고 자손에게 대물림되었기 때문에 자연선택에 의해 진화한 형질이라고 할 수 있습니다. 여기서는 획득 형질에 대한 언급은 전혀 없지 않습니까? 하지만 변이와 선택, 그리고 대물림이 있습니다. 이제 용불용설과 자연선택 이론의 차이가 분명해졌나요?

획득형질의 유전은 이제 탈락입니다. 물론 최근에 '후성유전학epigenetics'라는 새로운 분야를 통해 획득형질의 유전 이론이 부활했다고 믿는 사람들이 약간 있는데요, 저는 라마르크가 무덤

속에서 다시 살아날 가능성은 거의 없다고 생각합니다. 개체의 발생 과정을 통제하는 유전자 외적 요인들도 다음 세대에 대물림된다는 그들의 주장은 과장된 측면이 많습니다. 왜냐하면 그것이 설령 대물림될 수 있다 하더라도 유전자의 대물림처럼 지속되지는 않는다는 사실이 최근에 속속 드러나고 있기 때문입니다.

그렇다면 자연선택 메커니즘 말고 진화를 추동한 진짜 요인들에는 또 무엇이 있을까요? 그동안 돌연변이mutation, 이주migration, 유전적 부동genetic drift 메커니즘 등이 제시되었습니다. 먼저 돌연변이에 의한 진화는 유전적 변이들이 무작위적으로 발생하여 집단의 유전적 빈도에 영향을 줌으로써 진화가 일어나는 경우를 말합니다. 가령 모두가 빨간색 등을 가진 딱정벌레 집단에서 분홍색 등을 가진 딱정벌레가 돌연변이 메커니즘에 의해 계속 생겨난다면 그 집단의 유전자 빈도는 달라질 수 있습니다. 하지만 문제는 그 돌연변이들이 자연선택의 작용을 받을 수도 있다는 사실이지요. 만일 돌연변이가 개체에 해롭다면 그것을 만든 유전자들은 집단 내에서 빨리 사라지게 될 것입니다. 따라서 돌연변이만으로 집단의 유전자 빈도를 크게 변화시킬 수 있는 경우는 드물다고 할 수 있습니다.

둘째, 이주에 의한 진화는 유전적으로 다른 개체들이 집단 내로 이주해 들어옴으로써 그 집단의 유전자 빈도가 변화되는 경우를 말합니다. 예컨대 뭉뚝한 부리를 가진 핀치들 무리에 가늘고 긴 부리를 가진 핀치들이 이주해 온다면 전체 집단의 유전자 빈도는 처음과 달라집니다. 그래서 우리는 이것을 '유전자 교류 gene flow'라고도 합니다. 물론 일어날 수 있는 경우이지만, 이것이 자연계의 수많은 다양성과 기막힌 정교함을 만들어내는 '주요한' 메커니즘이라고 할 수는 없습니다.

한편 유전적 부동은 나머지 둘에 비해 상대적으로 무게감이 있고 자연선택 메커니즘과도 대조를 이룰 만한 진화 메커니즘입니다. 먼저 예를 들어보는 것이 좋겠습니다. 개미 100마리로 구성된 한 작은 집단이 있다고 해봅시다. 그중 50마리는 다른 개체들에 비해서 덩치가 유난히 큰 개체라고 합시다. 그런데 어느 날 철수가 그 개미들을 밟고 지나갔는데 우연하게도 그 덩치 큰 녀석들만 30마리가 죽었습니다. 이제 세월이 지나 남은 개미들이 자식을 낳았는데, 이번에는 영희가 밟고 지나가다가 우연히도 또다시 덩치 큰 녀석들만 죽이게 됩니다. 그렇다면 이런 사건들은 결국 그 개미 집단에 어떤 영향을 주었을까요? 만일 덩치 큰 개미는 덩치 큰 개미하고만 짝짓기를 하고 자손을 낳는다고 가정한다면, 틀림없이 그 집단은 불과 몇 세대 만에도 덩치가 작은 개체들로만 구성된 집단으로 고착되고 말 것입니다. 통계학적으로 보면, 유전자 부동은 작은 집단에서 '무작위 표집 random sampling'을 할 때 생기는 오류라고 할 수 있습니다. 따라서 크기가 작고 자연선택이 일어나지 않는 집단에서 작용할 수 있는 진화 메커니즘입니다. 유전적 부동은 집단의 유전적 다양성을 줄여주는 방식으로 작동하지만, 어쨌든 그 과정도 집단의 유전자 빈도를 변화시키는 것이므로 진화라고 할 수 있습니다.

어떻습니까? 유전자 부동이 일어나기 위한 조건들이 자연선택의 경우보다 조금 더 까다롭게 보이지 않나요? 설령 그렇지 않더라도 유전적 부동이 우리가 답하고자 하는 원래 질문, 즉 '자연계는 어떤 메커니즘으로 이렇게 다양하고 정교해졌는가?'에 대한 정답은 아닙니다. 왜냐하면 그것은 유전적 획일성을 설명할 뿐 자연계에 만연해 있는 복잡하고 정교한 형질들에 대해서는 어떤 설명도 못하기 때문입니다.

자연선택이 얼마나 강력한 진화의 원동력인지 아시겠지요? 그렇다면 이쯤에서 제가 감히 인류의 지성사에 구체적으로 어떤 공헌을 했는지 정리해보겠습니다. 제 입으로 하려니 조금 민망합니다만, 그래도 분명히 할 것은 분명히 해야겠지요. 크게 두 가지였습니다. 하나는 좀 전에 길게 말씀드렸듯이, 자연선택이 진화의 주요 메커니즘이라는 사실을 밝힌 점입니다. 다른 하나는 그런 메커니즘으로 종이 진화하는 패턴을 생명의 나무로 설명했다는 점입니다. 자연선택과 생명의 나무는 저의 독창적 아이디어였습니다. 동시에 위험한 생각이기도 했지요. 왜냐하면 그것은 종의 불변성과 인간의 우월성을 근간으로 한 당대의 주류 세계관에 정면으로 도전한 것이었으니까요.

그럼 이제 저의 위험한 이론을 뒷받침해주는 경험적 근거들에 대해서 더 이야기해봅시다.

화석 증거들

《종의 기원》이후 저의 자연선택 이론은 부침을 겪긴 했지만 결국 생물학계의 정설로 자리를 잡았습니다. 20세기의 대표적 과학철학자 토머스 쿤Thomas Kuhn의 말을 빌리자면, 저의 이론은 패러다임으로서의 위용을 갖추게 된 셈입니다. 그럼에도 여전히 적지 않은 사람들, 특히 신에 의한 창조를 믿는 종교인 대다수는 진화를 받아들이지 않습니다.《종의 기원》에서부터 지난 150년 동안 수많은 증거들이 제시되어 왔는데도 말입니다.

한 가지 이유는 과학 이론에 대한 사람들의 오해 때문인 것 같습니다. 사람들은 '이론'이라고 하면 일상적으로 '추측' 정도의 지위를 갖는 명제로 이해를 합니다. 아직 '사실'의 지위를 얻기에는 뭔가 한참 모자라다고 느끼는 것이죠. 하지만 과학의 세계에서 말하는 '이론theory'은 그와는 전혀 다른 의미를 갖고 있습니다. 과학적 이론은 경험적으로 진위를 테스트할 수 있는 명제로서 법칙 같은 진술들까지 포함하고 있죠. '가설hypothesis'보다 인식적 지위가 더 높습니다. 우리가 뉴턴의 '중력 이론'이라고 할 때 그 '이론'을 생각해보세요. 과학 이론은 단순히 추측 정도가 아니지요. 그것은 수많은 경험적 사례들을 예측할 수 있는 보편 진술일 뿐만 아니라, 그 예측들이 실제 사실로 드러난 경우에 붙여지는 영광스러운 칭호입니다. 그렇기 때문에 저의 자연선택 이론은 '입증된 사실들confirmed facts'이라고도 할 수 있습니다.

그렇다면 자연선택 이론을 입증해준 경험적 증거들은 대표적으로 어떤 것들이 있을까요? 저도 이미 《종의 기원》에서 여러 증거들을 제시했습니다만, 저희 후배들은 지난 150년간 더 강력하고 확실한 증거들을 많이 쌓았습니다. 그것들 중에서 가장 먼저 살펴봐야 할 것이 있습니다. 진화는 기나긴 세월에 걸쳐 일어나는 경우가 대부분이라는 사실이 힌트입니다. 그렇습니다. 바로 화석이지요. 고대에 살았던 생물들 중 일부의 유해는 퇴적층에 쌓여 화석화된 상태로 남아 있기 때문에, 그동안 진화학자들은 화석으로부터 과거의 생물상에 대한 엄청난 고급 정보들을 얻어낼 수 있었습니다.

다들 학교에서 배워서 아시겠지만 지층은 가장 아래쪽에 있는 것이 가장 오래전에 쌓인 것입니다. 그러므로 그 속에 있는 화석이 가장 오래된, 다시 말해 원시적인 종들이라고 볼 수 있지요. 이러한 방식으로 화석들의 상대적인 연대를 알 수 있습니다. 요즘은 방사성 동위원소를 이용하여 지층의 연대를 측정함으로써 그 화석화된 생물이 어느 시기에 존재했던 것이었는지도 확인할 수 있습니다. 게다가 DNA 염기서열을 분석하는 생물학자들은 그 결과를 가지고 종들의 진화적 연대 관계뿐만 아니라 공통 조상으로부터 갈라져 나온 분기 시점까지도 예측할 수 있습니다.

화석학자들은 이 모든 지식을 총동원하여 공통 조상이나 공통 조상의 사촌종들이 존재했을 법한 지층을 예측합니다. 그런 후에 발굴 작업에 들어가 가설을 확인해갑니다. 아무 지층이나 무작정 파헤치는 게 아니라는 말입니다. 진화론이 훌륭한 과학 이론이라는 징표 중 하나는, 그것이 과거에 벌어진 일들에 대해 이렇게 구체적인 예측을 해낸다는 점입니다. 어쨌든 제가 살았던 시기와 비교해보면 요즘 연구자들은 참 좋은 세상에 살고 있는 것 같아요. 방사성 동위원소법, 염기서열 비교법 등 제가《종의 기원》을 집필할 때는 상상도 할 수 없었던 연구방법들이 개발되었으니까요.

하지만 저는 그 당시의 제한된 지식으로도 화석에 대한 몇 가지 의미 있는 발견들을 했습니다. 가령 고대의 동식물이 현생종과는 매우 다르다는 사실, 최근에 형성된 지층의 화석일수록 현대에 존재하는 종들과 더 닮았다는 사실, 그리고 가장 최근에 퇴적한 암석의 화석들은 다른 지역보다는 그 지역의 현생종을 닮는 경향이 있다는 사실도 보여줬습니다. 이로써 왜 오스트레일리아에서 유독 유대류 화석의 대부분이 발견되는지도 이해할 수 있었죠. 그것은 현생종이 화석종에서 유래했다는 증거였습니다. 그런 발견에도 불구하고 당시의 제 이론에는 심각한 문제점이 있었습니다. 종이 점진적으로 진화한다는 사실을 보여주는 '전이 화석'이나 두 종의 공통 조상에 해당하는 화석들이 당시에는 발견되지 않았기 때문입니다. 제 이론이 참이라면 지층의 어딘가에서 '잃어버린 고리들missing links'이 적잖이 존재했어야 하는데 실제로 발견된 것들이 거의 없었지요. 가령 고래는 분명히 육지의 조상에서부터 진화한 포유류였을 텐데 그 사실을 입증할 화석이 마땅치 않았습니다. 그래서 저는 '화석기록이 불완전하기 때문'이라고 하고 대충 덮고 넘어갔습니다.

이런 찜찜함은 다행스럽게도 똘똘한 후배 고생물학자들의 지난한 노력 덕분에 해소될 수 있었습니다. 그중에서도 몇 가지 중요한 발견들만 꼽자면, 조류가 파충류로부터 진화되었음을 보여주는 전이 형태들, 즉 파충류와 조류의 중간 형태를 가지는, 엄밀히 말하면 조류와 파충류의 공통 조상 및 그 사촌종들, 어류와 양서류의 전이 형태인 '틱타알릭 로제Tiktaalik roseae', 뭍에서 물로 이동한 고래의 선조들 등이 있습니다. 틱타알릭부터 이야기해볼까요?

틱타알릭은 2004년에 미국의 고생물학자 닐 슈빈Neil Shubin의 연구팀이 발견한 화석종입니다. 그들은 3억 9000만 년 전까지는 어류가 유일한 척추동물이었으며, 사지를 가지고 육지에서 살았던 척추동물들은 그로부터 적어도 3000만 년 뒤에나 등장했다는 사실을 이미 알고 있었습니다. 이 사실로부터 그들은 그 3000만 년 사이의 어딘가에 어류—그중에서도 초기 사지동물과 닮은 엽상 지느러미 어류—와 육상 사지동물의 전이 형태가 분명히 출현했으리라 예측했습니다. 그래서 그들은 3억 7500만 년 전의 민물 퇴적층을 찾아 나섰고, 그에 부합하는 캐나다 북부 엘스미어 섬의 암석에 주목했습니다. 그리고 5년 동안의 발굴 작업 끝에 아가미, 비늘, 지느러미가 있으면서(어류의 특징) 동시에 납작한 머리, 두개골 위에 붙어 있는 눈과 콧구멍, 목과 갈비뼈를 가진(양서류의 특징) 경이로운 화석과 마주하게 됩니다. 지느러미에서 사지로 이어지는 전이 과정을 보면, 3억 8500만 년 전쯤의 엽상 지느러미 어류의 경우에는 지느러미가 자잘한 뼈들로 지탱되어 있고, 3억 7500만 년 전의 틱타알릭의 경우에는 사지가 더 크고 튼튼한 뼈들로 구성되어 있으며, 3억 6500만 년 전의 육상 사지동물의 사지는 훨씬 더 크고 튼튼한 뼈들과 자잘한 발가락을 가지고 있습니다. 즉 틱타알릭의 사지는 어류 지느러미와 양서류 발의 중간 형태라고 할 수 있습니다.

이런 증거들로부터 연구진은 틱타알릭이 얕은 물밑을 기어 다니며 수면 위에서 호흡하는 초기 육상 사지동물이라고 결론 내릴 수 있었습니다. 놀라운 것은 그 뼈들의 위치와 개수가 우리 인간의 사지 구조로 이어진다는 사실입니다. 그러니 우리 인간 내부에 물고기가 들어있는 셈이지요.

이제 조류와 파충류의 공통 조상에 대해 이야기해봅시다. 이 대목에서는 시조새Archaeopteryx에 대한 오해와 진실을 말하지 않을 수 없겠습니다. 많은 사람들이 시조새를 파충류에서 조류로 이어지는 중간 형태로 단순히 이해하고 있지요. 하지만 정확히 말하면 시조새는 공룡에서 기원했지만 멸절한 원시조류라고 할 수 있습니다. 즉 현생조류가 시조새로부터 직접 진화한 것은 아니라는 사실입니다. 이와 관련하여 수각류 공룡과 현생조류의 중간적인 특징을 갖는 화석들이 최근에도 계속 발굴되고 있습니다. 예컨대 시조새보다 현생조류에 가까운 형질을 갖거나, 시조새보다 수각류 공룡에 가까운 형질을 갖는 화석들이 다양하게 발견되었지요. 그런데 이것은 '시조새만이 중간적인 특징을 갖는다'는 기존의 통념과 달리 오히려 '진화 과정의 증거를 보여주는 수많은 중간적인 형태'들이 지구상에 출현하여 진화했음을 입증하는 것이라 할 수 있습니다.

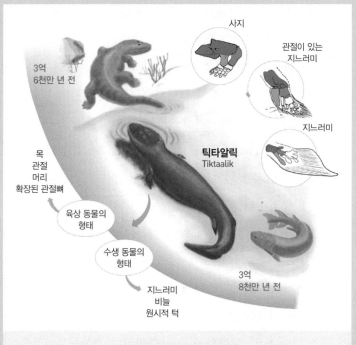

틱타알릭은 어류와 육상동물의 중간 형태이다. 지느러미에 발목 구조를 갖고 있다.
출처: http://www-news.uchicago.edu/releases/06/060405.tiktaalik.shtml

공룡과 시조새는 무려 100가지 이상의 공통점을 가지고 있습니다. 시조새는 깃털을 제외한 골격학적 측면에서 현생조류보다는 가장 진화한 수각류 공룡에 더 가깝습니다. 예컨대 시조새는 현생조류와 달리 이빨이 있고 긴 꼬리뼈를 가졌으며, 공룡의 경우처럼 세 개의 앞발톱이 발달했고 흉골은 매우 작습니다. 사실 시조새의 경우처럼 멸종된 원시조류의 화석들은 지금까지 수십 종이 보고되었는데, 시조새는 이들 원시조류 중에서도 가장 원시적인 형태라 할 수 있습니다.

이 원시조류들은 공룡으로부터 현생조류로 진화하는 과정을 스펙트럼처럼 보여주고 있습니다. 긴 꼬리는 짧아졌고 이빨은 점점 없어졌으며 앞발톱은 퇴화되어 융합되고 흉골과 뇌는 점점 커졌지요. 이것은 비행에 적합하게끔 생긴 일련의 변화입니다. 이것이 공룡으로부터 현생조류로 진화한 과정입니다. 요약하면 모든 원시조류들은 공룡으로부터 현생조류로 진화하는 과정에서 중간 단계에 있었던 멸종된 종들입니다. 시조새는 그들 중 하나일 뿐입니다.

자, 그러면 고래에 대해서 이야기해볼까요? 고래는 돌고래와 마찬가지로 온혈동물이고, 새끼를 낳아 젖을 물리고, 콧구멍이 머리 꼭대기('분수공'이라 불림)에 있으며, 그 주위에 털이 나 있습니다. 게다가 유전체를 비교해보거나 흔적만 남은 골반과 뒷다리 구조 등을 보면, 고래의 선조는 틀림없이 육상동물이었을 것입니다. 결정적인 증거는 고래가 헤엄을 치는 방식과 물고기가

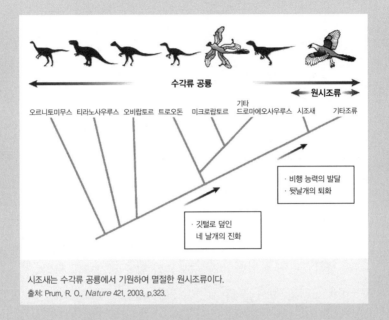

수각류 공룡

원시조류

오르니토미무스 티라노사우루스 오비랍토르 트로오돈　미크로랍토르　기타 드로마에오사우루스　시조새　기타조류

· 비행 능력의 발달
· 뒷날개의 퇴화

· 깃털로 덮인
  네 날개의 진화

시조새는 수각류 공룡에서 기원하여 멸절한 원시조류이다.
출처: Prum, R. O., *Nature* 421, 2003, p.323.

헤엄치는 방식이 완전히 다르다는 점이지요. 물고기는 몸을 좌
우로 흔들지만 고래는 치타가 달릴 때처럼 척추뼈를 위 아래로
움직이며 헤엄을 칩니다.

　하지만 고래는 육상 포유동물과 다른 특성들도 가지고 있습
니다. 가령 사라진 뒷다리, 노처럼 생긴 앞다리, 납작한 꼬리, 분
수공, 짧은 목, 특수한 귀, 꼬리 근육을 고정하는 돌기 등이 그것
이지요. 그렇다면 고래는 언제 어떻게 뭍에서 바다로 들어갔을
까요?

　고생물학자들은 이번에도 경이로운 예측을 통해 고래의 진
화 과정을 밝혀냈습니다. 화석기록을 보면 6000만 년 전까지도

고래는 포유류 사회에 등장하지 않습니다. 그 후로 3000만 년이 지난 후에야 고래와 비슷한 동물들이 출현했습니다. 연구자들은 그 사이의 3000만 년에 해당하는 지층들에서 고래의 친척을 찾기 시작했습니다.

고생물학자들은 5200만 년, 5000만 년, 4700만 년, 4000만 년 전의 지층들에서 고래의 선조들을 발굴하고, 각각 파키케투스Pakicetus, 암불로케투스Ambulocetus, 로드호케투스Rodhocetus, 도루돈Dorudon이라는 이름을 붙여주었습니다. 점점 더 현생 고래를 닮아가고 있었지요. 목이 짧아졌고 분수공이 있고 골반과 뒷다리가 매우 짧아지면서 완벽한 수생 포유류의 위용을 갖추게 됩니다.

정말 놀랍지 않나요? 육상 포유류가 바다로 가 고래가 되었다는 이야기는 낭만적이기까지 합니다. 고래의 이러한 진화 과정은 1990년부터 2010년 사이에 고생물학적 연구를 통해 밝혀낸 놀라운 사실입니다. 그런데 그거 아시나요? 저는 이미 《종의 기원》 초판 6장에서 고래의 진화에 대해 비슷한 주장을 한 적이 있었습니다. 정확히 다음과 같이 썼습니다.

"헌 씨는 북아메리카에서 흑곰이 입을 커다랗게 벌리고 몇 시간이나 헤엄치다가 마치 고래처럼 물속에 있는 곤충들을 잡는 것을 본 적이 있다고 한다. 이처럼 꽤나 극단적인 경우에서조차도, 만약 곤충들이 늘 일정하게 공급되고 더 잘 적응한 경쟁자들이 더 이상 그 지역에 존재하지 않는다면, 어떤 품종의 곰은 고래처럼 거대한 생명체로 거듭날 때까지 자연선택을 통

해 더 큰 입을 갖게 되고 그들의 구조 및 습성이 점점 더 수중에
적합한 것으로 바뀌게 된다고 봐도 별 무리가 없을 것 같다."

　하지만 너무 대담한 주장을 한 것 같아서 2판부터는 이 문단
을 삭제했습니다. 아, 이럴 줄 알았으면 과감하게 그대로 뒀어야

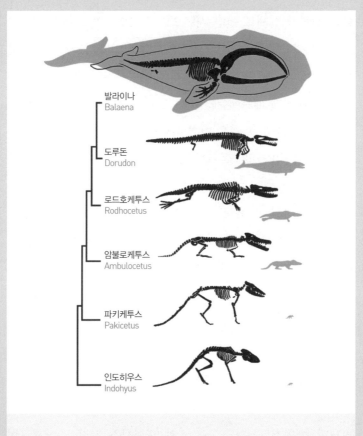

고래의 진화
출처: 제리 코인 지음, 김명남 옮김, 《지울 수 없는 흔적》, 을유문화사, 2011.

하는 건데 말입니다.

지금까지 우리는 화석기록이 진화의 사실을 어떻게 입증했는가에 대해 살펴보았습니다. 여기 언급된 것들은 수없이 많은 증거들 중 극히 일부—물론 매우 중요한 사례들—이지만, 이 중 진화를 부정하는 사례는 단 하나도 없다는 점이 중요합니다. 물론 진화가 실제로 어떤 패턴으로 일어났는가에 대해서는 과학자 공동체 내에서 '진화 패턴은 점진적인가, 도약적인가' 같은 이견이 제기되긴 하지만, 그것은 어디까지나 진화론자들 내부의 생존 경쟁 때문에 제기되는 것이지 진화론과 창조론자 간의 대립을 의미하는 것은 전혀 아닙니다. 모든 화석기록은 진화론을 지지합니다. 창조론자들 중 어떤 이들은 공룡과 인간이 동시대에 생존했다고 떠듭니다. 만일 동일한 지층에 공룡과 인간의 자취가 함께 존재하는 화석들이 발견된다면 단 한 조각만이라도 가져오십시오. 저는 그날로 진화론을 당장 포기하겠습니다. 하지만 그런 일은 절대 일어나지 않을 겁니다. 화석 증거들은 하나같이 진화가 실제로 일어났음을 드러내고 있으니까요.

자연적 분류

1953년, 제임스 왓슨James Watson과 프랜시스 크릭Francis Crick이 DNA 이중나선 구조를 해명한 이래로 분자 생물학과 유전학은 엄청난 속도로 발전해왔습니다. 요즘 생물학자들은 온갖 생물의 유전체genome의 구조와 기능들까지도 연구하고 있습니다. 이제 우리는 세균에서부터 인간에 이르기까지 모든 생명체가 몇 가지 근본적인 특징들을 공유한다는 사실을 알게 되었지요. 예컨대 지구상의 모든 생명체는 아데닌, 구아닌, 시토신, 티민이라는 네 가지 종류의 염기로 구성된 DNA를 가지고 있습니다. 그리고 이 DNA의 정보가 단백질로 번역되는 방식 또한 거의 동일합니다. 많은 종들이 주요한 단백질들을 공유하고 있기도 하지요. 대체 왜 이런 일이 벌어졌을까요? 이런 현상에 대한 가장 설득력 있는 대답은 지구상의 생명체가 하나의 공통 조상으로부터 분기되어 나왔기 때문이라는 것입니다. 따라서 이런 공통적 생화학적 특성은 진화의 증거라고 할 수 있습니다.

한편 분류학적 측면에서도 이와 유사하게 진화의 증거를 이야기할 수 있습니다. 대상이 무엇이든 분류 작업에는 기준이 있어야 합니다. 가령 여러분은 어떤 기준으로 자동차를 분류합니까? 'www.cars.com' 같은 유명한 자동차 매매 사이트에 가보면 신차와 중고차, 메이커(BMW, 도요타 등), 기종(세단, SUV 등), 연식(2010, 2005 등), 가격(4만 달러, 3만 달러 등) 등을 기준으로 자동차를 분류합니다. 이 기준들만으로 만족하지 못하는 어떤 사람은 에어백의 개수로 자동차를 분류할 수도 있을 것입니다. 그렇다면 여러분은 이런 수많은 분류들 중에서 어떤 것이 가장 '자연적 분류'라고 생각하시나요? 다소 이상한 질문이지요? 인공물인

차를 분류하는 데 '자연적 분류'라니요. 필요에 따라 오만 가지 분류법이 있을 뿐이겠지요.

자, 그렇다면 이제 자연계의 생명체들을 분류하는 기준에 대해서 똑같은 질문을 던져봅시다. 자연계의 분류 대상들은 자동차 수보다 수십조 배가 더 많습니다. 대체 이들의 관계를 가장 자연스럽게 포착하는 분류 방식은 어떤 것일까요? 자연물의 경우에는 이 질문이 전혀 이상하지 않아 보입니다. 실제로 수많은 박물학자들이 생물들을 나름대로 분류해왔지만, 신기하게도 많은 부분들이 서로 일치했습니다. 생물들 사이에 자연적 관계라는 것이 진짜로 존재한다는 느낌을 지울 수가 없었지요.

이런 문제에 대해 저보다 100년이나 선배인 스웨덴의 식물학자 칼 린네Carl von Linné선생은 가장 자연적인 분류는 '중첩적 위계 구조'를 가져야 한다고 주장했습니다. 여러분이 고등학교 생물 시간에 배운 '종種, 속屬, 과科, 목目, 강綱, 문門, 계界'가 바로 그러한 구조를 가진 린네의 분류법입니다. 예컨대 호모 사피엔스라는 종은 '동물계의 척삭동물문의 포유강의 영장목의 사람과의 사람속'에 속한 존재입니다. 물론 그분의 분류학에는 자연선택이나 생명의 나무 개념은 없습니다. 하지만 저의 진화론은 그가 세운 분류체계가 왜 가장 자연적인 것인지를 가장 잘 설명해줬습니다. 왜냐하면 생명의 나무 개념을 받아들이면, 공통 조상이 과거 언제쯤에 있었느냐에 따라 서로 공유하는 특징의 수가 달라진다는 것을 인정할 수밖에 없는데, 이것이야말로 중첩적 위계 구조를 가능하게 하기 때문입니다. 분기는 중첩적 위계 구조를 낳습니다. 예를 들어 '인간과 침팬지' 묶음은 '인간과 원숭이' 묶음에 비해 더 많은 특징을 공유합니다. 때문에 전자의 공통 조상은 후자의 공통 조상보다 더 최근에 존재할 수밖에 없는 것이죠. 이렇게 공통 조상들은 중첩적 위계 구조를 갖게 됩니다.

다시 자동차 분류 문제로 돌아가 볼까요? 중첩적 위계 구조를 갖도록 자동차를 분류하는 방법도 있을까요? 마치 생물의 진화적 관계를 보여주듯이 말입니다. 딱 한 가지 방식이 있습니다. BMW 자동차를 예로 들어 봅시다. 1972년에 첫 모델이 출시된 5시리즈는 조금씩 변모하여 최근까지 여러 모델들이 나왔습니다. 우리는 이 모델들을, 1972년의 초기 공통 모델에서 새로운 모델들이 어떻게 분기했는가로 재구성할 수 있습니다. 다시 1972년 모델은 그 이전에 어딘가에서 BMW의 다른 모델들과 공통 선조를 공유하고 있을 것입니다. 이런 식의 분류는 중첩적 위계 구조를 가집니다. 인공물에 대한 분류임에도 불구하고 이런 구조가 가능한 이유가 무엇일까요? 그것은 우리가 BMW를 '계보적'으로, 즉 옛것이 새것을 낳는 관계로 연결했기 때문입니다. 만일 BMW를 가격이나 연식 같은 다른 방식들로 분류했다면 이러한 체계는 나올 수 없겠지요.

대체 무슨 말을 하는지 잘 모르겠다고요? 이렇게 정리해봅시다. 만일 우리의 과제가 자연계에 존재하는 생명들의 진짜 관계를 알아내는 것이라고 해봅시다. 정신 나간 사람이 아니라면 생명을 자신이 좋아하는 것과 싫어하는 것으로 양분한 후 그것을 자연스러운 구분이라고 우기는 일은 하지 않을 것입니다. 이렇게 생명체를 분류하는 무수한 방법이 있겠지만, 분류학자들은 어떻게든 자연계에 존재하는 가장 자연스러운 실제 관계를 드러내고자 할 것입니다. 저는 그것에 대해 공통 조상에서 분기하는 방식으로 자연계가 서로 연결되어 있다고 주장을 했습니다. 다행스럽게도 그런 식의 분류법은 지구상의 생명을 단 하나도 남겨두지 않고 다 포괄하는 자연적 분류법으로 인정받았습니다. 오늘날의 생물 분류학자들은 한 명도 빠짐없이 저의 공통 조상 개념과 생명의 나무 개념에 기대어 작업하고 있습니다.

나쁜 설계들

다시 원래의 화두로 돌아가 봅시다. 우리의 질문은 이것이었습니다. '자연계의 다양성과 정교함은 대체 어떻게 생겨난 것인가?' 저는 '자연선택에 의한 진화'라고 답했습니다. 자연선택 이론은 《종의 기원》 이후에 지난 150년 동안 생물학의 패러다임으로 자리를 잡았습니다. 앞서 논의했듯이 자연에 존재하는 기막힌 적응들은 자연선택 메커니즘으로밖에 설명되지 않습니다. 그렇다면 그런 메커니즘이 만들어내는 구조와 기능은 얼마나 완벽할까요? '진화와 완벽함'의 관계에 관한 이 물음은 진화론을 더욱 설득력 있게 만들기도 하면서 동시에 창조론의 문제점을 드러내주는 주제이기도 합니다.

이 질문에 대한 저의 대답은, 진화는 정교한 기능을 만들긴 하지만 완벽함을 만들진 못한다는 것입니다. 자연계에는 경이로울 정도로 잘 적응된 형질들이 만연해 있습니다. 정말 신비에 가까운 기능들이지요. 반면 사람들이 잘 몰라서 그렇지 자연이 만든 형편없는 작품들도 적지 않습니다. 만일 창조론자들의 주장처럼 만물이 신의 피조물이라면 이런 찌질한 작품들은 그의 실패작이라고밖에 할 수 없습니다. 하지만 자연선택에 의한 진화는 이런 나쁜 설계들도 잘 설명합니다. 아니, 진화론적 관점이 없이는 이런 나쁜 설계들은 설명조차 되지 않습니다. 나쁜 설계의 사례들은 아주 많습니다만, 그중 몇 가지만 소개해볼까 합니다.

우선 인간의 눈에 대해 이야기해봅시다. 인간의 눈은 완벽한 설계의 상징이었습니다. 윌리엄 페일리도 시계와 눈의 정교한 설계를 비교하며 신의 존재를 증명하려 했을 정도였죠. 물론 인간의 눈은 다른 동물의 시각장치들과 마찬가지로 자연선택의 기막힌 산물입니다. 놀라운 기능을 하고 있지요. 하지만 완벽함과는 거리가 멉니다. 가령 인간의 눈은 기이하게도 시신경이 망막(스크린)의 앞쪽에 나오도록 설계되어 있습니다. 어떤 공학도도 눈을 만들어보라고 했을 때 그런 식으로 설계하지는 않을 것입니다. 시신경 다발이 망막을 뚫고 뒤쪽으로 연결되는 지점에서 맹점이 생길 수밖에 없고, 망막에 붙은 시신경이 후루룩 흘러내려 실명의 원인이 될 수도 있기 때문입니다. 이러한 점들을 염두에 둔다면, 시신경이 망막 뒤에 위치한 오징어의 눈이 인간의 눈보다 훨씬 더 잘 설계되었다고 볼 수 있지요.

왜 그럼 자연은 이런 어처구니없는 설계를 자행했을까요? 한마디로 첫 단추가 잘못 끼워졌기 때문이라고 할 수 있습니다. 척추동물의 시각장치는 광민감성 피부층이 접히면서 진화했는데, 이 과정에서 스크린 위에 시신경이 지나갈 수밖에 없는 구조가 생긴 것이지요. 그러다 보니 그 이후의 모든 척추동물들은 영문도 모른 채 잘못된 설계를 유산으로 물려받게 된 것입니다.

진화가 만들어낸 나쁜 설계는 남성의 요도와 전립샘 구조에도 고스란히 반영되어 있습니다. 어찌된 영문인지 남성의 요도는 정액의 일부를 생산하는 전립샘 중앙을 통과하도록 설계되어 있지요. 그러다 보니 전립샘 비대증을 앓는 남성들은 요도가

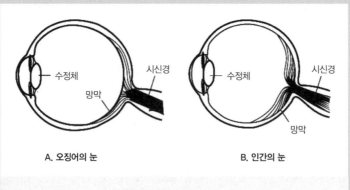

인간의 눈과 오징어 눈의 구조 차이. 진화가 최적은 아니다.
출처: 장대익, 《생명은 왜 성을 진화시켰을까?》, 2013.

눌리는 바람에 소변 보기가 여간 고통스러운 게 아닙니다. 이 질병은 주로 나이 든 남성들에게 발병하는데, 과거에는 남성의 평균 수명이 아주 낮았기 때문에 이 질병을 앓기도 전에 대부분 죽었습니다. 하지만 이제는 사정이 완전히 달라졌습니다. 이 비대증은 나이 든 남성의 대표적 질병이 되었습니다.

만일 여러분이 지적인 설계자였다면 누구도 이런 식으로 설계하진 않았을 것입니다. 붓기 쉬운 꽉 찬 공간의 한복판에 잘 접히는 관을 묻는다는 것은 바보 같은 설계자가 아니면 할 수 없는 짓일 테니까요. 하지만 진화는 그런 바보 같은 짓도 합니다. 아니 할 수밖에 없었습니다. 왜냐하면 포유류의 전립샘이 요도의 벽에 있는 조직으로부터 진화했기 때문이지요. 우리 포유류 수컷들은 꼼짝없이 그런 엉터리 설계를 유산으로 물려받았습니다.

진화가 최적은 고사하고 최악을 만들어낼 수 있음을 말해주는 사례들은 이것 말고도 많이 있습니다. 한 가지만 더 이야기하겠습니다. 무언가를 잘못 삼키다가 기도가 막혀 본 적이 있으신가요? 그 경우에 재빨리 스스로 토해내거나 응급처치(하임리히법)를 받아 강제로 뱉어내지 않으면 끔찍한 일이 벌어집니다. 실제로 매년 적지 않은 수의 어린아이들이 이런 사고로 목숨을 잃습니다. 이는 기도와 식도가 어딘가에서 만나도록 설계되었기 때문에 발생하는 일인데요, 생존을 위협하는 설계이니 최악의 설계라고 말할 수 있겠습니다. 그런데 이 또한 우리 선조가 물려준 유산 때문이라는 것을 아십니까? 아가미로 호흡하는 어류에게는 이런 문제가 없습니다. 하지만 어류에서 양서류로 전이될 때 문제가 생겼습니다. 물 밖에서 숨을 쉬게끔 기도의 자리가 이동하는 과정에서 식도와의 교차가 일어났던 것이죠.

더 좋은 것을 목전에 놔두고도 과거의 유산 때문에 고생하는 자연의 모습을 보니까 어떠신가요? 그런데 이런 사례들은 오히려 진화가 실제로 일어났음을 알리는 매우 좋은 증거입니다. 흔히 진화는 최적의 상황을 만들어낸다고들 생각하지만, 그것은 가용한 자원이 넘쳐날 때나 해당되는 이야기입니다. 자연은 주변에 있는 자원들을 활용함으로써 진화할 수밖에 없습니다. 돼지에 날개가 있다면 완벽할 것 같다는 상상은 할 수 있지만 지금까지 돼지가 물려받은 발생적 유산으로는 어림도 없는 이야기입니다. 그런 의미에서 유전학자 자크 모노Jacques Lucien Monod는 "진화는 땜장이다Evolution is a tinkerer"라는 말을 했더군요. 전적으로 동의합니다.

한편 나쁜 설계는 자연이 지적 설계자에 의해서 창조되었다는 주장을 반박하는 증거이기도 합니다. 지적 설계자가 이렇게 형편없는 설계를 했을 리는 없을 테니까요. 지적 설계자 이야기가 나왔으니 멸절에 대해서도 한마디 하겠습니다. 자연계에는 생존보다 멸절이 절대적으로 더 자주 일어납니다. 생태학자들에 따르면 지구상에 존재했던 생명체들 중에서 99퍼센트 이상이 사라지고 다른 종들로 대체되었습니다. 지적 설계자가 정말

60
다윈의 식탁

로 자연계를 이런 식으로 창조했다면, 그는 일단 무능한 애송이 설계자일 수 있습니다. 하지만 지적 설계자는 전지전능할 터이니 이것은 모순입니다. 그렇다면 그는 엽기적 설계자라고 할 수밖에 없습니다. 100개를 만들고는 99개는 내다버리는 설계자일 테니까요. 게다가 멸절한 종을 대체하는 종들은 기실 이전 종들과도 크게 다를 바 없는 비슷비슷한 종들이죠. 참으로 이해하기 힘든 창조 행위입니다. 저는 그래서 창조론을 받아들일 수가 없습니다.

이제 강의를 마무리해야 할 시점입니다. 진화가 무엇인지, 자연선택이 어떻게 작동하는지, 진화론이 어떻게 과학 이론이면서 동시에 입증된 사실인지, 그리고 왜 창조론을 받아들일 수 없는지 조금 더 확실해지셨는지요? 현대 진화학자들의 흥미로운 논쟁은 이런 기본적인 사항들에 대한 '동의'로부터 출발합니다. 그러니 "진화론자들 사이에 논쟁이 있으니 진화는 사실이 아니다"라고 말하는 것은, 진화론에 대한 몰이해이고, 악의적 왜곡이며, 심지어 과학이 어떻게 작동하는지에 대한 무지의 표현입니다. 자 이제 저, 다윈의 아바타는 물러가겠습니다. 이제부터는 저의 후배들이 펼치는 지식의 식탁을 저와 함께 즐겨보시지요. 감사합니다.

다윈의
식탁을
열며

• Main Dishes •

진화 논쟁과 논쟁의 진화
그 역사적 현장에 가다

안드로메다에서 외계생물학자가 지구를 이해하기 위해 파견됐다고 해봅시다. 그들은 틀림없이 인간의 언어 행위를 새들의 노래, 개들의 짖어댐, 침팬지의 팬트 후트, 벌들의 댄스, 심지어 개미의 페로몬 작용과 근본적으로 다르지 않다고 보고할 것입니다. 왜냐하면 이 모든 행위가 각 동물들의 독특한 의사소통 방식이기 때문이지요. 우리에게만 특별한 문법 능력이 있다고 해서 그게 마치 하늘에서 떨어진 것인 양 특별함을 강조하기 시작하면 정작 중요한 연속성을 못 보게 됩니다. 인간 언어를 제대로 이해하기 위해서도, 이렇게 외계생물학자의 시선이 필요합니다. 그리고 이 시선은 다윈의 기본 정신이기도 하죠. 우리 모두에게 큰 영감을 준 해밀턴의 모토이기도 합니다.

강간도 적응인가?

자연선택의 힘

드디어 다윈의 식탁 첫째 날 저녁이 왔다. 식탁 주위에는 몇 시간 전부터 BBC의 카메라 스텝들이 준비하고 있고, 식탁 뒤편에는 《네이처》 편집장을 비롯해 저명한 진화생물학자들이 몇 명씩 짝지어 앉아 있다. 20명 정도의 방청객은 모두 초청받은 이들이다. 함께 식사를 마친 패널들은 지정된 자리에 앉기 시작한다. 토론이 벌어질 식탁은 커다란 직사각형 모양인데, 사회자를 중심으로 양쪽에 '굴드 팀'과 '도킨스 팀'이 마주앉도록 되어 있다.

첫날이라고 해도, 토론의 주제나 토론자의 면면으로 미루어 보건대 오늘은 분명 다윈의 식탁 하이라이트가 될 거다. 오늘 토론의 큰 쟁점은 자연선택의 힘이 얼마나 강력한지, 적응인 것과 적응이 아닌 것을 어떻게 구분할 수 있는지 하는 물음과 맞닿아 있다. 하지만 구체적으로는 인간의 마음과 행동도 자연선택의 산물, 즉 '적응'이라고 볼 수 있는지를 다룰 참이다.

토론 시작 전, 도킨스 팀 테이블에는 도킨스와 에드워드 윌슨, 스티븐 핑커Steven Pinker, 레다 코스미데스Leda Cosmides가 차례로 앉았고 맞은편인 굴드 팀에는 굴드와 르원틴, 노엄 촘스키Avram Noam Chomsky, 제리 코인Jerry Coyne이 자리를 잡았다. 촘스키는 해밀턴 박사의 장례식에 가진 않았지만, 며칠 전 세계평화대회 기조연설 차 런던에 왔다가 핑커 교수의 부탁으로 참석하게 됐다. 나는 벌어진 입을 다물 수가 없었다. 이건 꿈에서나 가능한 라인업이다! 이런 역사적인 현장에 앉아 있다니, 그것도 서기로.

굴드 팀	도킨스 팀
스티븐 제이 굴드 하버드 대학교 고생물학	**리처드 도킨스** 옥스퍼드 대학교 동물행동학 및 과학대중화
리처드 르원틴 하버드 대학교 진화유전학	**레다 코스미데스** UC 산타바바라 진화심리학
에이브럼 노엄 촘스키 MIT 언어학	**스티븐 핑커** MIT 언어학 및 신경과학
제리 코인 시카고 대학교 진화유전학	**에드워드 오스본 윌슨** 하버드 대학교 사회생물학

사회자(소버) : 안녕하십니까? 역사적인 토론 첫날입니다. 오늘 토론의 사회를 맡은 엘리엇 소버입니다. 저는 미국 위스콘신 대학교에서 생물철학을 가르치고 있습니다. 이 자리에 함께해주신 토론자 분들과 방청객으로 참여하신 여러 교수님께 감사드립니다. 토론 생중계는 영국 BBC 관계자분들께서 수고해주시겠고요, 오늘 이후 진행되는 모든 토론 내용은 과학전문지 《네이처》에 '다윈의 식탁'이라는 제목으로 연재될 예정입니다.

먼저 토론 패널들께 한 가지 부탁을 드릴까 합니다. '다윈의 식탁'은 전문가 토론이긴 합니다만, BBC와 《네이처》를 통해 전 세계에 알려지는 자리이니만큼 되도록 쉬운 말로 의견을 개진해주셨으면 합니다. 제가 사회자로 나오긴 했습니다만, 토론에는 웬만하면 끼어들지 않겠습니다. 사실 오늘 토론에 나오신 분들은 따로 소개가 필요 없을 정도로 아주 유명한 분들이죠?

사회자는 돌아가며 토론자들을 짧게 소개한다.

사회자 : 와아, 이분들이 모두 같은 팀이면 월드시리즈에서 뉴욕 양키즈와 맞붙는다 해도 해볼 만하네요. 축구로 치면 월드컵 우승도 노려볼 수 있겠는데요.

예고해드린 대로, 오늘 토론의 주요 쟁점은 자연선택의 힘에 관해섭니다. 다윈이 《종의 기원》에서 '자연선택'이라는 메커니즘을 처음 도입한 이후, 자연선택은 진화론 분야는 물론 생물학 전반에 걸쳐서도 가장 독창적이고 중요한 개념으로 평가받아 왔습니다. 자연선택은 진화를 추동하는 주엔진이라고 할 수 있겠죠.

각양각색의 변이들이 있는 어떤 집단에서 특정 변이가 다른 것들에 비해 환경에 더 적합하다고 합시다. 북극곰의 예를 들어볼까요? 물론 북극곰의 털은 흰색이죠. 하지만 처음부터 흰색은 아니었을 겁니다. 눈 덮인 빙하에서 지내야 하니, 갈색보다는 조금이라도 흰색을 띠는 게 그 환경에 더 유리했겠죠. 그런데 만약 생존과 번식에 도움이 되는 이런 형질(털의 색)이 다음 세대에도 대물림된다면 어떤 일이 벌어질까요? 세대가 지날수록 북극곰들은 모조리 흰색을 띠게 될 겁니다. 즉 오랜 세월이 흐른 뒤에는 집단 내 형질들의 분포가 처음에 비해 크게 변할 수도 있다는 거죠. 이런 일이 반복되면 어느 시점에서는 새로운 종도 탄생할 수 있을 테고요. 이게 바로 다윈이 제시한 '자연선택에 의한 진화'입니다. 집단 내 개체들이 서로 다르고, 그 차이 때문에 환경에 대응하는 능력이 서로 다르며, 마침 그 차이가 다음 세대로 전달되는 경우라면 자연선택이 작동하는 거죠.

진화생물학자들은 대체로 자연선택의 산물을 '적응adaptation'이라 부르죠. 적응을 만들어내는 유일한 과정이 자연선택이란 사실에는 이견이 없는 셈입니다. 예나 지금이나 창조론자들은 초자연적 힘에 의해 자연계에 놀라운 적응들이 생겨났다고 주장하지만, 근거가 희박하죠. 물론 이에 대해서는 나중에 토론할 수 있을지도 모르겠습니다.

다윈 이후, 자연선택 메커니즘을 부정하는 생물학자들은 거의 없습니다. 하지만 자연선택의 힘이 과연 얼마나 강력한지를 놓고서는 여전히 논쟁 중이죠. 그리고 적응과 적응이 아닌 것들을 구별하는 합당한 기준, 측정 방법 등을 놓고서도 지금까지 많은 논란이 있었습니다. 하지만 무엇보다도 첨예한 대립은, 인간의 마음과 행동이 자연선택에 의해 진화해왔는가를 둘러싼 논쟁이죠. 예컨대 인간의 언어 능력은 자연선택된 것일까요, 아

첫째 날 • 강간도 적응인가? – 자연선택의 힘

니면 뇌가 커지다 보니 생겨난 부산물에 불과한 걸까요? 자연선택의 강력한 힘을 믿는 사람들은 자신을 '적응주의자'라 부르고, 그 힘을 미심쩍게 보는 이들은 자신을 '반적응주의자'라 부릅니다.

오늘 토론에는 도킨스, 윌슨 교수님을 비롯한 적응주의자 대표 분들과, 적응주의에 대한 비판을 넘어 (굴드와 르원틴을 가리키며) 반감을 표해오신 반적응주의자들이 함께 앉아 계십니다. 본격적인 토론에 들어가기 위해 좀 더 구체적인 질문을 해보죠. 코스미데스 교수님, 약간 뜬금없는 질문을 드려볼까요. 남성의 강간 행동이 적응입니까?

남성의 강간 행동은 적응인가?

코스미데스 : 아마도 행동생태학자 랜디 손힐Randy Thornhill 교수가 최근에 쓴《강간의 자연사A Natural History of Rape: The Biological Basis of Sexual Coercion》(2000)를 염두에 두고서 하신 질문 같은데요. 음……. 저는 손힐 교수님과 마찬가지로 남성의 강간 행동이 단지 폭력이며 학습된 문화적 행동일 뿐이라는 기존 주장에 동의하지 않습니다. 그가 잘 보여줬듯이, 남성의 경우에 강간 행동은 오랜 진화의 역사 속에서 직접적으로 자연선택되었다고 할 수 있죠. 다시 말해, 강간 행동은 남성들이 생식에 더 많이 성공할

수 있도록 도와주는 적응 행동의 하나입니다. 특히 짝짓기에 어려움을 겪는 남성들에게 말이죠.

강간 행위가 괜찮다는 얘기를 하려는 게 아닙니다. 강간 행위는 왜 벌어지는지, 어떤 패턴으로 발생하는지를 과학적으로 먼저 이해해보자는 것이죠. 강간이 적응이라고 하면 사람들은 제가 마치 강간을 두둔하는 몹쓸 사람이라는 양 비난하는데, 그건 이성적인 태도가 아닙니다. 강간이 적응이라고 해도 강간은 나쁜 행동이고, 처벌받아야 하는 범죄죠.

만일 강간이 그런 적응이 아니라면, 《강간의 자연사》의 공저자인 크레이그 팔머Craig Palmer 교수께서 주장했듯, 그건 왕성한 성적 활동 때문에 생겨난 부산물일 겁니다. 어쨌든 중요한 건, 강간은 폭력적 행동이라기보다는 근본적으로 성적인 행동에 가깝다는 점이겠죠. 《강간의 자연사》는 이 점을 드러내준 중요한 책입니다.

코인 : 과연 그럴까요? 그 악명 높은 책은 저도 꼼꼼히 읽어봤습니다. 《네이처》에서 서평을 써달라기에 어쩔 수 없이 끝까지 읽기는 했습니다만, 제 인내심의 한계를 시험하는 끔찍한 경험이었죠. 저 또한 강간에 대한 과학적 연구 자체를 나쁘게 생각하는 건 아닙니다. 《강간의 자연사》가 안고 있는 진짜 문제는, 그들이 한 작업이 과학의 표준에 못 미치는 형편없는 연구라는 거죠.

손힐은 그 책에서 강간이 왜 적응인지에 대한 충분한 증거를 제시하지 못했습니다. 결정적인 예 하나만 들죠. 그는 강간 피해자가 대부분 가임기의 젊은 여성이란 사실을 근거로, 강간이 적응이라고 주장합니다. 즉 짝짓기의 기회를 잡을 수 없는 남성들이 강간이란 극단 행동으로 자신의 생식 성공도를 높이려 한다는 거죠. 물론 가해 남성들이 '난 오늘 강간으로 여자를 임신시켜 내 아이를 낳아야지' 하고 생각한다는 얘기는 아닐 겁니다. 진화의 관점에서 보면, 그런 생각은 오히려 무의식 속에서 작동하는 거라고 해야겠죠. 다 좋습니다.

그런데 문제는, 강간 피해자의 연령대에 대해 손힐이 분석한 자료가 그를 전혀 안 도와준다는 사실이에요. 그는 가임기 여성이 비가임기 여성에 비해 강간의 피해가 더 크다는 결론을 내리기 위해 통계자료를 썼는데요, 동일한 자료를 다시 보니까 44세 이상인 피해 여성(비가임기 여성)과 12~44세 사이인 피해 여성(가임기 여성)이 정신적 충격과 폭행에 의한 피해 측면에서 별 차이가 없다는 결론이 났습니다. 손힐은 이 두 집단 사이에 큰 차이가 있다고 주장했죠. 또 12세 이하 여성에 대한 강간, 즉 아동 성폭행의 경우에 대한 해석도 참 가관입니다. 피해자 진술에 근거해 아동 피해자들이 가임기 여성 피해자보다 충격과 피해가 덜하다고 해석해놨던데요, 자기 상태에 대한 표현력이 떨어지는 아이들보다 성인 여성의 표현력이 더 나은 거야 당연한 얘기 아닙니까? 다시 말해, 아동 피해자와 어른 피해자가 한 진술만을 단순 비교해 피해 정도를 말하는 건 올바른 측정방법이 아니라는 거죠.

손힐의 주장이 어불성설인 또 다른 결정적 이유는, 임신이 안 되는 아동 피해자가 전체 강간 피해자의 30퍼센트나 된다는 사실입니다. 도대체 이 책이 출판되기 전에 누가 검토를 해주었는지, 그 사람들도 한심하긴 마찬가집니다. MIT 출판부 같은 권위 있는 출판부에서 이렇게 허술한 연구를 출판하다니 진화에 대한 연구로 먹고사는 사람으로서 얼굴이 다 화끈거리네요.

게다가 손힐 교수는 자신의 연구 대상인 '밑들이scorpion fly' 수컷한테 강간 행동을 용이하게 하는 (전갈 꼬리처럼 생긴) 특정 기관이 있다는 점을 들어, 인간 남성의 강간 행동 역시 적응이라고 결론지었습니다. 이런 미숙함과 왜곡 행위는 오늘날 진화심리학이 '좋은 과학'의 징표에서 얼마나 동떨어져 있는지를 단적으로 보여주는 것이죠. 죄송한 말씀이지만 제가 보기에 현재의 진화심리학은 하나의 이데올로기지, 과학은 아닌 것 같습니다. 설사 과학이라 하더라도 아직은 미숙하다고 보고요. 강간이 짝짓기에 어려움을 겪는 남성한테 자연선택된 적응 행동 중 하나라뇨!

코스미데스 : 확대 해석이 지나치시네요. 방금 지적해주신 통계 자료 부분에서 손힐이 약간의 실수를 저질렀다는 점은 저도 인정합니다.

코인 : 약간요?

코스미데스 : 음……. 하지만 그밖에 손힐 교수가 펼친 전체적인 논지, 방법론 등은 별다른 문제가 없어요. 전 오히려 코인 교수님의 서평을 읽으면서 교수님이야말로 진화생물학에 대한 공부

가 더 필요하지 않나 느꼈습니다. 진화생물학계에서 적응에 대한 논의들이 얼마나 세련되게 발전해왔는지 전혀 모르시는 것 같더군요. 손힐의 책을 다시 한 번 읽어보셨으면 합니다. 그가 강간에서 보이는 적응요소들을 얼마나 조심스럽게 추려내고 있는지 깨닫게 되실 겁니다. 하기야 초파리 유전학이 진화에 대한 모든 걸 말해준다고 볼 순 없겠죠.

코인 : 아니, 유전학이라뇨. 제 전공은 초파리의 종분화입니다. 진화에 대해 연구하는 사람이라고요. 내 참.

강간은 폭력 행위인가, 성적 행동인가?

사회자 : 저, 잠시만……. 강간이 적응인지 아닌지에 관한 논란이 지난 몇 년간 진화생물학계 내부를 뜨겁게 달궜던 주제였긴 합니다. 그런데 논쟁은 진화생물학계를 넘어 인문·사회과학계는 물론 일반 대중들에게까지도 큰 파장을 불러일으켰던 것 같아요. 실제로《강간의 자연사》가 출판된 이후 인문·사회과학계로부터 엄청난 비판과 비난이 일지 않았습니까? 핑커 교수님께서 이 부분에 대해 하실 말씀이 있을 것 같습니다만. 손힐의 책에 짤막한 추천사를 써주셨죠? 제가 한번 읽어보죠. "이 책은 많은 지성인들에게 기존의 도그마나 이념을 택할지, 아니면 진짜 세계 속의 진짜 여성의 복지를 중요시할 것인지 선택하게 만든

다." 극찬을 하신 것 같습니다만, 좀 더 구체적으로 말씀해주실 수 있을까요.

핑커 : (약간 머뭇거리면서) 네, 그렇습니다. 저는 기존의 인문·사회과학자들이 인간의 성 행동에 대한 과학적인 접근은 거들떠보지도 않은 채 이념적으로만 접근하는 게 정말 못마땅했어요. 손힐의 연구가 성차별적이고 수구적 이념에 바탕을 둔 '쓰레기'라고 비난하시는 분들은, '적응'이 뭘 의미하는지 전혀 이해하지 못하고 있는 겁니다.

　손힐의 주장대로 강간을 적응이라고 해보죠. 그러면 남성의 강간 행동은 운명적일 수밖에 없으며, 윤리적으로 정당하다는 뜻이 되나요? 강간이 적응이냐 아니냐 하는 문제는 일차적으로 사실에 관한 진술일 뿐입니다. 너무나 많은 이들이 이런 사실 진술을, 가치 문제와 혼동하고 있어요. 제가 추천사를 쓰게 된 동기 중 하나는, 강간 행동을 진화생물학적 관점에서 이해할 때 오히려 강간 범죄 예방에 더 효과적인 방법들을 모색할 수 있다고 믿었기 때문입니다.

굴드 : 더 효과적인 방법이라……. 그 책을 직접 읽어보지는 못했지만 리뷰들은 좀 읽어봤습니다. 그런데 그 '과학적인 강간 예방책'이란 것이 좀 황당하더군요. 가령 여성들에게 '노출이 많거나 꼭 끼는 옷을 입지 말라'는 식이던데요. 저는 이게 어떻게 과학적이고 효과적인 예방책인지 잘 모르겠어요. 강간은 남성성의 자연적인 산물이니 여성에게 조신하게 행동하라는 것

아닙니까? 대체 봉건시대로 돌아가자는 얘긴가요? 인문학적 소양이 부족한 과학자들이 이런 주장을 용감하게 해대니 문제입니다. 21세기를 사는 여성들이 퍽이나 좋아할 주장이에요.

　아니, 우선 강간이 적응이라는 주장부터가 말이 안 됩니다. 남성이 남성을 강간하는 경우, 근친을 강간하는 경우, 아동을 강간하는 경우에 대해 적응론은 과연 어떻게 설명할 수 있을까요?

핑커 : 역시 책을 안 읽으신 티가 나네요. 《강간의 자연사》는 매우 특이하게 구성되어 있어요. 행동생태학자인 손힐은 강간을 적응으로 간주하며 책의 절반을 썼고, 인류학자인 팔머 교수는 강간이 지나친 성욕의 부산물이라고 보고 나머지 반을 채웠습니다. 굴드 교수께서 제기한 질문들은 전부 팔머의 부산물 이론이 설명하는 부분에서 나왔겠죠. 아마 이렇게 다른 이론을 하나의 책으로 묶을 수 있는 거냐고 반문하실 수도 있을 겁니다. 이 책 제목을 잘 보십쇼. 《강간의 자연사: 성적 강압행동에 대한 생물학적 기초》아닙니까? 강간 행동의 진화와 작동 방식을 생물학적으로 이해해보자는 겁니다. 굴드 교수님은 참 이상하시네요. 본인이 생물학자이면서도 남들이 어떤 주제든 그에 대한 생물학적 이해를 시도하겠다고만 하면 덮어놓고 부정적으로 평가하시니……. 꼭 '무식한 너희 생물학자들은 입 닥치고 하던 연구나 사수해라. 유식한 내가 대변인이 돼 주마.' 하는 투 같아 영 기분이 그렇습니다.

그렇다. 적어도 핑커 정도면, 인문학적 소양도 없는 무식한 과학자 소릴 들을 사람은 아니잖은가. 이번 경우가 아니더라도 굴드의 거만한 태도가 계속 거슬렸을 게다. 첫날, 첫 주제부터 논쟁이 인신공격 쪽으로 흐르는 듯해 내심 걱정되지만, 왠지 끝장을 보고야 말 것 같은 기대감도 부푼다. 헌데 그러던 찰나, 사회자가 끼어든다. 젠장.

사회자 : 아, 잠시만요, 잠시만요. 강간 논쟁은 역시나 민감하군요. 죄송하지만 이 논쟁은 이쯤 해두는 게 어떻겠습니까? (어색하게 웃으며) 논의해야 할 게 더 많이 남아 있어서요. 어쩌다 보니 적응이란 무엇이며, 그걸 적응이 아닌 것과는 어떻게 가려낼 수 있는가 하는 문제로 자연스럽게 넘어온 것 같습니다. 도대체 어떤 형질을 자연선택으로 만들어진 적응이라고 간주할 수 있을까요? 이번엔 아까 강간 논쟁 때 말씀을 아꼈던 분들께서 얘기를 이어주셨으면 좋겠습니다만.

코가 안경을 받치기 위해 진화했다고?

도킨스 : 제가 시작해보죠. 사실 강간의 진화에 대해선 저도 할 얘기가 좀 있지만, 좀 더 중요한 문제들에 대해 이야기를 해볼까 합니다. 적응의 가장 분명한 예는 인간의 눈이 아닐까 싶습

니다. 다들 아시는 바와 같이, 19세기 영국의 신학자 윌리엄 페일리는 인간의 눈이 가진 정교함을 근거로 신이 존재할 수밖에 없다고 주장했죠. 물론 다윈은 설계자로서 '신' 대신 '자연선택'을 끌어들였지만요. 자연선택만이 이런 정교한 형질을 만들어낼 수 있다는 측면에서, 어떤 형질을 놓고 적응이라고 하려면 그건 일정 수준 이상의 복잡성을 지녀야 합니다.

오랫동안 창조론자들은 인간의 눈과 같은 복잡한 구조를 신의 '설계'라고 주장해왔다. 반면 다윈은 그것을 자연선택으로 설명했다.

굴드 : 거참 애매하네요. 도대체 얼마나 복잡해야 적응이 되고, 그렇지 않으면 부산물이 된다는 거죠? 사실 저와 르원틴 교수는 적응을 가려내는 작업이 얼마나 어려운지에 대해 지난 20여 년 동안 줄기차게 경고해왔습니다. 제 입으로 말하긴 좀 남우세스럽습니다만, 1979년에 저희 두 사람이 발표한 〈산마르코 대성당의 스팬드럴과 팡글로스적인 패러다임Spandrels of San Marco and the Panglossian Paradigm〉이라는 논문은 이미 고전이 됐죠.

르원틴 : 굴드 교수와 저는 그 논문에서 적응을 너무도 손쉽게 양산해내는 그 당시 진화생물학계의 풍조를 일러 '적응주의 프로그램'이라며 호되게 비판했습니다. 그리고 수많은 형질이 자연선택이 아닌 다른 경로를 통해 생겨날 수 있다고 주장했죠. 굴드 교수께서는 이런 점을 극명하게 보여주고자 적응주의의 전형적인 실수를 '스팬드럴spandrel'이라는 공간에 빗대어 설명한 바 있습니다. 굴드 교수의 재치 하나만큼은 하여간 알아줘야 합니다.

굴드 : 원, 별 말씀을. 화면을 한 번 봐주시겠습니까? 스팬드럴은 대체로 돔을 지탱하는 둥근 아치들 사이에서 형성된 역삼각형 모양의 구조를 가리키죠. 이탈리아 베네치아의 산마르코 대성당에 있는 스팬드럴에는 네 명의 기독교 사도가 그려져 있는 타일 모자이크 장식이 있습니다. 적응주의자들이라면, 이런 스팬드럴을 보고는 틀림없이 기독교적 상징을 표현하기 위해 '특별히 설계된' 구조물이라고 여길 겁니다. 그건 아치 위의 돔을 설

산마르코 대성당의 스팬드럴
—
점선에 해당하는 부분인 스팬드럴은 아치 위에 돔을 설치하는 과정에서 불가피하게 생겨난 부산물이라는 것이 굴드와 르원틴의 주장이다.

치하는 과정에서 어쩔 수 없이 생겨난 구조적 부산물일 뿐인데 말이죠.

르윈틴 : 적응주의자들을, 프랑스의 계몽사상가 볼테르가 낙천주의를 야유하고자 쓴 《캉디드》(1759)에 나오는 팡글로스 선생으로 비유할 수도 있을 겁니다. 팡글로스 선생은 모든 일, 심지어 지진마저 신이 우리에게 선사하는 최선이라고 믿고 있죠. 적응주의자들도 자연선택이 거의 모든 형질을 가장 최선으로 만들었다고 믿는 것 같아요. 우스갯소립니다만, 극단적인 적응주의자들에게 "코가 왜 진화했냐?"고 물으면 이렇게 답할지도 몰라요. 안경을 받치기 위해!

핑커 : 하하, 재밌네요. 두 분 교수님은 이렇게 적응주의를 허수아비로 만들어놓고는, 그걸 웃음거리로 만들길 즐기시는 것 같습니다. 하지만 그런 전략은 이제 유통기한이 이미 지난 듯합니다. 좀 전에 굴드 교수께서 1979년 논문이 이젠 '고전'이 됐다 하셨습니다만, 저는 두 분과는 다른 의미에서 그 단어를 쓰고 싶습니다. 단언컨대, 오늘날 '거의 모든 형질이 적응'이라고 믿는 적응주의자는 아무도 없어요. 그러니 1979년이면 모를까, 지금이라면 그런 걱정은 붙들어 매십시오.

　저는 《마음은 어떻게 작동하는가How the mind works》(1997)에서 인간 사회에서만 나타나는 현상인 종교와 예술 등이 매우 복잡한 구조를 이루고 있지만, 자연선택에 의해 직접적으로 진화한 인지적 적응이라기보다는 다른 적응들로 인해 생겨난 부산물이라고 했죠. 적응을 양산(혹은 남발)했던 1970~1980년대와는 사정이 다릅니다. 지금은 세련된 적응주의자들이 활동 중인 시기이니까요.

저는 딸기치즈케이크를 아주 좋아하는데요. 저뿐만 아니라 틀림없이 다들 좋아하실 겁니다. 왜 그럴까요? 딸기치즈케이크를 위한 미각을 진화시켰기 때문은 아니겠죠. 우리가 진화시킨 건, 잘 익은 과일의 달콤한 맛에서 소박한 기쁨을, 견과류와 고기에서 지질의 부드럽고 매끄러운 감촉을, 신선한 물에서 시원함을 느끼게 해주는 그런 회로들입니다. 치즈케이크에는 자연계의 그 무엇에서도 찾을 수 없는 감각적 충격이 풍부하게 농축돼 있죠. 거기에는 우리 뇌 속의 '즐거움 버튼'을 누르기에 충분한, 인공적인 조합을 이룬 과다한 양의 유쾌한 자극들이 가득 채워져 있습니다. 포르노 역시 또 다른 즐거움의 테크놀로지일 테고요. 저는 예술이 말하자면 이런 거라고 생각합니다. 음악이 청각적인 치즈케이크라면, 미술은 시각적 치즈케이크라고 할까요. 예술은 우리 뇌 속의 '즐거움 버튼'이 눌릴 때마다 생기는 부산물이라 할 수 있습니다.

에드워드 윌슨 : 이 대목에서 제가 고백 비슷한 얘기를 해야 할 것 같습니다. 《사회생물학Sociobiology: The New Synthesis》(1975)이나 《인간 본성에 대하여On Human Nature》(1978) 같은 제 책을 꼼꼼히 읽어보신 분들은, 제가 이런 쟁점들에 대해 다소 둔감했다는 인상을 받으실 겁니다. 사실 그랬지요. 제가 진화 이론을 인간의

행동에 적용하는 야심찬 작업을 하다 보니, 때로는 실수를 저지르기도 하지 않았나 합니다.

코스미데스 : 그렇게까지 말씀하시다니, 사회생물학을 계승·발전시킨 진화심리학자로서 몸 둘 바를 모르겠네요. 윌슨 교수님의 몇 가지 실수야 저도 알고 있지만, 그렇다고 인간의 마음과 행동, 문화를 진화론적 관점에서 설명하고자 했던 교수님의 선구적인 노력을 절대로 깎아내리진 못할 겁니다. 윌슨 교수께서 근래에 쓴 역작 《통섭: 지식의 대통합Consilience: The Unity of Knowledge》(1998)에는 최근의 진화심리학적 성과들도 상당 부분 반영돼 있어 반갑더군요.

도킨스 : 윌슨 교수님, 그렇게까지 물러서실 필요는 없습니다. 제 동료 철학자 데닛 교수는 《다윈의 위험한 생각Darwin's dangerous ideas》(1995)에서 굴드와 르원틴의 '스팬드럴' 비유가 왜 잘못됐는지 신랄하게 비판했는데요. 아, 저기 방청석에 앉아 계시네요. 데닛의 요지인즉슨, '스팬드럴'도 적응이라는 거죠. 건축에서 급경사진 지붕 아래를 채우고 지지력을 주고자 지붕의 처마 바로 아래에 만드는 '코벨corbel'이란 양식이 있습니다. 벽에서 약간 돌출하여 무거운 구조물을 지지하는 돌받침을 가리키는 말이죠. 코벨은 중세 초기의 로마네스크 양식의 건물에서 잘 쓰이던 건축 양식이었는데, 그 위에 그로테스크한 무늬가 기발하게 새겨져 있는 경우가 많았습니다. 그러니까 건축가들은 지붕을 지지해주는 방법으로써 스팬드럴을 설계할 수도 있고, 코벨을

들보와 지붕의 무게를
지탱하기 위해 스팬드럴만이
아니라 코벨을 두기도 한다.
즉 스팬드럴은 천장 구조의
부산물이 아니라
하나의 적응일 수 있다.

만들 수도 있었다는 거죠. 산마르코 대성당의 스팬드럴은 이렇게 다른 여러 건축 양식들 가운데 선택된 겁니다. 즉 미적인 이유가 됐든 아니면 구조적인 이유가 됐든 간에, 건축가가 신중히 선택한 것이지 단지 부산물만은 아니라는 거예요. 두 분이 든 비유를 이렇게 뒤집어 보면, 부산물로 여겼던 것들도 알고 보면 적응으로 분류해야 하는 경우가 많을 텐데요. 이건 어쩌면 진실입니다. 자연계는 우리가 미처 알아채지 못한 놀라운 적응들로 가득하니까요. 그러니 윌슨 교수께서 고백하고 용서를 구하실 만큼 잘못하신 일은 없습니다.

에드워드 윌슨 : 그렇게 말씀해주시니 큰 위로가 되네요. 감사합니다.

분위기가 다소 묘해졌다. 윌슨 같은 대가가 공개 석상에서 자신의 실수를 인정하는 뜻밖의 사태에 대해 모두들 적이 당황하는 눈치였다. 이때 사회자, 재빨리 촘스키에게 발언권을 넘긴다.

첫째 날 • 강간도 적응인가? – 자연선택의 힘

인간의 언어는 어떻게 진화했나?

사회자 : 촘스키 교수께서는 언어의 보편 문법을 주장하시면서도 언어 능력이 자연선택의 산물은 아니라고 주장하시는 걸로 압니다만, 맞습니까?

촘스키 : 그렇습니다. 언어 기관이 생득적이긴 합니다만, 언어 능력은 기본적으로 두뇌가 커졌다거나 일반 지능이 발달하는 가운데 그 부산물로 생긴 거라고 보죠. 굴드 교수도 저와 같은 견해일 텐데요. 언어는 기껏해야 두뇌 활동의 부산물이기 때문에, 언어의 신비는 생물학보다는 오히려 물리학에 의해서 벗겨지리라고 봅니다. 흔히 언어가 의사소통을 위해 자연선택됐다고들 하지만, 저는 언어의 일차적인 기능이 '독백'이라고 봐요. 자기 자신에게 말을 거는 일종의 정신언어인 셈이지요.

핑커 : 바로 이 대목이 촘스키 교수님과 제가 의견을 달리하는 부분입니다. 뇌가 커져서 언어 능력이 생기게 됐다는 주장에는 몇 가지 큰 문제가 있습니다. 우선 해부학적으로, 인간의 발성 기관, 특히 성도vocal track는 하나의 적응임을 시사합니다. 촘스키와 굴드 교수님 주장처럼 언어가 두뇌나 지능의 부산물이라면, 이런 특별한 발성 기관의 존재를 설명하긴 힘들겠죠. 또한 언어 습득에 관한 수많은 연구에서 밝혀졌다시피, 문법 습득 능력은 1.5세에서 7세에 이르는 결정적 시기 동안 뚜렷이 발휘되다가 점차 줄어드는데, 이런 추이는 일반 지능의 발달 추이와도

잘 들어맞지 않습니다. 다시 말해 언어 능력과 일반 지능이 항상 같이 발달하는 건 아니더라는 거죠.

게다가 언어 능력과 그 외 다른 인지 능력은 해리돼 있음을, 그러니까 서로 별개임을 시사하는 연구 결과도 많습니다. 가령 언어 능력은 멀쩡한데 다른 인지 능력, 특히 논리 추론과 시공간 지각 능력에서 큰 문제를 보이는 '윌리엄스 증후군Williams syndrome'이라든가, 반대로 언어 문법 능력이 현저히 떨어지지만 일반 지능에는 문제가 없는 '특수 언어장애'가 바로 그렇죠. 마치 언어만을 위한 특별 장치가 두뇌 속에 있는 듯합니다. 이 장치를 저는 '언어 모듈language module'이라고 부릅니다.

사회자 : 그렇다면 언어가 일종의 적응이라는 말씀이신가요?

핑커 : 물론이죠. 저는 그동안 언어가 정보소통 때문에 진화했다고 주장해왔습니다. 언어는 적응 형질이 만족해야 하는 까다로운 여러 기준을 다 통과합니다. 이는 언어학 이론에서뿐만 아니라 언어 발달과 병리현상에 관한 연구에서도 두루 확인되는 바죠. 구체적인 증거들은 제가 쓴《언어 본능Language Instinct》(1994)에 정리돼 있습니다. 고도로 복잡한 기능을 하고 있는 언어가 적응이 아니면 도대체 어떤 형질들이 적응이 될 수 있을지, 전 알지 못합니다.

르원틴 : 글쎄요. 그렇게 확신을 가지고 말할 수는 없다고 봅니다. 진화적 과거에 관한 지식은 늘 불확실한 거예요. '단지 그럴듯한 이야기just so story'로 구렁이 담 넘어가듯 해서 설명이 됐다

고 볼 수는 없습니다. 언어의 기원에 대해서도 마찬가지고요.

핑커 : 그럼 좀 더 확실한 설명을 해드리지요. 최근 발견된 'FOXP2'라는 유전자가 있습니다. 런던의 아동건강연구소는 언어에 심각한 장애가 있는 'KE'라는 이름의 어떤 집안을 3대에 걸쳐 연구하게 됐는데요. 가족 중 반 정도가 발음상의 장애와 문법 장애를 겪고 있었습니다. 연구자들이 이들의 유전자를 분석하다 7번 염색체상에 정상인과는 다른 패턴이 있음을 알게 됐죠. 그리고 마침내 이들의 장애와 관련된 FOXP2 유전자를 찾아내게 됐고요.

이 유전자에 변이가 생긴 사람은 다른 뇌 기능에는 별다른 문제가 없지만 말하기와 문법 능력에 심각한 장애가 생깁니다. 흥미로운 사실은, 침팬지와 고릴라를 비롯한 영장류 동물, 심지어 쥐에게도 FOXP2 유전자가 있다는 점이에요. 하지만 이들의 유전자는 두 부분에서 인간이 가진 FOXP2 유전자와 차이가 납니다. 염기서열 분석으로 밝혀진 바에 따르면, 이런 변이는 12만 년 전쯤에 생겼다고 하죠. 더더욱 흥미로운 점은 이 시기가 대체로 고고학자들이 인간 문화가 시작됐다고 생각하는 시기와 맞아떨어진다는 사실이에요.

FOXP2는 언어 능력을 관장하는 수많은 유전자 중 하나일 테지만, 이 유전자의 발견은 언어 능력의 유전적인 기초를 처음으로 밝혀준 획기적 사건입니다. 이런 점들을 종합해볼 때, 언어를 두뇌나 일반 지능의 부산물로 보는 견해는 최근의 과학적 성과

와는 잘 들어맞지 않는 것 같아요.

르원틴 : 글쎄요. FOXP2의 발견이 언어가 적응이란 주장을 입증할 수 있는지 잘 모르겠습니다. 그건 그렇다 치고 핑커 교수님, 그럼 최초로 문법을 가지게 된 한 인간이 어떻게 다른 인간과 의사소통을 할 수 있게 됐는지, 그래서 결국 문법 능력이 모든 개체로 퍼지게 됐는지 설명하실 수 있겠습니까? 이번에도 단지 그럴듯한 이야기는 사양하겠습니다.

핑커 : 좋습니다. 동물행동학적인 답변부터 먼저 해보죠. 동물들은 새로움(예컨대, 최초의 문법)에 직면한다고 해서 쉽사리 포기하지 않습니다. 무관심하거나 피하는 듯한 행동을 하다가도, 어떤 시점에서는 무작정 따라하거나 흉내도 내며 심지어 주의 깊게 배우기도 하죠. 이에 대해서는 도킨스 교수님이 구체적인 사례를 들어주실 수 있을 것 같은데요?

도킨스 : 그러죠. 일본 고지마 섬에 살고 있는 일본 짧은꼬리원숭이 중에 '이모Imo'라는 놈이 있습니다. 그런데 이놈이 더러운 고구마를 처음으로 바닷물에 씻어먹기 시작했어요. 그러자 다른 원숭이들도 몇 세대 안에 거의 전부 그런 행동을 할 수 있게 됐습니다. 새로운 형질이 어떻게 개체군 내로 확산되는지 보여주는 유명한 사례입니다.

핑커 : 아주 적절한 사례를 말씀해주셔서 감사합니다. 최근에는 이론생물학자들 사이에 언어의 진화를 시뮬레이션하는 작업이 유행입니다. 그들은 언어가 아주 단순한 원시 형태의 소통체계

바닷물에 고구마를 씻어 먹는 법을 널리 공유하게 된 일본 고지마 섬의 원숭이들. 이들의 행동은 새로운 형질이 어떻게 개체군 내로 퍼지는지 잘 보여주는 전형적인 사례다.

에서 자연선택의 과정을 거치며 어떻게 진화할 수 있는지, 수학 모형을 통해 보여주고 있죠. 예컨대 어떤 대상에 이름을 붙이는 기능만으로도, 언어는 화자와 청자의 적응 정도를 높여주는 쪽으로 진화할 수 있습니다. 그리고 이런 과정을 통해 문법을 가진 언어도 생겨날 수 있고요. 이런 증거들은 모두 언어가 의사소통을 위한 적응이란 주장을 뒷받침해줍니다.

촘스키 : 말씀하신 사례들은 모두 간접적인 증거일 뿐이잖습니까? 제게 필요한 건 좀 더 직접적이고 강력한 증거인데요. 그리고 한 가지 분명하게 하고 넘어가죠. 동물에 대해 아무리 얘기해봐야 인간 언어의 본질에 대해서 얻을 수 있는 건 아무것도 없어요. 왜냐하면 인간은 두 돌이 넘어가면 생득적인 언어 규칙들을 사용해 무한한 수의 문장을 만들어낼 수 있지만, 침팬지는 아무리 똑똑해도 아주 기본적인 생리 상태를 기술하는 문장 몇 개를 만들어낼 뿐이니까요. 얼마 전에 '칸지'라는 보노보Bonobo

가 컴퓨터의 터치스크린으로 문장을 만드는 화면을 저도 봤습니다만, 그 녀석이 만들 수 있는 문장이란 고작해야 '나 바나나 먹는다' '나 쉬 마렵다' 정도죠. 인간 언어를 이해하겠다고 동물을 연구하는 건 부질없는 짓이에요. 문법이 있는 언어를 구사하는 동물은 지구상에 오직 인간뿐입니다. 큰 용량의 뇌를 가진 덕분이죠. 저는 언어 능력에 대해 평생을 연구한 사람이지만, 언어가 그 자체로 생존과 번식에 도움이 됐기에 진화했다고는 생각하지 않습니다.

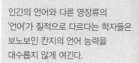
인간의 언어와 다른 영장류의 '언어'가 질적으로 다르다는 학자들은 보노보인 칸지의 언어 능력을 대수롭지 않게 여긴다.

에드워드 윌슨 : 촘스키 교수님이 뭔가 오해를 하고 계신 듯한데요. 동물을 연구하는 분들 중에 동물과 인간이 똑같다고 주장하는 사람은 아무도 없을 겁니다. 인간은 다른 동물과 많은 부분을 공유하고 있지만, 다른 동물들에게는 없는 특별함도 있죠. 이건 다윈 이후의 모든 생물학자들이 공유하는 생각일 겁니다. 다윈 이후의 최고 생물학자로 추앙받던 해밀턴을 기리고 결국 다

원의 위대함을 다시금 짚어보는 지금 이 시간에 우리가 꼭 기억해야 하는 건, 바로 우리가 모든 동물들과 밀접히 연관돼 있다는 생각이 아닐까 싶네요.

저는 이 진실을 다른 방식으로 말하곤 합니다. 안드로메다에서 외계생물학자가 지구를 이해하기 위해 파견됐다고 해봅시다. 그에게 주어진 임무가 지구의 생물들이 어떤 방식으로 신호를 전달하는지 탐구해 본부에 보고하는 일이라 해보죠. 그들은 틀림없이 인간의 언어 행위를 새들의 노래, 개들의 짖어댐, 침팬지의 팬트 후트, 벌들의 댄스, 심지어 개미의 페로몬 작용과 근본적으로 다르지 않다고 보고할 것입니다. 왜냐하면 이 모든 행위들이 각 동물들의 독특한 의사소통 방식이기 때문이지요. 우리에게만 특별한 문법 능력이 있다고 해서 그게 마치 하늘에서 떨어진 것인 양 특별함을 강조하기 시작하면 정작 중요한 연속성을 못 보게 됩니다. 인간 언어를 제대로 이해하기 위해서도, 이렇게 외계생물학자의 시선이 필요합니다. 그리고 이 시선은 다윈의 기본 정신이기도 하죠. 우리 모두에게 큰 영감을 준 해밀턴의 모토이기도 합니다.

이래서 에드워드 윌슨을 미워할 수가 없다. 그는 여느 대가들처럼 번득이거나 날카롭지는 않다. 하지만 거의 언제나 사태를 종합하고 영감과 감동으로 마무리할 줄 안다. 오늘도 다윈의 식탁 내내 존재감이 없었지만 맨 마지막에 자신의 생각이 얼마나 중요한 것인지 저항할 수 없도록 정리했다. 이게 먹혀드는 분위기다. 고개를 위아래로 조용히 반복 운동하고 있는 청중과 달리, 고개를 가로젓고 있는 굴드와 르원틴은 '오늘도 당했다'는 말을 속으로 뇌까리는 듯하다. 사회자는 정말 고마운 듯 말을 꺼냈다.

사회자 : 아, 이거 어쩌죠. 논쟁이 한창 무르익어 가는데, 시계를 보니 벌써 끝맺어야 할 시간입니다. 다윈의 식탁 첫날이라 그런지 오늘 시간이 매우 빨리 지나간 것 같네요.

정리를 해볼까요. 오늘 토론 주제는 큰 틀에서 보면 자연선택의 힘이었죠. 그러니까 자연선택으로 산출된 형질, 즉 적응과 그렇지 않은 것 간에는 어떤 차이가 있는지, 자연계에 얼마나 많은 적응들이 존재하는지, 인간의 마음과 행동의 어떤 부분들이 적응의 산물인지에 관해 토론했습니다. 특히 적응의 문제는 생물학 내부의 논쟁을 넘어 우리의 일상과도 깊은 연관을 맺는데요. 이런 점에서 토론 제목을 다소 선정적으로 잡아봤습니다. 이점 이해해주셨으면 하고요.

오늘 토론은 강간에서 시작해 언어로 끝날 정도로 폭넓기도했고, 또 매우 구체적이기도 했습니다. 무엇보다 자연선택의 힘을 강조하는 적응주의자들과, 어떻게든 그 힘을 최소화하려는 반적응주의자들 사이의 대립이 여실히 드러난 자리였고요. 강간과 언어가 적응인지 아닌지는 이제 여러분들이 직접 판단해보시기 바랍니다.

공식 토론은 여기서 접기로 하겠습니다. 하지만 여기 계신 석학들께서 이렇게 한 자리에 모이는 일은 앞으로 거의 불가능할 듯하니, 잠시 쉬었다 와인 한 잔씩 하시면서 비공식 토론을 조금 더 이어가볼까 합니다. 비공식 토론을 저희들끼리만 즐기게 돼 송구스럽습니다만, 자연선택에 관한 토론은 내일도 이어지니 조금만 참아주시기 바랍니다. 내일 다윈의 식탁에서는 이타적 행동이 어떻게 진화할 수 있었는지 집중적으로 살펴볼 것입니다. 자연선택은 과연 어떤 수준에서 작용하는가에 관한 토론이 될 텐데요, 그럼 내일 뵙겠습니다. 감사합니다.

잠시 후 프랑스산 최고급 와인이 들어오고 다윈의 식탁은 어느덧 자정을 넘겼다. 서로를 찌르는 수많은 말들이 오갔지만, 하버드 대학교의 같은 동 위아래 층에 연구실이 있는 르원틴과 윌슨만이 서로를 향해 입을 다물었다. 아니, 눈길도 주지 않았다는 표현이 더 적절할 것이다. 혐오의 극치가 무관심이라고 했던가? 말로만 듣던 그들의 싸늘함을 그날 처음 실감할 수 있었다.

그나저나 《네이처》 편집장에게는 첫날 토론을 정리한 전문을 오전까지 보내야 한다. 헌데 진화론의 대가들 틈에 끼어 역사적 토론 첫날을 자정이 넘도록 지켜봐서 그런지, 긴장이 풀리자 피곤이 밀물처럼 들이친다. 숙소에 돌아와 샤워를 하고 간신히 정신을 차린 뒤, 노트북 화면을 열었다. 일단 오늘, 아니 어제 벌어진 토론의 관전기부터 써 내려갔다.

토론 첫째 날

생물학자들은 적응이라는 주제를 놓고 왜 이렇게 첨예하게 대립할까? 이건 어쩌면 단지 과학의 문제만이 아니어서 그런지도 모른다. 적응이 있다면 그 뒷면에는 부적응도 있을 것이다. 일상 용법으로 우리가 사회나 회사에 적응했다고 하는 것은 주어진 환경에 적합한 삶의 패턴을 찾았다는 뜻이다. 매우 긍정적인 의미를 담고 있다. 한편 그것은 변경되기 힘든 자연스러운 본능처럼 인식되기도 한다. 이런 직관 때문에 '강간이 적응이냐 아니냐?' 하는 과학적 논쟁은 우리를 당혹스럽게 한다. '강간이 적응이라면 좋은 것이고 결국 변하기 힘든 본능이란 말 아닌가'라는 역겨운 결론이 자연스럽게 튀어나오기 때문이다.

이렇게 생각하기 시작하면 수습하기 힘들어진다. 하지만 비만을 예로 들어보자. 우리 인류가 대부분의 시간을 보냈던 수렵채집기에는 고칼로리 음식이 흔하지 않았다. 그래서 음식을 지방으로 저장하는 생리 시스템이 생존과 번식에 매우 유리했을 것이다. 다시 말해 그런 시스템은 하나의 적응이었고 좋은 것이었다. 하지만 오늘날처럼 고칼로리 음식이 사방에 널려 있는 환경에서도 이 적응 시스템은 여전히 작동 중이다. 왜냐하면 생물학적 변화가 급속한 환경의 변화를 도저히 따라잡을 수 없었기 때문이다. 비만은 그래서 생긴 질병이다. 하지만 비만이 적응이라고 해서 우리가 피할 수 없는 것일까? 어떤 이에겐 큰 고통이겠지만 어쨌든 고칼로리 음식을 피하거나 줄이면 된다.

강간도 마찬가지가 아닐까? 설령 손힐의 주장처럼 강간이 적응이라고 해도 그런 행위를 남성들이 피할 수 없는 것은 아니다. 특히 강간 행위는 다른 사람들에게 엄청난 피해를 주는 행위이기 때문에 자신에게만 문제가 되는 비만보다 피해야 하는 이유가 더욱 크다. 그리고 많은 사람들이 비만을 택하지 않듯, 대다수의 남성들도 강간을 택하지 않는다. 만일 강간 피의자가 본능 때문에 어쩔 수 없이 일을 저지르게 되었다고 말한다면 우리는 그가 강간을 너무 손쉽게 '택했다'고 정죄할 수 있다.

요는 이것이다. 어떤 능력이나 행동의 적응성 여부는 옳고 그름의 여부와 별개라는 것. 같은 적응이라도 고도의 언어 능력은 좋지만 강간은 나쁜 행위이다. 자연은 윤리적 기준을 갖고 선택하지는 않는다. 자연은 일부 페미니스트의 주장처럼 여성 편이 아니다. 그렇다고 남성 편도 아니다. 자연은 그저 자연일 뿐!

하여간 1990년대부터 본격적으로 시작된 진화심리학이 승승장구하다가 손힐에게 발목이 잡혔다. 그렇다고 진보적인 진화심리학의 연구 프로그램이 갑자기 퇴행하지는 않을 터이다. 이 프로그램은 여전히 새로운 예측들을 산출하고 있고 일부를 입증해가고 있다. 《강간의 자연사》는 잘나가고 있는 연구 프로그램에 옴팡 묻어가려는 시도였지만 오히려 진화심리학 프로그램에 큰 부담을 안겨주었다. 그리고 탄탄한 동물행동학자라고 해서 꼭 좋은 진화심리학자가 되는 것은 아님도 잘 드러났다.

더욱이 같은 캠프에 있는 자기 사람이라고 해서 무딘 검증의 칼날을 들이대는 게 과학자 공동체에 얼마나 해로울 수 있는지도 보여줬다. 이중 잣대는 언제나 문제다! 핑커와 코스미데스는 손힐의 연구를 극찬한 데 대해 부끄럽게 생각해야 한다. 이런 면에서 윌슨의 갑작스런 사과는 감동적이기까지 하다. 나이를 괜히 먹은 게 아닌가 보다.

반면 비슷한 연배의 르원틴과 촘스키에게는 좀 실망했다. 적응주의가 지난 20여 년 동안 얼마나 세련되게 발전했는데, 그들의 먹잇감은 늘 20년 전 사회생물학이다. 눈부시게 발전한 행동생태학 분야의 새로운 지식들을 따라오지 못하고 옛날이야기만 바늘 튀는 LP판 마냥 반복하고 있는 느낌이랄까. 혹시 이쪽에 대한 공부를 아예 안 하는 건 아닐까? 굴드의 경우는 더 심각하다. 나이도 훨씬 더 젊은데 새로운 얘기가 없다. 오늘 토론에서 가장 인상적이었던 사람은 코인과 핑커다. 이 둘은 주어진 문제에 대해 가장 분명한 입장과 명확한 근거들을 제시했다. 가장 기대했던 도킨스의 방망이가 오늘 침묵했던 것이 좀 의외라면 의외다. 내일은 누가 홈런을 때릴지 궁금하다.

이기적 유전자로
테레사 수녀를 설명할 수 있나?

협동의 진화

어젯밤에 마신 프랑스산 와인의 향기가 채 가시기도 전에 다윈의 식탁 둘째 날이 밝았다. 오늘은 '이타적인 행동은 어떻게 진화할 수 있는가'를 놓고 토론이 벌어질 참이다. 전문용어로는 '자연선택은 어떤 수준에서 작용하는가?'라는 물음이 되겠다. 어제의 쟁점이 자연선택의 힘을 둘러싼 것이었다면, 오늘 쟁점은 자연선택의 수준을 둘러싼 것인 셈이다. 《이기적 유전자》(1976)로 '대박'을 터뜨리면서 단숨에 대가 반열에 오른 도킨스는, 그 책에서 이기적 유전자에서 어떻게 이타적 개체가 진화할 수 있는지 설명했다. 그에 따르면 자연선택은 궁극적으로 유전자에게 작용한다. 반면 굴드는 이런 도킨스의 주장이 사실이 아닐 뿐만 아니라 위험하기까지 하다고 비판해왔다. 아마 오늘 식탁에서는 그 어느 때보다 두 주장의 불꽃 튀는 대결이 볼만할 것이다.

오늘 도킨스 팀의 라인업은 말 그대로 전설이다. 1960년대까지 통용되던 집단 선택론을 단칼에 날려버린 조지 윌리엄스, 혈연 중심의 이타성을 넘어서는 호혜성 이론을 제시한 로버트 트리버스가 참여했다. 생존해 있는 최고의 이론생물학자들이라 해도 지나침이 없는 라인업이다.

한편 굴드 팀은 다크호스 라인업이다. 1970년대 말부터 집단 선택론을 줄기차게 주장해온 데이비드 슬론 윌슨David Sloan Wilson, 그리고 그와 함께 다수준 선택론을 발전시킨 생물철학자 소버가 참여했다. 소버는 어제 토론회의 사회자였기 때문에 오늘은 뉴질랜드의 철학자 스터렐니가 마이크를 잡았다.

굴드 팀

스티븐 제이 굴드
하버드 대학교 고생물학

데이비드 슬론 윌슨
뉴욕 주립대학교(빙엄턴 캠퍼스) 진화생물학

엘리엇 소버
위스콘신 대학교 생물철학

도킨스 팀

리처드 도킨스
옥스퍼드 대학교 동물행동학 및 과학대중화

조지 윌리엄스
뉴욕 주립대학교(스토니브룩 캠퍼스) 진화생물학

로버트 트리버스
러트거스 대학교 진화심리학

협동의 진화: 한 세기를 기다린 문제

사회자(스티렐니) : 반갑습니다. 오늘의 사회를 맡은 킴 스티렐니입니다. 뉴질랜드와 오스트레일리아에서 철학을 가르치고 있습니다. 어제는 자연선택이 얼마나 강력하게 작용하는지에 관해열띤 토론을 펼쳤습니다. 공지한 대로 오늘은 자연선택에 대해서 한 번 더 논의를 하되 주로 자연선택의 단위 문제에 초점을 맞춰볼까 합니다. 간단히 말하면 '자연선택이 과연 어느 수준에

둘째 날 • 이기적 유전자로 테레사 수녀를 설명할 수 있나? – 협동의 진화

서 작용하는가? 유전자인가, 개체인가, 아니면 집단인가?'라는 물음으로 요약될 수 있습니다. 대부분의 사람들은 '이런 물음이 도대체 나와 무슨 상관이 있단 말인가?' 하고 생각하실 겁니다. 그러면 문제를 이렇게 바꿔보죠. '도대체 협동 행동이 어떻게 진화할 수 있는가?'라고요. 그래도 낯설게 느껴지신다면 이렇게 묻겠습니다. "왜 당신은 남을 돕습니까?"

사실 남을 돕는 행동이 어떻게 진화할 수 있는지에 관한 물음은 다윈 자신에게 매우 곤혹스러운 문제였습니다. 예를 들어보죠. 많은 육식 동물, 가령 늑대나 사자, 침팬지 등은 협동을 통해 사냥을 하고 고기를 나눠 먹습니다. 피를 구하는 데 실패한 흡혈 박쥐는 자기 숙소에 있는 다른 동료에게서 피를 얻어먹습니다. 여러 종의 새는 협동적으로 자식들을 돌봅니다. 심지어 자기 자식 낳기를 포기하고 평생 동안 여왕개미를 섬기는 암컷 개미와 같은 극단적 행위도 있습니다. 모두 자신의 이득을 포기하고 남을 돕거나 남과 협동하는 행동들입니다. 왜 이렇게 손해 보는 짓을 할까요? 이런 행동들은 도대체 진화론적으로 어떻게 설명될 수 있을까요?

도킨스 : 영국의 시인 테니슨Alfred Tennyson은 자연을 '피범벅이 된 이빨과 발톱red in claws and teeth'이라고 읊조린 적이 있습니다. 그만큼 자연은 피 튀는 정글 같다는 말이겠지요. 하지만 경쟁은 자연계의 한 단면일 뿐입니다. 좀 더 애정 어린 눈으로 자연계를 보면 협동도 경쟁만큼이나 널리 퍼져 있음을 발견하게 될

것입니다. 이런 현상을 어떻게 설명할 수 있을까요? 특히 자연선택이 기본적으로 개체 수준에서 작용한다고 주장하는 다윈의 진화론을 받아들인다면, 자기 자신의 적합도fitness를 훼손하면서까지 다른 개체와 협동하는 듯 보이는 현상은 분명히 별도의 설명이 필요한 대목이지요.

실제로 다윈은 많은 진사회성 곤충eusocial insects, 가령 개미나 벌, 말벌 등에서 보편적으로 나타나는 자기희생적 행동이 자신의 자연선택 이론에 위협이 될까 봐 전전긍긍했습니다. 이런 의미에서 협동의 진화에 관한 물음이 다윈 이후로 진화생물학의 중심에 자리 잡아왔다는 사실은 그리 놀랄 만한 것이 못 됩니다.

사회자 : 그렇다면 다윈 이후로 어떤 설명들이 나왔나요?

윌리엄스 : 우선 다윈 자신이 이 문제에 대해 어떤 해답을 내놨는지를 들여다보면 어떨까요? 그는 인간의 도덕성 또는 이타성이 어떻게 진화할 수 있는가에 대해《인간의 유래와 성선택The Descent of Man, and Selection in Relation to Sex》(1871)에서 다음과 같이 대답합니다.

"비록 도덕성의 높은 기준이, 동일한 부족 내의 다른 사람들보다 자기 자신과 자식에 대해 거의 이득을 줄 수 없을지라도 도덕성 기준의 향상과 타고난 성품을 가진 사람들의 증가는 틀림없이 다른 부족에 비해 상대적으로 더 큰 이득을 안겨다 줄 것이다. 애국심, 충성심, 복종심, 용기, 동정심 등을 소유하여 부족 내의 다른 이들을 돕고 공동의 선을 위해 자신을 희생하는 사람들이 많은 부족일수록 다른 부족을 압도하게 될 것이다. 그리고 이것은 자연선택일 것이다."

한마디로 말하면 다윈의 대답은 집단을 위하여 개인이 희생하는 식으로 도덕성이 진화한다는 논리였지요. 생물학자는 이것을 집단 선택론group selection이라고 부릅니다. 자연이 선택하는 단위가 개인이 아니라 집단이라는 얘기이죠. 사실 다윈은 인간의 도덕성의 진화를 설명하는 대목을 빼고는 집단 선택론을 전혀 고려하지 않았습니다. 자연선택이 기본적으로 개체(혹은 개인)에게 작용한다고 믿었기 때문이지요. 어쨌든 다윈에게도 이타성의 진화 문제는 정말 까다로운 것이었습니다.

20세기 전반에 수행된 협동에 관한 연구들은 많은 경험적 자료를 축적하긴 했지만 불행히도 다윈의 집단 선택론을 넘어서는 이론을 발전시키지는 못했습니다. 1960년대 초까지만 해도 조류학자 윈-에드워즈Wynne-Edwards나 행동생태학자 콘라트 로렌츠Konrad Lorenz 식의 엉성한 집단 선택론이 널리 퍼져 있었을 뿐이었죠. 예를 들면 "왜 같은 종의 맹수들은 격렬하게 싸우다가도 상대를 죽이는 일까지는 좀처럼 하지 않는가?"라는 질문에 "종을 보존하기 위해서"라고 대답하는 수준이었습니다.

하지만 1960년대 중반에 저는 《적응과 자연선택Adaptation and Natural Selection》(1966)에서 '집단을 위해' 존재하는 형질들은 자연선택에 의해 집단 내에서 빠른 속도로 사라지기 때문에 장기적으로 그 형질들이 진화하기란 거의 불가능하다고 주장했습니다. 그리고 그동안 집단의 이득을 위한 행동이라고 알려진 것들이 사실은 개체에게 더 큰 이득을 주었기 때문에 진화한 행동들이라고 분석했지요. 암사자들이 혼자 사냥을 해서 먹이를 독점할 수 있는데도 왜 두세 마리씩 모여 함께 사냥을 해서 먹이를 나누는지 아십니까? 1960년대까지 대부분의 생물학자는 집단을 위해서 그렇게 한다고 대답했습니다. 하지만 저는 사자의 그런 공동 사냥 행동은, 혼자 사냥할 때보다 더 많은 고기가 개체에게 돌아가기 때문에 진화한 것이라고 설명했습니다. 요즘 식으로 말하자면 협동 사냥은 서로에게 일종의 원윈win-win 전략이라고 할 수 있겠죠.

사회자 : 이타적으로 보이는 행동이 알고 보면 개인의 이득을 높이기 위한 행동이었다, 그런 말씀이시지요? 그래도 정말로 희생적인 행동도 존재하지 않겠습니까? 자신에게는 전혀 이득이 없는……. 그런 행동은 어떻게 진화했을까요?

트리버스 : 자신에게는 전혀 이득이 없이 남에게만 이득이 되는 행동들이 과연 진화할 수 있을까요? 잠시 화면을 봐주시겠습니까? 미국의 저명한 만화가 개리 라슨Gary Larson은 이 한 컷의 만화를 통해 진정한 협동이 왜 일어나기 어려운지를 아주 재밌게 보여줬습니다. 북아메리카에 사는 나그네쥐는 가끔 줄줄이 물속으로 뛰어드는 이상한 행동을 한다고 알려져 있습니다. 어떤

이들은 먹이가 줄어드는 때에 집단의 영속을 위해 나이 든 나그네쥐들이 집단으로 자살을 하는 것이라고 해석하기도 합니다. 집단을 위한 희생적 행동이라는 것이지요. 하지만 생태학자들이 면밀히 관찰을 해보니 스토리는 전혀 달랐습니다. 줄지어 집단으로 이동하는 중에 앞에 있는 개체들이 길을 잘못 들어 빠져 죽는다는 것이었죠. 뒤에 있는 개체들은 앞장선 개체들 뒷발만 보고 이동하나 봅니다. 공동체를 위해 자신을 기꺼이 희생하는 고귀한 행동이 아니었습니다. 자연을 좀 더 깊이 관찰하다 보면 이렇게 오히려 숭고함과 멀어질 때가 종종 있지요. (웃음)

다윈의 식탁

라슨의 만화를 다시 볼까요? 모두가 줄줄이 강물 속에 빠져 죽는 상황에서 맨 마지막에 튜브를 두르고 강물에 뛰어드는 얌체 나그네쥐를 보십시오. 이 배신자는 저런 상황에서 가장 큰 이득을 챙기는 놈이 되지 않겠습니까? 만일 튜브를 두른 암컷과 수컷 한 쌍이 짝짓기를 해 다음 세대에도 튜브를 두른 자식들을 생산해낸다면, 몇십 세대 혹은 몇백 세대가 지난 후에 나그네쥐 집단은 모두 튜브를 두른 개체들로 가득 차겠지요. 이기적인 놈들만으로요. 옛말에 "미꾸라지 한 마리가 온 물을 다 흐린다"고 하지 않았습니까? 생명의 진화에서 배신의 유혹만큼 달콤한 것은 없습니다. 이런 측면에서 볼 때 협동의 진화는 분명 수수께끼입니다.

우리가 남이가?: 해밀턴의 혈연 선택론

사회자 : 《이기적 유전자》는 바로 이런 수수께끼를 풀어보자고 쓴 책 아닙니까?

도킨스 : 그렇습니다. 저는 집단 선택론에 대한 윌리엄스 교수님의 비판을 적극적으로 계승해 자연선택이 개체보다는 오히려 유전자의 수준에서 작용하며 동물의 협동 행동은 유전자가 자신의 복사본을 더 많이 퍼뜨리기 위한 전략으로서 진화해왔다고 주장했습니다. 유전자의 눈높이에서 세상을 보기 시작했다

고나 할까요. 동물의 수많은 이타적 행동은 무늬만 이타적일 뿐 유전자의 시각으로는 되레 이기적입니다.

예를 들어 보지요. 일벌은 자식을 낳지 않고 평생 여왕벌이 자식 낳는 것을 돕고 삽니다. 개체의 관점에서 보자면 집단을 위한 엄청난 희생처럼 보이지요. 특히 진화론적으로 보면 자식을 낳지 않는다는 것은 마치 막다른 골목으로 간다는 것과 똑같습니다. 그렇다면 어떻게 이런 극단적인 희생이 진화할 수 있었을까요? 아까 트리버스 교수님의 나그네쥐 사례에서처럼 이런 희생이 집단만을 위한 것이었다면 오래가지 못했을 겁니다.

이 수수께끼를 푸는 열쇠는 벌의 독특한 유전 시스템에 있습니다. 벌 사회에서는 암컷과 수컷이 생겨나는 메커니즘이 서로 다릅니다. 암컷은 여왕벌과 수벌이 짝짓기를 해서 태어나지요. 태어난 자식들 중에서 하나가 여왕벌이 되고 나머지는 일벌들이 됩니다. 반면 수벌의 경우에는 여왕벌의 난자와 수컷의 정자가 만나는 방식이 아니라 여왕벌의 미수정란이 자라서 수컷이 됩니다. 이 부분이 인간의 유전 시스템과는 다릅니다. 이러다 보니 일벌 자매들은 유전적으로 인간 자매들의 경우보다 훨씬 더 가깝습니다. 인간의 경우에는 한 자매의 특정 유전자를 다른 자매도 가질 개연성이 50퍼센트라고 한다면(가령 친언니와 친동생의 관계), 벌의 경우에는 75퍼센트가 됩니다. 고등학교 정도의 수학 실력으로 앉아서 천천히 계산해보면 이런 수치를 얻을 수 있습니다. 이런 차이가 무엇을 뜻하는 것일까요?

만일 일벌이 수컷과 짝짓기를 해서 정상적으로 자식을 낳는다고 칩시다. 그 자손은 모친 일벌의 유전자를 반만, 즉 50퍼센트를 공유할 것입니다. 좋습니다. 그런데 만일 일벌이 자식을 낳지 않고 여왕벌의 자식 낳기를 돕는다면 75퍼센트의 유전적 친밀도를 갖고 있는 다른 자매들이 더 생깁니다. 일벌의 유전자에게 어느 쪽이 더 이득입니까? 75퍼센트가 50퍼센트보다 25퍼센트나 더 크니까 당연히 일벌이 자식을 낳지 않고 여왕벌을 돕는 것이 더 이득이겠지요. 바로 이것이 자연계에 불임 일벌이 존재하는 이유입니다. 일벌의 불임은 벌 집단을 위한 것이 아니고, 그렇다고 일벌 자체를 위한 것도 아니며, 오직 유전자의 이득을 위한 행동인 것이지요. 자연계의 존재 방식에 대한 우리의 통념을 완전히 뒤집는 설명이죠. 이렇게 뒤집어 보면 인간은 유전자의 생존 기계survival machine이며 운반자vehicle일 뿐입니다. 주체가 인간 집단이나 개체에서 유전자로 바뀌었지요. 닭이 알을 낳는 게 아니라 알이 닭을 낳는다는 식이지요.

사회자 : 유전자가 자연계의 주인이라는 말씀이네요. 혁명적인 발상의 전환처럼 보이는데요, 도킨스 교수님 아이디어였나요?

도킨스 : 많은 사람이 그렇게 알고 있지만 엄밀히 말하면 제가 처음은 아닙니다. 오히려 저는 유전자의 관점에서 자연·인간·사회를 본다는 것이 무엇인지 알기 쉽게 전달한 해설가였습니다. 혁명적 발상의 최초 진원지는 다윈 이후의 가장 뛰어난 진화생물학자라고 평가받던 영국의 윌리엄 해밀턴입니다. 그의

장례식 때문에 우리가 이렇게 일주일간 만나게 되었는데요, 그 어느 때보다 오늘 토론회만큼은 그가 주인공입니다. '해밀턴의 규칙Hamilton's rule'을 한번 보십시오. 'r×b-c > 0'. 이 얼마나 단순합니까? 1964년 《이론생물학 저널》에 발표한 〈사회적 행동의 유전적 진화The genetical evolution of social behavior〉라는 논문에서 그가 도출해낸 공식입니다. 동물의 수많은 행동이 이 규칙만으로 설명된다는 점에서 정말 우아하고 강력한 공식이 아닐 수 없습니다. 실제로 저는 《이기적 유전자》에서 이 규칙을 적용하여 이타적 행동의 진화를 설명하는 데 머물지 않고 공격 행동, 양육 행동, 부모-자식 갈등, 그리고 이성 간 대립을 비롯한 동물의 다양한 사회 행동들을 설명하려 했습니다.

그리고 지금 여기 앉아 계신 트리버스 교수님의 호혜성 reciprocity 이론도 《이기적 유전자》를 가능하게 만든 지적 자원이었습니다. 그러고 보니 그 책을 쓰는 데 결정적인 도움을 주신 네 분 중 세 분씩이나 오늘 이 자리에 계시네요. 패널로 오신 윌리엄스, 트리버스 교수님, 방청객으로 저기 앉아 계신 존 메이너드 스미스 교수님, 그리고 오늘의 주인공 고故 해밀턴 교수님. 이분들은 저의 영웅들입니다.

사회자 : 호혜성 이론이 무엇인지도 궁금해집니다만, 우선 해밀턴의 규칙부터 조금 더 자세히 설명해주실 수 있습니까?

트리버스 : 제가 해보죠. 만일 톰이라는 사람이 제리라는 사람을 도와줌으로써 자신은 손해 c를 입었고 반대로 제리는 이득 b를

봤다고 해봅시다. 여기서 r값은 톰의 유전자를 제리도 가질 확률로, 흔히 '유전 연관도'라 불립니다. 예컨대 둘 사이의 관계가 형제자매인 경우에는 0.5, 친부모 자식 사이에도 0.5, 조카인 경우는 0.25, 사촌인 경우에는 0.125입니다. 이런 상황에서 톰이 제리를 도와주게 만든 유전자가 개체군 내로 퍼지려면 'r×b-c > 0'이라는 조건을 만족해야 합니다. 이게 바로 해밀턴의 규칙이 뜻하는 바입니다.

윌리엄스 : 예를 들어 물에 빠진 친척의 생명을 구하기 위해 죽음을 무릅쓰게 만드는 유전자가 존재한다고 해봅시다. 한 명의 친척을 위해 물에 뛰어들어 죽는다면 이타적 행동을 일으킨 그 유전자는 이 행동으로 인해 소멸되고 말 것입니다. 하지만 두 명 이상의 형제(또는 자매), 네 명 이상의 조카, 여덟 명 이상 사촌들의 목숨을 구할 수 있다면 어떻게 될까요? 해밀턴의 규칙은 만약 이런 일이 벌어진다면 그 유전자가 개체군 내로 확산될 것을 예측합니다. 바로 이 점이 개체나 집단의 수준에서 이타적 행동을 설명하려는 사람들이 간과한 부분입니다.

'기브 앤 테이크'의 진화

도킨스 : 맞습니다. 그래서 제가 '개체는 유전자가 자신의 복제본을 더 많이 퍼뜨리기 위해 고안해낸 하나의 장치'에 불과하

다고 말하지 않았습니까? 인간은 유전자의 생존 기계라니까요! 그런데 사람들이 이 진실이 두려운가 봅니다. 자꾸 이럽니다. "어떻게 존엄한 인간이 그깟 유전자의 생존 기계일 수 있느냐" 고요.

사회자 : 그러고 보니 20세기 초반의 전설적 생물학자 홀데인John Burdon Sanderson Haldane이 언젠가 선술집에서 "나는 형제 두 명이나 사촌 여덟 명의 생명을 위해 목숨을 던질 준비가 돼 있다"고 말한 유명한 일화가 생각나는군요. 해밀턴의 규칙은 이제 좀 이해가 되는 것 같습니다. 그래도 이런 의문이 남네요. 인간은 말할 것도 없고 동물 세계에서도 혈연을 넘어서는 이타성이 존재하지 않습니까? 물놀이를 갔다가 친구가 물에 빠져 허우적거리는 것을 보면 친구를 구하기 위해 무작정 물속에 뛰어드는 사람들이 있습니다. 유전자를 공유하지도 않은 친구나 남인데도 말이지요. 이들의 이런 이타적 행위는 과연 어떻게 진화할 수 있었을까요?

트리버스 : 마땅한 질문입니다. 혈연만으로는 설명할 수 없는 사회적 행동이 분명히 있으니까요. 제가 그 문제를 풀기 위해 〈호혜적 이타성의 진화The evolution of reciprocal altruism〉라는 논문을 1971년에 썼는데요, 아이디어는 간단합니다. 언젠가 보답을 받을 것이라는 기대를 할 수 있는 상황에서는 남을 돕는 것이 이득이 되고, 그런 행동이 진화할 수 있다는 논리이지요. 흡혈박쥐의 경우에 피를 먹지 못하면 며칠 만에 죽고 맙니다. 그런데

관찰을 해보니 피를 구하지 못하는 놈들이 늘 있었습니다. 그냥 놔두면 굶어죽게 될 텐데 그 순간에 놀라운 일들이 생깁니다. 피를 구해온 다른 놈들이 굶고 있는 개체에게 피를 나눠주는 '아름다운' 광경이 벌어지거든요. 여기에 두 가지 놀라운 사실들이 이어집니다. 하나는 피를 주고받는 놈들이 꼭 혈연관계는 아니라는 사실이고요, 다른 하나는 무임승차자나 사기꾼이 거의 없다는 사실입니다. 어떻게 아느냐고요? 이래서 행동생태학자들이 3D 업종 종사자라고 하는 것 아닙니까? (웃음) 밤낮없이 관찰하고 기록해야 하거든요. 지금은 비디오로 찍을 수 있어서 그나마 일이 많이 줄었지만 예전에는 정말 힘들었습니다.

이렇게 흡혈박쥐 사회에서 도움을 받은 개체는 가까운 미래에 보답을 합니다. 만약 매번 얻어먹기만 하는 놈이 있다면 조만간 '왕따'를 당해 굶어죽게 되고, 매번 주기만 하는 개체는 몇몇 사기꾼에게 당해 결국 오래가지 못합니다. 우리 식으로 얘기하면 흡혈박쥐의 경우는 '주고받기give and take'가 보편적으로 정착된 사회라고 할 수 있겠죠.

인간 사회도 기본적으로 마찬가지입니다. 해밀턴 교수님은 정치학자인 로버트 액설로드Robert Axelrod와 함께 이 아이디어를 발전시켜 1981년에 《사이언스》에 〈협동의 진화The Evolution of Cooperation〉라는 매우 중요한 논문을 썼습니다. 이 논문을 이해하기 위해서는 '죄수의 딜레마Prisoner's Dilemma'라는 것을 알아야 하는데요, 이런 상황을 상상해봅시다. 화면을 봐주세요.

굴드 \ 도킨스	협력	배신(자백)
협력(함구)	1년 형	도킨스 풀려남, 굴드 10년 형
배신	굴드 풀려남, 도킨스 10년 형	3년 형

해밀턴과 액설로드는 개체 수준의 합리적 선택이 집단 수준에서 최악의 결과로 치닫는 경우에서 벗어나려는 개체 간 협동의 진화를 '죄수의 딜레마' 이론으로 해명하고자 했다.

조폭 두 명이 살인 용의자로 체포되어 각각 다른 취조실에서 심문을 받고 있습니다. 한 용의자는 다른 용의자에 협력, 즉 다른 용의자가 범죄를 저지르지 않았다고 경찰한테 얘기할 수도 있고, 배신할 수도 있는 상황입니다. 그런데 어떻게 행동하느냐에 따라 형량이 달라집니다. 가령 도킨스와 굴드가 용의자라고 하고 다음과 같은 상황을 상상해봅시다. 이 둘이 협력하면, 즉 둘 다 범인이 아니라고 잡아떼면 둘 모두 1년 형을 받습니다. 반면 둘 다 배신해서 서로 범인이라고 자백하면 둘 다 3년 형을 받습니다. 그리고 만약 도킨스가 협력하고 굴드가 배신하면 도킨스는 10년 형을 받고, 굴드는 풀려납니다. 이런 상황에서 도킨스가 취할 수 있는 가장 합리적인 행동은 무엇일까요?

사회자 : 음……. 굴드가 협력하고 도킨스가 배신하면 도킨스에게 가장 유리하고(풀려남), 굴드가 배신해도 도킨스가 취할 수 있는 최선은 배신하는 것(3년 형 < 10년 형)이겠죠.

트리버스 : 계산이 빠르시네요. 맞습니다. 이 상황에서 도킨스

가 선택할 수 있는 최선의 전략은 배신이죠. 이게 바로 그 유명한 죄수의 딜레마입니다. 만일 두 용의자가 모두 협력했다면 1년 형을 살았을 텐데, 논리적으로는 두 용의자가 모두 배신하는 것이 각자에게 제일 유리하다는 결론이 나왔기에 배신하고 3년 형을 살게 된다는 것이지요. 해밀턴과 액설로드는 이 죄수의 딜레마로부터 빠져나올 수 있는 방법을 연구했습니다. 그러다 'TFT(일명 팃포탯Tit-For-Tat) 전략'을 발견하게 되었죠. TFT 전략이란 처음에는 무조건 상대방에게 협력하되 이후의 만남에서는 상대방의 직전 행동과 동일하게 행동하도록 프로그램된 간단한 알고리듬으로, 일종의 협동 전략입니다. 즉 먼저 배신하지 않되, 상대방의 배신에는 즉각적인 응징을 하고, 상대방의 이전 배신들에 대해서는 눈감아주는 전략이지요. 마치 성서에 나오는 '눈에는 눈, 이에는 이'와 유사합니다. 해밀턴과 액설로드는 미래에 상대방과 다시 만날 확률이 어느 선 이상이 되면 TFT 전략이 항상 배신하는 전략에 비해 더 이득이 되는 전략이라고 결론 내렸습니다. 이것은 협동 전략인 TFT 전략이 진화할 수 있다는 사실을 말해주지요. 여기에 혈연관계는 필요 없습니다.

소버 : 중요한 이론이긴 한데요, 이게 제대로 작동하려면 많은 조건들이 만족되어야 할 것 같군요. 가령 누가 나에게 언제 도움을 주었는지를 정확히 기억할 수 있어야 할 테고, 배신자가 언제 배신했는지도 알고 있어야 하지 않나요? 이렇게 본다면 모든 동물들이 이런 능력을 갖고 있을 것 같지는 않은데요?

윌리엄스 : 그렇죠. 물론 인간은 그런 능력이 있습니다. 트리버스 교수님이 예로 드신 흡혈박쥐도 그 정도는 갖고 있고요. 해밀턴 교수님의 이론이 발표되고 나서 실제로 TFT 전략을 취하는 종들이 여럿 관찰되었습니다. 그중에서 아프리카산 임팔라의 사례가 특히 흥미롭더군요. 임팔라는 자신의 몸을 청결히 하기 위해서 서로의 몸을 핥아주는 행동을 합니다. 사실 상대방을 핥아주는 행동은 에너지도 들고 타액도 소모되며 포식자에 대한 감시도 소홀하게 되는 등 비용이 드는 행동입니다. 따라서 상대방과 딱 한 번 만나는 거라면 서로를 핥아주는 협동 행동은 생길 수 없지요. 하지만 만남이 잦아지면 상황이 달라집니다. 실제로 수컷-수컷, 암컷-암컷 간에 벌어지는 핥아주기 행동이 거의 공평하게 일어난다는 것이 발견되었습니다.

트리버스 : 해밀턴 교수님은 정말 대단하지 않습니까? 이타성의 진화에 대해 두 가지 중요한 이론을 모두 만들었으니 말입니다.

사회자 : 어쨌든 호혜성 이론은 트리버스 교수님께서 시작한 이론 아닙니까?

트리버스 : 그렇긴 하지만 저는 1970년대 후반에서 1980년대에 그 이론을 더 이상 발전시키지 못했습니다. 그 시기는 제게 악몽이거든요. 다시 생각하고 싶지도 않습니다.

청중들 대부분은 트리버스의 이 말에 고개를 갸웃거렸다. 하지만 패널들은 그가 지금 어떤 상황에 대해서 말하고 있는지를 다아는 눈치이다. 그는 1978년에 하버드 대학교에서 교수 정년심사에서 탈락한 후 캘리포니아 대학교(산타크루즈 캠퍼스)로 옮겨가르치기 시작했는데, 그때부터 마약에 절어 지내면서 연구에는 손을 놓았다. 오랫동안 그를 괴롭혀왔던 신경쇠약도 문제였다. 많은 이들이 한 천재의 몰락을 아쉬워했다. 그는 지금 그 암울했던 시기를 떠올리고 있다. 하지만 그는 새천년과 함께 보란 듯이 부활했다.

패널들이 무슨 말을 할지 몰라 하자, 윌리엄스가 분위기를 바꾸려는 듯 농담을 던진다.

윌리엄스 : 아무리 그래도 트리버스 교수님이야말로 생존한 최고의 이론생물학자라 할 수 있지요. 해밀턴 교수님이 살아계셨다면야 두 번째이겠지만요. (모두 웃음)

도킨스 : 그렇게 따지면 저는 순위에 끼지도 못하죠. (웃음) 사실 많은 사람이 《이기적 유전자》를 독창적인 책이라고 알고 있지만 저는 오늘 저희 쪽 테이블에 앉아 계신 여러 교수님이 아니었다면 이 자리에 있지 못할 사람일지도 모릅니다. 제가 그 책 초판을 1976년에 출간했는데요, 이 시기는 이미 진화론의 중요한 이론들이 대충 다 나온 후입니다. 해밀턴의 혈연 선택론kin selection theory은 1964년, 트리버스의 호혜성 이론은 1971년, 그리고 오늘의 주제는 아니지만 트리버스의 양육투자parental investment 이론은 1972년, 부모-자식 갈등parent-offspring conflict이론은 1974년,

존 메이너드 스미스가 〈게임 이론과 동물 갈등의 진화The theory of games and the evolution of animal conflicts〉라는 논문에서 제시한 진화 게임 이론evolutionary game theory도 1974년에 발표됐죠. 그러니까 저의 책이나 그보다 한 해 먼저 출간된 에드워드 윌슨의 《사회 생물학》 모두 이 이론들에 빚을 지고 있는 셈입니다.

사회자 : 그러고 보니 1960에서 1970년대는 진화 이론의 캄브리아기로 비유될 수 있겠는데요? 다윈의 자연선택 이론 이후의 중요한 이론들이 한꺼번에 쏟아져 나온 시기니까요.

도킨스 : 좋은 비유네요. 좀 과장되게 표현하면, 그때 이후로 지금까지의 진화 관련 연구는 모두 그 당시 이론들에 대한 각주에 불과하다고 할 수 있습니다.

굴드 : 글쎄요, 그건 좀 공정하지 않은 평가입니다. 세 분 교수님의 얘기를 듣고 있자니 마치 진화론이 유전자만을 다루는 수학인 양 들리는군요. 진화의 스케일이 너무 작아진 것 같습니다. 얼마나 유전적으로 가까운지를 계산하는 방식으로 모든 진화 현상을 설명하려는 태도는 환원주의입니다. 환원주의는 나쁜 것이죠. 왜냐하면 현실은 너무 복잡한데 환원주의는 그것을 도매금으로 싸잡아 단순화하거든요. 명쾌한 듯 보이지만 왜곡이 생깁니다.

도킨스 : 무엇이 왜곡이란 말씀이죠?

굴드 : 다윈 이래로 진화의 주체는 다양해졌습니다. 생명 조직의 위계를 한번 그려볼까요? 맨 밑에는 유전자가 있겠죠? 그 위

에는 세포cell, 기관organ, 유기체organism가 차례로 있고, 그다음에는 개체군population, 종species 등이 있겠죠. 린네의 분류법에 따라 우리는 종 다음에 속, 과, 목, 강, 문, 계가 있다는 것을 압니다. 원칙적으로 보면 진화는 이 모든 수준에서 다 일어날 수 있습니다. 그런데 저희 반대편에 앉아 계시는 분들은 전부 이 중에서 마치 유전자만 존재하는 듯이 말씀하십니다. 유전자가 중요하다는 것은 인정하겠지만 그것만이 자연선택의 단위라고 한다면, 그건 분명히 왜곡입니다.

소버 : 저도 굴드 교수님의 말씀에 동의하는데요, 좀 더 부연하겠습니다. 지구 위 생명체에게서 유전자가 가장 중요한 복제자replicator인 것은 사실입니다. 하지만 자연은 벌거벗은 유전자와 직접적으로 상대하지 않습니다. 옷 입은 유전자를 상대하죠. 유전자는 환경과 상호작용하여 자기 자신을 복제하고 단백질 생산을 지시하며 결국 유기체를 만들어냅니다. 자연은 이러한 개체의 몇몇 특성과 개체 자체를 상대하지요. 예컨대 자연은 북극곰의 털색에 압력을 가하지, 북극곰의 유전자에 압력을 직접 가하지는 않습니다.

도킨스 : 그래서요? 누구나 받아들이는 얘기 아닙니까? 제 주장은 그런 진화 과정에서 이득을 보거나 손해를 보는 궁극적인 대상은 복제자인 유전자라는 것이지요. 기억하실지 모르겠지만, 《이기적 유전자》의 3장 제목이 '불멸의 코일'입니다. 자연선택을 통해서 궁극적으로 남는 것은 유전자뿐이기 때문에 제가 유

전자에 그런 별명을 붙여봤던 것입니다. 제가 유기체의 중요성을 무시한다고 많은 이들이 비판하는데, 그건 명백한 오해입니다. 자연선택에 직접 노출되는 것이 유기체라는 의미에서 유기체는 중요하죠. 하지만 유기체는 유전자의 '운반자'일 뿐입니다. 개체나 집단은 유전자에 비하면 한시적인 존재죠. 마치 흘러가는 구름처럼 순간 머물러 있다가도 이내 사라지는 존재라고 할까요.

굴드 : 역시 동물행동학자는 스케일이 문제예요. 개체를 구름에 비유하여 자연선택의 단위에서 제외시켰죠? 제가 묻겠습니다. 한 유전자의 수명이 도대체 얼마나 길답니까? 600만 살쯤 된 침팬지 종보다 더 긴가요? 3만 년쯤 된 호모사피엔스사피엔스보다 더 깁니까? 유전자가 뭡니까? DNA 서열 아닙니까? 이 서열이 어떻게 불멸인지 저는 이해할 수 없습니다. 유전자도 세대를 거치면서 섞이고 삭제되고 새로 생겨나는데 말입니다.

다수준 선택론: 집단의 부활

사회자 : 잠시만요. 유전자, 개체(유기체), 종의 관계에 대해서는 아마 더 자세히 다룰 시간이 있을 것 같습니다. 벌써 시간이 많이 흘렀습니다. 남은 시간에는 자연선택이 어떤 수준에서 작용하는가의 문제에 집중해보겠습니다. 이 물음과 관련하여 최

근에 흥미로운 흐름이 생겼습니다. 그 흐름의 중심에는 최근에 《타인에게로Unto Others》(1998)라는 책을 공동 집필한 소버 교수님과 윌슨 교수님이 계십니다. 이 책과 이 책에 대한 학계의 반응을 살펴보면, 유전자 중심의 기존 진화론에 눌려 있던 집단 선택론이 새 옷을 입고 부활하는 느낌입니다. 안 그렇습니까, 윌슨 교수님?

데이비드 윌슨 : 휴우, 이제야 제 차례가 돌아오나요. 다들 한 입 하시는 분들이라 끼어들기가 쉽지 않네요. 간혹 저를 어제 토론자이셨던 에드워드 윌슨 교수님인 줄 착각하고, '드디어 윌슨 교수가 집단 선택론자가 됐다!'고 말하고 다니는 사람들도 있던데요. (모두 웃음) 저는 하버드 대학교에 연구원으로 근무한 적은 있어도 그 대학에 계신 에드워드 윌슨 교수님과는 전혀 다른 사람입니다. 한 가지 확실한 차이는, 제가 훨씬 더 젊다는 거죠. (모두 웃음)

그건 그렇고, 저는 앞에 계신 도킨스 교수님이 이타성의 진화와 자연선택의 단위(수준) 문제에 대해 매우 중대한 실수를 범했다고 생각합니다. 물론 자연선택은 유전자 수준에서 작용하죠. 하지만 개체와 집단의 수준에서도 작용합니다. 어떻게 그런 일이 가능하냐고요? 어찌 보면 간단합니다. 한 개체군 내에서 이타적인 놈들은 이타적인 놈들끼리, 이기적인 놈들은 이기적인 놈들끼리 상호작용을 하게 된다고 합시다. 동양에서는 이런 현상을 '유유상종類類相從'이라고 부른다죠. 이렇게 되면 이기적인 개체들로 인한 전체 집단의 붕괴를 막을 수 있는 가능성이 열립니다. 그 결과 이타성이 진화할 수 있습니다. 유전자가 자연선택의 유일한 단위라고 주장하는 도킨스 교수님은, 집단 내부로부터의 붕괴를 막고 협동을 강제하는 이런 집단 선택의 메커니즘을 무시한 셈입니다.

사회자 : 그런데 윌슨 교수님, 언뜻 보아서는 교수님의 집단 선택 메커니즘이 1960년대까지 유행했던 집단 선택론과 별 차이가 없어 보이는데요?

데이비드 윌슨 : 그렇지 않습니다. 화면을 한번 보시겠습니까? 왼쪽 그림은 1960년대까지의 집단 선택 모형이고 오른쪽은 저와 소버 교수님이 주장하는 새로운 집단 선택 모형입니다. 왼쪽 그림을 보세요. 어떤 개체군에 이기적인 개체 하나만 있어도 세대가 여러 번 바뀌면 개체들이 모두 이기적인 놈으로 변해 결국 개체군이 소멸하고 말죠. 이런 상황에서는 라슨의 나그네쥐에서와 같이 이타성이 진화할 수 없습니다.

　하지만 오른쪽 그림은 뭔가 다르죠. 거기서는 이기적인 놈들은 이기적인 놈들끼리 이타적인 놈들은 이타적인 놈들끼리 만나 번식을 한 후에 혼합 단계에서 한 번 섞인 다음, 다시 새로운 집단을 이뤄 번식합니다. 이런 과정이 반복되면 세대를 거치면서 개체군 내에서 이타적 개체들이 점점 늘어날 수 있습니다. 이것이 집단 선택에 의한 이타성의 진화입니다.

굴드 : 저도 기본적으로 윌슨 교수님의 의견에 동의합니다. 그런

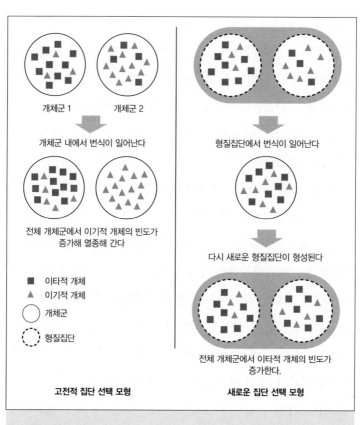

개체군 1　　개체군 2

개체군 내에서 번식이 일어난다

형질집단에서 번식이 일어난다

전체 개체군에서 이기적 개체의 빈도가
증가해 멸종해 간다

다시 새로운 형질집단이 형성된다

■　이타적 개체
▲　이기적 개체
○　개체군
⬭　형질집단

전체 개체군에서 이타적 개체의 빈도가
증가한다.

고전적 집단 선택 모형　　**새로운 집단 선택 모형**

유유상종으로 인한 이타성의 진화

데 교수님이 생명의 다양한 수준, 예컨대 유전자, 개체, 집단의 모든 수준에서 자연선택이 작용할 수 있다는 점을 강조하신다면, '집단 선택론'이라는 용어보다는 오히려 '다수준 선택론multi-level selection theory'이 더 낫지 않을까요?

데이비드 윌슨 : 정확한 지적입니다. 그렇지 않아도 요즘 그 용어

를 즐겨 사용하고 다닙니다. 새로운 이론이라고 만날 얘기해도 '집단'이라는 용어가 들어가서 그런지 생물학계에서 완전히 왕따 취급을 받아왔거든요. 실제로 1970년대 중반부터 진화생물학계에서 '집단'이라는 단어만큼 핍박받은 단어도 없을 겁니다. 이게 다 여기 건너편에 앉아 계신 교수님들의 막강한 영향력 때문이었겠죠? (웃음)

트리버스 : 제가 하버드 대학교 조교수로 있었을 무렵, 그러니까 1970년대 중반에 어떤 박사 연구원이 제 연구실 문을 두드렸습니다. 집단 선택론을 새롭게 다듬는 일에 자신의 남은 인생을 바치겠다고 의기양양하게 다짐하더군요. 저는 말렸습니다. 유전자 중심의 진화론 내부에도 당신같이 똑똑한 연구자가 필요한 흥미로운 문제들이 산적해 있다고도 말해줬습니다. 그리고 원칙적으로 집단 수준에서도 선택이 일어날 수 있긴 하지만, 그것은 어디까지나 매우 까다로운 조건이 만족될 때만 가능하다고 얘기했던 기억이 납니다. 30년 전 그 연구원이 바로 맞은편에 앉아계신 데이비드 윌슨 교수죠. 안타깝게도 집단 선택론에 대한 제 생각은 그때나 지금이나 똑같습니다. 관건은 자연계에 얼마나 자주, 그리고 얼마나 강하게 집단 선택이 작용하고 있는가일 텐데요. 저는 지극히 회의적입니다.

소버 : 아닙니다. 다수준 선택론을 지지하는 경험적 증거들이 적지 않습니다. 예를 들죠. 통계학자이자 진화 이론가였던 피셔 Ronald Aylmer Fisher가 1930년대에 밝혔듯이, 한 집단 내에서 자연

선택은 암컷과 수컷에 동일한 투자를 하게끔 합니다. 하지만 집단의 관점에서 보면 암컷 편향적 성비를 가진 집단은 수컷 편향적 성비를 가진 집단들보다 더 빨리 성장합니다. 자손을 낳는 성은 암컷이기 때문에 집단의 생산성은 암컷이 많은 쪽이 높을 수밖에 없거든요. 극단적인 경우, 수컷은 하나만 있고 나머지 전부가 암컷이라도 집단은 유지됩니다. 그런데 실제로 암컷 편향적 성비를 가진 종들은 자연계에 드물지 않습니다. 암컷 편향적 성비는 분명히 집단 선택이 강하게 작용하고 있다는 증거죠.

데이비드 윌슨 : 또 다른 사례로는 점액종 바이러스의 독성 감소 현상이 있습니다. 잘 알려져 있듯이 점액종 바이러스는 오스트레일리아에서 발생하여 토끼 집단을 격감시켰습니다. 그런데 몇 년 후에 이 바이러스에 흥미로운 변화가 생겼습니다. 독성이 감소했다는 점입니다. 이것을 어떻게 설명할 수 있을까요? 감염된 토끼들은 여러 변종 바이러스를 갖고 있으며 독성이 더 강한 변종들은 그렇지 않은 것들에 비해 더 빨리 복제됩니다. 독성이 강하다는 것은 이기적인 것이죠. 이타적인 것들은 동일 집단 내에서는 독성이 더 강한 바이러스들보다 번식 성공도가 떨어집니다. 바이러스의 입장에서는 강한 독성을 가지는 것이 유리하겠지만, 숙주(토끼)의 입장에서는 약한 독성이 좋겠지요. 이렇게 선택압이 서로 반대 방향으로 작용한 결과, 바이러스의 독성이 약해진 것입니다. 이게 바로 집단 선택이 작용하고 있다는 증거이죠.

유전자 선택론 대 다수준 선택론

도킨스 : 글쎄요……. 방금 말씀하신 사례는 이기적 유전자 이론으로도 쉽게 설명할 수 있습니다. 바이러스의 DNA 관점에서도 독성이 너무 강해 숙주 자체를 죽이는 경우는 이득이 되지 않습니다. 적당히 독해서 감염된 토끼가 다른 토끼와도 접촉할 수 있어야 바이러스가 더 넓게 퍼질 수 있으니까요. 이런 논리는 인간의 감기 바이러스에도 동일하게 적용될 것입니다. 바이러스가 너무 강하면 숙주인 인간을 침대에만 눕혀 놓지 않겠습니까? 그것보다는 감염된 숙주가 적당히 활동할 수 있을 정도의 독성이 더 유리하겠지요. 바이러스의 입장에서 말입니다. 집단 선택이 작용하는 어떤 사례라도 그것을 우리는 유전자 선택론으로 설명할 수 있습니다.

사회자 : 그렇다면 다수준 선택론이 이기적 유전자 이론으로 변환될 수 있다는 말씀인가요?

도킨스 : 그렇습니다. 윌슨의 선택 모형은 그것이 집단이든 다수준이든 상관없이 수학적으로 보면 유전자 선택론으로 변환될 수 있습니다. 말하자면 수학적으로 동등하다는 뜻입니다. 윌슨이 말한 '집단'을, 제가 말하는 '운반자'로 간주하면 그만이니까요. 여기서 운반자는 개체보다 상위 수준 개념입니다.

소버 : 물론 그렇게 보일 수 있습니다. 하지만 그것은 '어떤 형질이 진화할 수 있는가?'라는 물음에 대해서만 맞는 주장입니다.

자연선택의 과정에 대한 물음, 즉 '그 형질이 어떻게 진화했는가?'라는 질문에 대해서는 도킨스 교수의 유전자 선택론과 저희의 다수준 선택론은 전혀 다른 이야기를 합니다.

예를 하나 들어보지요. 바닥에 정지해 있는 장난감 자동차를 양쪽에서 민다고 칩시다. 만약 왼쪽에서 미는 힘이 5N이고 오른쪽에서 미는 힘이 10N이라면 자동차는 오른쪽에서 5N의 힘을 받은 듯 굴러갈 테지요. 하지만 이를 보고 '자동차가 5N의 오른쪽 힘을 받고 왼쪽으로 굴러간다'고 하면 이건 분명 착각이지요.

저희는 집단 '내'의 구성원에게 작용하는 자연선택의 힘과 집단들 '사이'에 작용하는 자연선택의 힘을 모두 고려하자고 주장하고 있는 겁니다.

도킨스 : 처음에는 개체나 집단이 유전자를 운반하는 운반자에 불과하다는 말이 실감나지 않으실 겁니다. 하지만 수많은 사례가 이기적 유전자 이론을 지지하고 있습니다. 유전자 선택에 의해 이타적 행동이 진화했다고 설명되는 동물은 개미나 벌 등의 사회성 곤충만이 아닙니다. 가령 땅다람쥐Spermophilus beldingi는 독수리와 같은 포식자가 주위에 나타나면 경고음을 내곤 하죠. 이 경고음을 듣고 다른 땅다람쥐들은 곧 피신하지만 정작 경고음을 낸 자신은 포식자의 표적이 되기 쉽습니다.

그렇다면 어떻게 이런 이타적 행동이 진화했을까요? 코넬 대학교의 행동생태학자 폴 셔먼Paul Sherman 교수는 이런 경고음이 '친척들'을 위험에 잘 대처하도록 돕기 위해서 진화했을 것이라는 가설을 세웠습니다. 이 다람쥐의 경우 수컷은 성장한 후에 다른 지역으로 이주해 비친족 집단을 이루고 사는 데 비해 암컷은 계속 친족 집단 속에서 지냅니다. 그런데 실제로 관찰을 해보니 수컷 다람쥐보다는 암컷이 더 자주 경고음을 냈죠. 즉, 수컷은 경고음을 내봤자 자신의 친족이나 자식에게 별 도움이 안 되지만 암컷의 경우는 사정이 달랐던 겁니다. 그래서 암컷이 더 자주 경고음을 냈던 것이죠. 땅다람쥐의 이런 이타적 행동은 유전자 선택 모형으로 아주 잘 설명됩니다. 이 사례를 다수준 선택론으로 설명할 수 있습니까?

소버 : 물론이죠. 집단 내에서 땅다람쥐가 받는 선택압과 집단 사이에서 작용하는 선택압으로 나누어 설명할 수 있습니다.

도킨스 : 맞아요! 그렇죠. 저희도 인정합니다. 아까 말했듯이 이기적 유전자 이론과 다수준 선택론은 수학적으로 동등하니까요. 즉, 한쪽 이론에서 다른 쪽 이론을 유도해낼 수 있다는 뜻이지요. 그런데 당신네들은 뭘 더 주장하는지 아십니까? 다수준

목숨을 걸고 경고음을 내는 땅다람쥐의 이타적 행동은 이기적 유전자 이론으로 잘 설명된다.

선택론이 더 우월하다고 하지 않나요? 수학적으로 동등한데 어떻게 한쪽이 다른 쪽보다 더 우월할 수 있습니까?

소버 : 여러 수준으로 나누어서 볼 수 있는 이론이니 그게 더 포괄적인 것 아닙니까?

도킨스 : 우리는 친족/비친족으로 나눕니다. 어떤 분해가 더 좋단 말입니까? 제 얘기는 둘 다 가능한 나누기라는 거죠. 제발 좀 오버하지 마십시오. 마치 새로운 유형의 선택론을 제시한 것 마냥 호들갑을 떨지는 마시란 겁니다. 다시 한 번 강조하지만, 다수준 모형이 설명하는 모든 현상은 이기적 유전자 이론도 설명합니다. 그 역도 마찬가지거든요. 물론 차이는 있죠. 어떤 현상에는 '친족/비친족'의 분해를 통해 설명을 하는 것이 더 직관적으로 쉽게 이해되지만, 다른 현상에는 '집단 내/집단 간' 분해를 해야 더 쉬운 이해가 가능합니다. 《타인에게로》에 대해서 어떤 서평자는 마치 진화생물학에 새로운 혁명이 오고 있는 것처럼 묘사했던데, 정말 엉터리 같은 얘깁니다.

굴드 : 표현이 좀 지나치시군요. 물론 저도 땅다람쥐에 대한 셔먼의 연구 결과는 받아들입니다. 하지만 인간의 경우에도 동일한 논리가 적용될 것이라고는 생각하지 않아요. 인간에게는 소위 문화라는 게 있죠. 인간이 유전자에 의해 조종을 당한다니, 그게 말이나 됩니까? 그러면 제가 이렇게 토론회에 나와 떠드는 것도 내 속의 유전자가 자신의 복제본을 더 많이 퍼뜨리기 위해 나를 조종하고 있다는 건가요?

어떤 원리가 동물에게 모두 적용된다고 해서 인간에게도 동일하게 확장 적용된다고 주장할 수는 없습니다. 저도 《이기적 유전자》를 읽어봤지만 인간에 관해서는 책 전체 분량의 10분의 1정도도 할애를 안 하셨더군요. 그래 갖고서야 어떻게 유전자 선택론이 인간에게도 잘 들어맞는다고 설득하시겠습니까. 윌슨 교수님이 최근 《종교는 진화한다Darwin's Cathedral》(2002)에서 주장했듯이, 인간의 특성(도덕성과 종교성)은 집단 선택에 의해 진화했다고 봐야 더 타당할 것 같습니다.

도킨스 : 제가 언제 유전자가 인간을 조종한다고 그랬습니까? 《이기적 유전자》를 제대로 이해하지 못하셨군요. 제 책을 제대로 읽은 독자들에 관한 얘기를 해드리죠. 진화심리학자들은 인간의 경우에도 동물에서와 같은 몇 가지 진화 원리들이 잘 작동하고 있음을 보여줬습니다. 딱 한 가지 예만 들겠습니다, 캐나다의 진화심리학자 마틴 데일리Martin Daly 교수와 마고 윌슨Margo Wilson 교수는 1974~83년 사이에 캐나다에서 일어난 자식 살해 사건들을 조사했습니다. 그 결과 계부모에 의한 자식 살해 위험이 친부모에 의한 위험보다 엄청나게 높다는 사실을 발견했죠. 두 살 이하의 아기의 경우에는 무려 70배나 차이가 납니다. 이런 놀라운 현상에 대한 최선의 설명은 이기적 유전자 이론일 수밖에 없습니다. 이런 유아 살해는 자신의 유전자가 섞이지 않은 자손에게 엄청난 양의 양육 투자를 하기 곤란한 부모가 벌이는 비극일 수 있습니다.

굴드 : 자꾸 그런 식으로 결론을 내리니까 제가 계속 딴죽을 거는 겁니다. 부모와 자식 간의 관계가 얼마나 다양하고 많은 요인들에 의해 영향을 받는데, 고작 이기적 유전자로 설명하고 말다뇨? 이래서 과학자들이 욕을 먹고, 사회과학자들과 토론하기 어려운 거예요.

도킨스 : 유전자 환원주의가 왜 문제인가요? 이념적으로 받아들일 수 없어서 그럽니까, 아니면 경험적으로 부적합해서 입니까? 경험적으로 부적합하다면 언제든 포기하겠습니다. 하지만 굴드 교수는 과학을 이념에 따라 요리하시는 분 같네요.

사회자 : 잠시만요. 저도 좀 끼워주십쇼. (웃음) 말씀들이 워낙 빠르신 데다가 많으시기도 하고, 토론의 열기가 뜨겁다 못해 살짝 험악하게 흘러가는 것 같습니다. 그런데 이거 어쩌죠? 사실은 시간이 15분이나 초과되었습니다. 아까부터 중계 카메라 옆에서 끝내라는 신호가 계속 들어왔는데요, 저도 토론에 몰입하는 바람에 놓치고 말았네요. 사회자의 역할을 제대로 못해서 죄송합니다. 어쨌든 이타적 행동이 어떻게 진화할 수 있는지에 관한 오늘 토론에서 우리는 유전자 선택론과 집단 선택론의 첨예한 대립을 봤습니다. 이런 견해차는 도대체 집단, 개체, 그리고 유전자의 관계가 무엇인지에 대해서도 다른 시각을 갖게 만드는 것 같은데요. 여러분은 '이타성이 이기적 유전자에 의해 진화했는가?'라는 질문에 이제 어떤 대답을 하시겠습니까?

토론자로 참여해주신 교수님 여섯 분께 감사드리고요. 이것으로 다윈의 식탁 둘째 날을 접겠습니다. 내일은 유전자가 도대체 어떤 일을 하는지에 대해 끝장 토론을 해보죠. 자연스럽게 오늘 주제와 연결이 되는 것 같네요. 편안한 밤 되십시오. 감사합니다.

숙소에 돌아오자마자 샤워도 미룬 채 참관기를 써 내려갔다. 식탁의 생생함이 잊히기 전에, 그리고 토론회에 참여하면서 얻은 새로운 아이디어를 흘려보내기 전에 얼른 메모하고 싶었기 때문이다. 하지만 뜨거운 물에 몸을 담고 눈을 지그시 감고 나니 오히려 오늘 토론회가 복기되는 느낌이다. 가장 인상 깊었던 두 장면이 계속 겹친다. 마약 때문에 회생불능 판결을 받았던 트리버스의 깔끔한 복귀, 그리고 30년 동안 금기어에 매달려온 윌슨의 용감한 끈기. 과학은 이렇게 드라마다! 누가 과학을 무미건조한 수식이라 했던가? 또 다른 드라마가 펼쳐질 내일 식탁이 기다려진다.

토론 둘째 날

아마 과학계에서 도킨스와 굴드의 관계처럼 지식의 군비 경쟁 arms race이 심한 이들도 드물 것이다. 도킨스는 오늘 최고의 지원 부대를 대동했다. 윌리엄스와 트리버스는 유전자 선택론을 사수하는 최강 현역 군인들로서 전사한 해밀턴을 빼면 최고의 전투력을 자랑한다. 다윈 이후의 모든 중요한 진화 이론들이 그들의 머릿속에서 나왔다 해도 과언이 아니다. 반면 굴드는 오늘 최신예들의 지원을 받았다. 윌슨과 소버의 출현은 전설에 대한 일종의 도전이다. 감히 집단을 들고 나오다니…….

명성으로만 보면 오늘의 전투는 제대로 시작하기도 전에 도킨스 캠프가 이긴 것이나 다름없었다. 하지만 '엉터리다' '무식하다'는 말이 오고간 현 시점에서 도킨스 캠프의 화력이 굴드 진영을 완전히 제압했다고 보긴 힘든 것 같다. 굴드 진영이 나름 선방했다고나 할까?

나는 가끔 과학 영역만큼 보수적인 곳은 없다고 생각할 때가 있다. 이미 자리를 차지하고 저변이 확대된 과학 이론은 새로운 시도를 잘 장려하지 않는다. 진화생물학계에서 누가 뭐래도 도킨스의 이기적 유전자 이론은 지난 30년 동안 이미 탄탄한 지지층을 확보한 '박힌 돌'이다. 그만큼 이룬 일도 많고 딸린 식구도 많다.

다수준 선택론은 '굴러온 돌'이지만 너무 자신만만하다. 자신들이 더 우월하다며 박힌 돌을 아예 뽑으려 한다. 그리고 마치 오늘이 혁명 전야인 양 떠든다. 그런데 나는 박힌 돌에 어떤 위기가 왔는지 아직 잘 모르겠다. 혁명이 왜 필요한지, 정말 혁명이 오고 있는 것인지 고개가 갸우뚱해진다. 토머스 쿤의《과학혁명의 구조The Structure of Scientific Revolutions》로 분석해보자면, 이기적 유전자 이론은 아직 위기다운 위기를 겪어보지 못한, 연료가 남아 있는 이론이다.

하지만 나는 다수준 선택론이 다른 측면에서 매우 중요한 화두를 잡고 있다고 본다. 그것은 40억 년 생명의 진화 역사에서 가장 분명하게 벌어진 일대 사건들, 다시 말해 '상위 수준의 생성'에 관한 물음이다. 생명은 어쨌건 최초의 복제자에서 시작하여 DNA를 만들었고 그것이 모여 한 수준 위의 단세포를 만들었으며 그 위에 다세포를 만들었다.

즉 주요 전환 사건들은 모두 새로운 상위 수준이 생기는 사건이었다. 그런데 바로 이 전환 과정에서 협동의 진화 문제가 발생한다. 단세포는 왜 다른 세포들과 협동하여 더 큰 다세포 개체를 만들었을까? 이 과정에서 단세포는 틀림없이 배신의 문제를 해결했을 것이다. 물론 완벽하지는 못했다. 오늘 우리의 건강을 위협하는 암을 보라. 다른 세포들과 협력하지 않고 자기 혼자만 복제하겠다는 배신자 아니겠는가? 다수준 선택론은 이렇게 통시적인diachronic 관점에서 생명의 진화를 이해하는 데 큰 도움이 된다.

어쨌든 30년 전 서른다섯 살의 '신출내기' 리처드 도킨스가 쓴《이기적 유전자》가 오늘날까지 여전히 큰 영향력을 행사하고 있다는 사실이 매우 놀랍다. 아마 사람들은 이 책에 도킨스의 독창적인 아이디어가 없다는 사실과, 더욱이 대중들을 위해 쓴 해설서라는 사실에 또 한 번 놀랄 것이다. 이 점을 분명히 해준 도킨스의 오늘 태도는 인상적이었다. 오늘처럼 겸손한 그를 보긴 쉽지 않다.

유전자에 관한 진실을 찾아서

유전자와 환경 그리고 발생

벌써 3일째다. 협동의 진화를 다룬 어젯밤 토론은 사실상 이기적 유전자 이론의 중간 평가에 가까웠다. 유전자가 '이기적'이란 것의 의미를 주로 다뤘던 시간이었다. 하지만 정작 유전자가 뭐며, 발생 과정에서 어떤 역할을 하는지는 빠졌다. 오늘 메뉴가 자연스레 '유전자의 정체'가 된 이유다.

요즘엔 어딜 가나 유전자 이야기다. 줄기세포, 인간복제, 유전자 진단과 치료, 유전자 변형 작물GMO, 인간 유전체Human Genome 사업 관련 논란이 대학 입시의 단골 논제일 만큼 유전자 담론은 널리 퍼져 있다. '비만 유전자' '동성애 유전자'는 물론, '모험 추구 유전자' '자살 유발 유전자' '불륜 유전자'까지. 이들 용어는 이제 더이상 대중매체에만 나오는 선정적 문구가 아니다. 《네이처》나 《사이언스》도 인간 행동과 직결된 유전자 연구 결과를 점점 더 많이 다룬다. 이에 대해 다른 편에서는 소위 '유전자 결정론'이나 '유전자 환원론' 등을 경계하는 우려의 목소리가 크다. 하지만 정작 유전자가 무엇이며, 몸에서 어떻게 작동하며 어떤 산물을 낳는지, 환경과는 어떤 관련을 맺는지에 관한 논의는 의외로 드물다. 오늘날 생명공학을 둘러싼 온갖 논쟁에 기생해온 숱한 오해를 걷어내는 데 꼭 필요한 일인데도 말이다.

그래서 이들이 모였다. 도킨스 팀의 필립 키처Philip Kitcher는 유전자가 특정한 차이를 만드는 주체라는 점을 강조하면서 진화론적 유전자 개념을 옹호해왔다. 션 캐럴Sean Carroll은 발생 과정에서 유전자가 얼마나 정교하게 작동하는지 보여준다. 그 또한 유전자의 주도권을 인정하는 도킨스 팀의 일원이다.

반면 굴드 팀에는 낯익은 얼굴과 낯선 얼굴이 한 명씩 합류했다. 첫날 선보인 르원틴이 오늘 다시 출연한 건, 유전자와 환경의 상호작용 연구로 그 누구보다도 더 강하게 유전자 결정론을 비판해왔기 때문이다. 낯선 얼굴인 수전 오야마Susan Oyama는 '정보를 가진 유전자가 발생 과정에서 핵심 기능을 맡는다'는 주장을 줄곧 비판해온 대표적인 발생학자이다. 캐럴과 세울 대립각이 볼 만할 듯하다. 첫날 사회를 맡았던 소버가 오늘도 마이크를 잡았다.

굴드 팀

스티븐 제이 굴드
하버드 대학교 고생물학

리처드 르원틴
하버드 대학교 진화유전학

수전 오야마
뉴욕 시립대학교 발생생물학

도킨스 팀

리처드 도킨스
옥스퍼드 대학교 동물행동학 및 과학대중화

필립 키처
컬럼비아 대학교 생물철학

션 캐럴
위스콘신 대학교 진화발생생물학

사회자(소버) : "우리는 한때 우리의 운명이 별들 속에 있다고 생각한 적이 있었다. 하지만 이제는 그것이 상당 부분 우리의 유전자 안에 있음을 안다."

혹시 누가 이런 말을 했는지 아시는 분 계십니까? 1953년에 DNA의 이중나선 구조를 처음 발견하여 1962년에 노벨생리 · 의학상을 수상한 제임스 왓슨 박사가 1989년에 인간 유전체 사업을 추진하면서 한 말입니다. 유전자가 우리 운명을 결정한다는 것을 암시하는 말이지요.

셋째 날 · 유전자에 관한 진실을 찾아서 - 유전자와 환경 그리고 발생

왓슨 박사의 말이 통해서 그랬는지는 모르지만 인간 유전체 사업은 탄력을 받아서 2000년에 인간 유전체의 염기서열을 초안 형태로 모두 밝혀내는 쾌거를 이뤘습니다. 이제 이 염기서열이 어떤 기능을 하는지를 밝혀내는 일이 남았는데요, 결국 그런 일은 2만 7000여 개의 인간 유전자의 기능을 낱낱이 밝히는 작업이 될 것입니다.

물론 시간이 많이 걸릴 겁니다. 하나의 유전자가 하나의 일만 하는 게 아니거든요. 한 유전자가 여러 일을 할 뿐만 아니라 여러 유전자들이 힘을 합해 한 가지 일을 하는 경우가 일반적입니다. 유전자 간의 상호작용을 이해해야 하는 상황입니다. 컴퓨터가 엄청난 속도로 발전하고 있으니 이런 복잡한 작용을 분석하는 작업도 점점 빨라지리라 예상하고 있습니다.

이런 상황에서 오늘 우리는 유전자에 관해 좀 더 근본적인 질문들을 던지고 함께 이야기해보려고 합니다. 도대체 유전자란 무엇입니까? 이 질문은 유전과 발생, 그리고 진화에서 유전자가 하는 역할이 무엇인지를 토론하는 과정에서 제일 먼저 불거져 나오는 질문일 것입니다. 하지만 놀랍게도 유전자가 정확히 무엇을 의미하는지에 대해서는 여전히 서로 다른 목소리를 내고 있는 듯합니다. 이 논란을 요약해서 설명해주실 분이 계신지요?

유전자란 무엇인가

키처 : 제가 해보겠습니다. 그레고어 멘델Gregor Mendel 이후로 인류가 내놓은 유전자 개념은 크게 두 종류였습니다. 하나는 분자론적 개념이고 다른 하나는 진화론적 개념입니다. 우선 분자생물학적 관점에서 유전자는 '단백질을 암호화하는 DNA 서열sequence'을 지칭합니다. 중고등학교 생물 교과서에 나오는 정의와 다를 바 없습니다. 하지만 이런 규정을 자세히 들여다보면 실제로 큰 문제점이 드러납니다.

화면을 한번 보시죠. 세포는 크게 핵과 세포질로 구분되어 있고 핵 속에는 염색체가 있으며 그 염색체 위에 유전자가 존재합

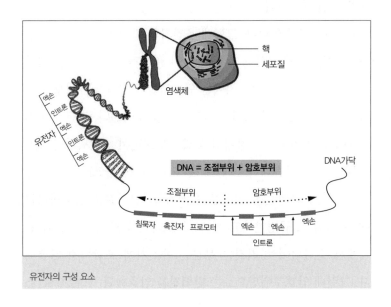

유전자의 구성 요소

니다. 그리고 유전자는 DNA의 서열로 구성되어 있는데요, 그 내부는 다시 조절부위와 암호부위로 나뉩니다. 그리고 암호부위에는 엑손exon과 인트론intron이 있는데요, 인트론은 DNA가 전령 RNA로 전사transcription되는 과정에서 삭제되는 부분입니다. 이제 조절부위로 넘어가 볼까요? 이 부위는 전령 RNA의 전사를 통제하는 프로모터promotor를 비롯하여 촉진자enhancer와 침묵자silencer로 구성되어 있습니다. 프로모터에 RNA중합효소가 달라붙게 되면 DNA가 전령 RNA로 전사됩니다. 이렇게 전사된 전령 RNA는 세포질로 빠져나와 세 염기(코돈)가 한 아미노산에 대응하는 방식으로 단백질로 번역translation됩니다.

사회자 : 오늘은 처음부터 영 딱딱한 음식을 먹은 것 같네요. 이해가 쉽진 않습니다.

키처 : 이거 죄송합니다. 그런데 유전자와 발생에 관해 토론하면서 이 정도는 숙지하고 있어야 되니 어쩌겠습니까? 그럼 아주 간단히 정리해보죠. 유전자에는 단백질을 암호화하는 정보가 들어 있는데 이 정보가 그대로 전달되는 것이 아니라 몇 단계의 편집 과정을 거치고 조절장치의 통제를 받으면서 전달됩니다. 끝!

사회자 : 훨씬 낫습니다. 그런데 뭐가 문제라는 거죠?

키처 : 아까 분자론적 관점은 유전자를 '단백질을 암호화하는 DNA 서열'로 규정한다고 했지요? 그러면 인트론처럼 편집 단계에서 절단되어 버려지는 부분은 유전자에 포함되지 않습니다. 그런데 암호부위만으로는 단백질을 암호화할 수 없지요. 스

위치가 필요한데 그것은 조절부위에 있지 않습니까? 그러니 분자론적 개념을 도입하면 DNA 서열 중에서 '엑손+조절부위'만이 유전자가 됩니다.

키처의 문제 제기가 정확히 무엇인지 다들 고개를 갸우뚱하고 있는 분위기이다. 이때 르원틴이 나선다. 그는 현존하는 생물학자 중에서 개념적 쟁점을 가장 잘 포착하는 학자로 알려져 있다. 가령 그는 자신이 모르는 주제에 대한 발표라도 10분 정도만 듣고 있으면 요지를 바로 파악하고 핵심적 질문을 던진다. 그래서 어떤 이는 그를 '세미나의 저승사자'로 부르기도 한다.

　그의 명석함 때문인지 현재 활동하고 있는 1세대 생물철학자의 반 이상이 그의 실험실을 방문해 일정 기간 동안 공동 연구를 했다. 흥미롭게도 오늘 반대편에 앉아 있는 키처도 그들 중 하나였다. 하지만 오늘의 키처가 그렇듯, 모든 부분에서 르원틴의 편에 설 필요는 없을 것이다. 언젠가 데닛이 내게 다음과 같은 뼈 있는 농담을 한 적이 있다. "그 사람이 탁월한 생물철학자인지 아닌지를 어떻게 알 수 있는지 알아요? 르원틴의 영향력으로부터 얼마나 벗어나 있는지만 보면 된다오. 우하하."

르원틴 : 단백질을 암호화하는 DNA 서열을 유전자라고 엄격히 정의하면, 어디 엑손과 조절부위만 필요하겠습니까? 세포 내에서 단백질이 생성되려면 그러한 유전자 내적인 부위들뿐만 아

니라 세포 내의 다른 환경도 받쳐줘야 합니다. 단백질이 만들어지려면 이 모든 과정들이 다 필요하다는 거죠. 따라서 유전자를 그런 식으로 정의하면, 정확히 무엇이 유전자인지를 가려낼 수 없다는 이상한 결론이 나오는 것 아니겠습니까?

키처 : 바로 그겁니다. 분자론적 개념은 상식적이긴 하지만 엄격히 적용하면 그런 황당한 문제가 발생하죠. 교과서에 있는 내용이라고 해서 다 참인 건 아니에요.

사회자 : 오히려 교과서의 내용은 어떻게 보면 거의 전부가 거짓 아닙니까? (웃음) 쉽게 교육하려면 단순화할 수밖에 없으니까요. 어쨌든 이제 이해가 됐네요. 그럼 유전자는 대체 뭘까요?

도킨스 : 네, 저는 진화의 주연이 유전자이니까 진화의 관점에서 유전자를 규정하는 게 더 옳다고 봅니다. 그래서 저는《확장된 표현형The Extended phenotype》(1982)에서 유전자를 다음과 같이 설명했습니다. 어떤 개체의 한 DNA 서열을 동일한 길이의 다른 서열로 갈아 끼워봅시다. 아무 일도 일어나지 않을 수도 있습니다. 하지만 그런 대체 때문에 그 유기체의 적합도가 높아지거나 낮아지기도 합니다. 그렇게 만드는 DNA 서열을 유전자로 부르자는 겁니다. 이게 바로 유전자에 대한 진화론적인 규정입니다.

키처 : 저도 도킨스 교수와 생각이 비슷합니다. 가령 표준적인 환경에서 어떤 DNA 서열을 갖고 있으면 푸른색 눈보다는 갈색 눈을 갖게 된다고 해봅시다. 진화론적 유전자 개념이란 이때 그 DNA 서열을 '갈색 눈 유전자gene for brown eyes'라고 부르자는

제안입니다. 분자론적 개념과는 뚜렷이 구별되는 정의죠. 왜냐하면 진화론적 개념에 따르면 유전자는 특정 단백질을 만드는 DNA 서열일 필요가 없기 때문이에요. 그저 차이만 만들면 그만입니다. 눈동자 색을 갈색으로 만들거나, 파란색으로 만들거나. 그래서 저는 유전자를 '차이 제조자difference maker'라고 부릅니다.

도킨스 : 아주 좋은 제안입니다. 차이 제조자라고 하면, 우리가 '독서 유전자gene for reading' 같은 것에 대해서도 말할 수 있지요. 물론 개체로 하여금 '읽게 만드는' 그런 유전자를 얘기하는 것은 아닙니다. 그런 유전자는 없지요. 하지만 만일 인간 염색체의 특정 위치에서 DNA 서열의 교체가 일어나서 읽기 능력이 향상되었다고 해봅시다. 좀 유식하게 말하면, 그 서열은 독서에 대해 '표현형적 효과phenotypic effect'를 나타내고 있는 것입니다. 표현형의 차이를 불러일으킨다는 말이지요. 표현형적 효과를 내고 있는 DNA 서열이 바로 유전자입니다.

오야마 : 잠시만요. 왜 유전자만이 표현형적 효과를 낸다고 생각하시는지요? 유전자는 주변 환경들과 상호작용을 통해 표현형을 만들어냅니다. 이제 이건 상식이지요. 여기서 '주변 환경'이라 한다 해서, 꼭 생태적인 의미의 환경만을 가리키는 건 아닙니다. DNA 서열 주변에 존재하는 분자들과 세포 내부의 여러 분자적 환경도 포함되죠. 아무리 특정 DNA 서열이 존재한다 하더라도, 이런 주변의 분자적 환경이 다르다면 다른 표현형을 산출할 수밖에 없습니다.

캐럴 : 그렇다고 그런 분자적 환경을 '유전자'라고 부를 수는 없질 않겠습니까? 그건 어쨌든 배경일 뿐이고, 주인공은 DNA 서열이 아니냐는 거죠.

사회자 : 잠시만요. 지금까지 유전자가 무엇이냐를 놓고 토론을 해왔는데, 지금 논의는 유전자와 환경과의 관계가 무엇인가로 살짝 넘어간 것 같습니다. 이건 그다음 토론 주제이니까 잠시만 기다려주시고요. 일단 유전자 개념부터 마무리를 짓도록 하죠.

굴드 : 저도 좀 한마디 하겠습니다. 유전자에 관한 얘기 자체가 좀 싫어서 지금까지 잠자코 있었는데요, 제가 보기에는 분자론적 개념이든 진화론적 개념이든 모두가 유전자를 '독립적인 기능을 하는 특정 DNA 서열'로 규정하려는 것 같습니다. 단백질을 만들거나 표현형적 차이를 만들거나 말입니다. 여기서 두 가지를 지적하고 싶습니다. 하나는 DNA 서열 중에 아무 일도 안 하는 이른바 '정크 DNA'가 DNA 서열의 대부분을 차지한다는 사실이고요, 다른 하나는 지금까지 얘기한 두 개념이 꼭 충돌하는 것 같지는 않다는 점입니다. 더 근본적으로, 저는 왜 유전자를 꼭 정의해야 하는지 솔직히 잘 모르겠습니다. 혹시 개념 분석을 좋아하는 철학자들이 만들어 놓은 수렁에 우리가 빠져든 것은 아닐까요?

철학자를 은근히 비꼬는 말에 철학자 키처가 가만 있을 리 없다.

키처 : 철학자도 철학자 나름이긴 한데요, 저는 과학자들이 개념을 명확하게 할 수 있도록 돕는 쪽이지, 골탕 먹이는 스타일은 아닙니다. (웃음) 어쨌든 유전자에 대한 개념이 불명확한 상태에서 '유전자'라는 용어를 널리 사용하고 있다면 그건 분명 문제입니다. 적어도 자신이 지금 어떤 의미에서 유전자라는 용어를 사용하고 있는지 정도는 알아야 하지 않겠습니까?

굴드 : 제 말이 그 말이에요. 그 정도만 하면 된다는 거죠. 괜히 자기 것만 옳다고 우기지 말고 '나는 이런 뜻으로 쓴다'고 밝히면 되지 않겠습니까? 물론 의사소통의 효율성은 좀 떨어지겠지만 말이죠.

사회자 : 그러면 혹시 제3의 통합적 개념을 추구하면 어떻겠습니까?

잠시 정적이 흐른다. 뜻밖의 질문이었을까? 아무도 대답을 하지 않는다. 하지만 나는 이렇게 유전자를 '정의'하는 작업 자체가 일종의 '불가능한 작전mission impossible'이라고 생각해왔다. '정의'를 내린다는 것은 무엇인가? 그것은 무엇이 되기 위한 필요충분조건을 따지는 것이다. 하지만 자연선택에 의해 진화하는 대상들에겐 언제나 변이들이 있기 마련이다. 따라서 그런 대상들에게서 필요충분조건을 찾는 것은 원칙적으로 불가능하다. 바로 이런 이유 때문에 생명을 정의하기 힘든 것이다. 썰렁함이 그칠 줄 모르자 사회자가 화제를 바꾼다.

셋째 날 • 유전자에 관한 진실을 찾아서 – 유전자와 환경 그리고 발생

사회자 : 아아, 통합적 개념에 대한 가능성은 그럼 일단 열어두기로 하고요, 시간이 많이 흘렀으니 다음 주제로 넘어가 보겠습니다. 이제 자연스럽게 유전자와 표현형의 관계를 묻지 않을 수 없을 것 같아요. 이 쟁점은 유전자 결정론이나 유전자 환원주의와도 맞물려 있겠는데요, 어떤 분이 먼저 운을 떼시겠습니까?

유전자형과 표현형의 관계

르원틴 : 저는 초파리의 발생을 연구해오면서 오랫동안 유전자형genotype과 표현형phenotype의 관계에 대해 씨름해왔습니다. 우선 이런 논쟁을 할 때 쓸데없는 혼동에 빠지는 것을 막기 위해서는 다음의 네 가지 구분이 필요합니다. 화면을 봐주십시오. 유전자형과 표현형의 관계에는 크게 네 가지 유형이 있죠. 각각의 그래프는 유전적(또는 환경적) 요인들의 변화가 생길 때 표현형이 어떤 종류의 변화를 겪는지 보여줍니다. 이런 그래프를 저는 '반응 양태norm of reaction' 그래프라고 부릅니다만.

우선 (a)는 유전자 결정론입니다. 어떤 다른 요인들의 존재 여부와 상관없이 어떤 개체 내에 존재하는 유전적 요인들이 표현형을 결정하는 경우를 말합니다. 예컨대 특정 호르몬 생성에 관련된 유전자들을 갖고 있는 남성이라면 그가 어떤 환경에서 성장하든 언제나 공격 행동을 보인다는 식의 견해입니다. 그러나

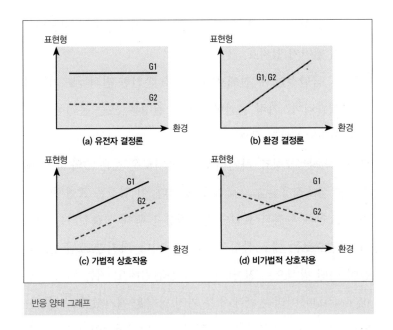

표현형

G1
G2

환경

(a) 유전자 결정론

표현형

G1, G2

환경

(b) 환경 결정론

표현형

G1
G2

환경

(c) 가법적 상호작용

표현형

G1
G2

환경

(d) 비가법적 상호작용

반응 양태 그래프

오늘날 이런 극단적인 결정론을 실제로 믿는 생물학자는 아무
도 없을 것입니다. 왓슨 교수도 이 정도는 아닐 겁니다. 왜냐하
면 실제로 치사 돌연변이 유전자들을 제외하면 적절한 환경 입
력은 생물의 발달에 반드시 필요하니까요.

또 다른 극단도 있어요. 환경 결정론인데, 인간이 어떤 유전
자들을 갖고 있는가와 상관없이 환경에 의해 표현형이 결정된
다는 견해입니다. 인간이 백지 상태에서 태어난다고 믿었던 철
학자 로크에서부터 비둘기를 잘만 훈련시키면 파일럿으로 만
들 수 있다고 공언했던 행동주의 심리학자 스키너Burrhus Frederic
Skinner에 이르기까지, 환경 결정론에 발을 담근 이들은 의외로

적지 않습니다. 하지만 이런 견해 역시 유전자에 관한 진실에서는 멀리 떨어져 있지요.

사회자 : 극단적인 두 견해보다는 다소 온건한 견해들도 가능하지 않겠습니까? 가령 온건한 유전자 결정론, 또는 온건한 사회 결정론이라고 하는 식으로 말이죠.

르원틴 : 물론 그렇죠. 하지만 좀 더 흥미로운 것은 (c)와 (d)로 대변되는 상호작용론interactionism일 겁니다. 이 입장은 표현형이 유전적 요인과 환경적 요인의 상호작용을 통해 산출된다는 견해라, 한편으로는 매우 상식적으로 들립니다. 하지만 그런 상호작용이 어떤 방식으로 일어나느냐가 관건인데요, 저는 《삼중나선 The Triple Helix》이라는 책에서 두 가지 방식을 얘기했지요. 하나는 가법적인additive 유형이고, 다른 하나는 비가법적인nonadditive 유형입니다. 다소 어려운 용어가 나왔습니다만, 의미는 이해하기 어렵지 않아요.

그래프 (c)가 '가법적 상호작용'입니다. 이 경우에는 공통된 모든 환경에서 유전자형 G1를 가진 개체의 표현형과 G2를 가진 개체의 표현형의 차이가 비교적 일정하게 유지됩니다. 즉 (c)의 경우에 G1은 모든 환경에서 G2보다 더 큰 표현형을 산출해내지요. 반면 '비가법적 상호작용'인 (d)의 경우에는 표현형의 차이가 역전되는 현상이 벌어집니다.

그런데 문제는 상호작용의 실제 양상이 대개 비가법적인데도, 사람들은 별생각 없이 그저 가법적이라고 전제한다는 것이지요.

캐럴 : 글쎄요. 실제 환경에서 가법적인 경우가 더 많은 것은 사실이잖습니까?

르원틴 : 실제 사례를 들어보지요. 제 동료인 데이비드 스즈키 David Suzuki 박사가 한 실험인데요, 유전자형이 서로 다른 톱풀 일곱 포기를 서로 다른 환경—해발 30미터 높이, 1400미터 높이, 3000미터 높이—에 심어놓고 표현형의 변화를 관찰한 적이 있습니다. 그런데 놀랍게도 같은 유전자형인데도 높이에 따라 톱풀의 키가 달라졌고 그 변화에는 일관성이 전혀 없어요. 즉 비가법적 상호작용이 나타난 거지요.

캐럴 : 톱풀의 경우야 저도 인정합니다만, 비가법적 상호작용의 또 다른 사례들이 있나요?

르원틴 : 초파리의 발생을 보면, 섭씨 30도에서 G1의 생존율이

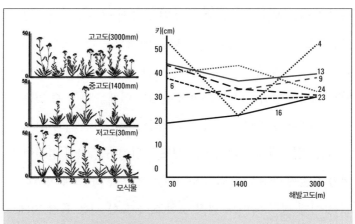

해발 높이에 따른 톱풀의 키 변화와 반응 양태 그래프

셋째 날 • 유전자에 관한 진실을 찾아서 – 유전자와 환경 그리고 발생

가장 높았는데 섭씨 10도에서는 G1이 꼴찌일 때도 있습니다. 상이한 온도에서 초파리의 생존율이 비가법적으로 변하는 거죠.

도킨스 : 저는 그 경우까지도 인정합니다. 그런데 더 있나요? 제가 다 훑어봤는지는 모르겠지만, 그동안 르원틴 교수의 저작 안에서 본 사례는 지금 언급하신 두 개가 전부인 것 같은데요. 제가 틀렸습니까?

도킨스는 오늘 상당히 차분하고 정중해 보인다. 하지만 질문은 여전히 날이 서 있다. 르원틴은 손가락을 턱 밑에 갖다 대고 잠시 생각에 잠기더니 고개를 끄덕이며 말을 잇는다.

르원틴 : 네. 현재는 사례가 많지는 않지요. 하지만 도킨스 교수는 지금 우리가 경험하고 있는 환경이 전부라고 생각하십니까? 사실 우리는 무수히 많은 환경 조건 중에서 극히 일부 범위만을 경험하고 있습니다. 현재 환경 범위 안에서는 가법적인 경우가 더 많을 수도 있습니다. 인정합니다. 하지만 새로운 환경이 도입되면 얘기는 달라집니다. 가법적 관계는 언제든 깨질 수 있는 것이죠. 환경은 고정되어 있다고들 생각하는데, 그건 착각입니다.

지금 저는 생태적 환경이든 세포적 환경이든 간에 환경이 표현형 산출에 중요한 요인이라는 얘기 정도를 하는 게 아닙니다. 그건 이제 상식 축에도 끼지 못하죠. 중요한 것은 환경 자체도 변할 수 있고, 그 변한 환경 때문에 가법적 관계가 깨질 수 있다는 사실입니다. 흔히들 개체는 고정된 환경의 선택압을 받고 적응한다고들 하지만, 그건 틀린 주장이에요. 환경은 개체에 의해 영향을 받아가며 변하지요. 지렁이를 보십시오. 그 미물이 환경에 꼼짝 못하는 존재입니까? 자신의 주변 환경(토양)을 온통 뒤집어 놓는 변화의 주체 아닙니까?

도킨스 : 누가 환경이 고정되어 있다고 했다는 것인지 잘 모르겠습니다. 적어도 정통 진화생물학자들은 '진화하는 환경evolving environment' '진화적 군비 경쟁evolutionary arms race' '공진화coevolution' 등의 개념들과 친숙하죠. 다 개체와 환경의 상호작용으로 환경도 변한다는 내용을 담고 있지 않습니까?

굴드 : 글쎄요. 설령 그렇다 하더라도 발생 과정이 환경에 의해서 매우 민감하고 복합적으로 작동한다는 사실을 부각시킨 르원틴 교수의 공로는 높이 사야 합니다.

르원틴이 살짝 궁지에 몰리자 굴드가 그를 감싸 안고 간다. 이래서 이 둘을 단짝이라 부르나 보다. 하지만 이 둘은 스타일의 차이 때문에 가끔 서로를 불편해한 적도 있다. 굴드는 원래 화려한 것을 좋아하는 타입이다. 그래서 수업이든 강연이든 온갖 자료들을 다 펼쳐놓고 화려한 한 편의 쇼를 펼친다. 한번은 수업 시간에 책 예닐곱 권을 들고 와서는 한 10분가량 알아들을 수 없는 말로 떠들더란다. 나중에 알고 보니 라틴어로 수업을 했던 거였다. 그런데도 앞에 앉은 몇몇 학생들은 내용을 이해하고 웃더라는 것! 하지만 르원틴은 조용하지만 한마디 한마디 주옥같은 함축적인 언어를 구사한다. 하버드 대학교 진화생물학과 학생 중 적지 않은 수가 처음엔 화려한 굴드 교수의 수업에 매료되다가도, 중간 정도 지나면 깊이가 느껴지는 르원틴 쪽으로 이동한단다. 언젠가 하버드 졸업생으로부터 굴드가 이런 이유 때문에 르원틴에게 약간의 질투심이 있는 것 같다는 얘기를 들은 적이 있다. 굴드한테 질리면 르원틴에게 가라? 그저 하버드 대학생들이 부러울 뿐이다! 어쨌든 다윈의 식탁에서만큼은 굴드가 르원틴에게 질투를 느낄 여력이 없을 터. 도킨스라는 공동의 적이 있으니까.

사회자 : 르원틴 교수의 반응 양태 그래프를 가지고 논의를 시작하니까, 우리가 그동안 괜히 '유전자 결정론'이나 '환경 결정론'을 두려워한 건 아닌가 하는 생각이 듭니다. 사람들은 이런 결정론들을 '나쁘기 때문에' 거부하려고 하는데요, 오늘 보니까 나빠서가 아니라 '거짓이기 때문에' 거부할 수 있는 것 같습니다. 어쨌든 가법적인 관계와 비가법적인 관계 중에서 어떤 것이 더 흔하고 보편적인지에 대한 논쟁은 계속될 것 같습니다. 이쯤에서 유전자형과 표현형의 관계에 대한 토론을 정리해볼까요?

살짝 아쉽다. 유전자 환원주의에 대한 찬반양론도 듣고 싶었는데 그 문제에 대해서는 그냥 넘어간 것 같기 때문이다. 아마도

가법적 상호작용의 보편성을 인정하면 유전자 환원주의도 별 문제없이 받아들여질 것이라고 가정하고 있는 듯하다.

이제 자연스럽게 발생 과정에 관한 논쟁으로 넘어가는 것 같습니다. 여기서 논쟁의 핵심 질문은 '유전자가 과연 발생 과정을 통제하고 발생에 대한 정보를 가지고 있는가?'라는 건데요. 이와 관련하여 실제로 1990년대 이후부터 유전 정보genetic information, 유전 프로그램genetic program, 그리고 유전자의 역할에 대한 상이한 견해들이 활발히 논의되고 있죠. 유전자의 지위에 도전하는 입장부터 먼저 들어볼까요?

유전자와 정보

오야마 : 흔히 유전자가 발생의 정보를 가지고 있다고 하죠. 초중고 과학 시간뿐만 아니라 대학교 일반생물학 시간에도 다 그렇게 배웁니다. 심지어 분자생물학, 세포생물학 교과서에서도 그렇게 가르치죠. 하지만 잘 생각해봅시다. 유전자 하나가 단독으로 할 수 있는 일이 과연 있을까요? 홀로는 아무것도 할 수 없죠. 다시 말해 DNA만으로는 하나의 수정란 세포가 결코 정상적으로 발생할 수 없습니다. 정상적인 발생에 필요한 것들은, 미세소관microtubule으로 구성된 방추사spindle fiber와 중심립centriole, 세

포질의 적정한 화학 농도 분포, DNA 메틸화_{methylation} 양상, 세포막, 그리고 세포 내 소기관 등입니다. 전문용어들을 쏟아내서 죄송합니다만, 쉽게 말하면 발생이 제대로 진행되기 위해선 유전자뿐만 아니라 세포 내의 다른 환경들도 반드시 필요하다는 건데요. 이렇게 본다면 세포 내 환경들도 유전자와 인과적 효력이 '동등한' 발생 자원들이라 할 수 있습니다.

그런데 흥미롭게도 이런 발생 자원들은 핵 속에 있는 유전자가 아닌데도 그런 유전자와 마찬가지로 세대를 거치며 대물림됩니다. 유전자만 대물림되는 게 아니라는 거죠. 따라서 유전자만이 정보를 가지고 있으며 (세포 내) 환경은 단지 그 유전자에 간섭 작용만을 하는 '배경'일 뿐이라는 생각은, 발생에 대한 잘못된 통념입니다. 정보는 유전자와 환경에 모두 존재해요. 환경이 혼자서는 발생 과정을 좌우할 수 없는 것과 마찬가지로, 유전자도 단독으로는 아무 일도 할 수 없습니다.

사회자 : 그렇다면 유전자와 환경이 발생 과정에서 인과적으로 동등한 역할을 담당하고 있다는 얘긴가요?

캐럴 : 그런 난센스가 어디 있습니까? 생물학자들은 유전자가 어떤 단백질을 만들어내는지를 탐구하지, 결코 단백질을 만드는 환경을 탐구하지는 않습니다. '핵치환에 의한 체세포 복제'라는 말은 있지만, '환경치환에 의한 체세포 복제' 같은 용어가 없는 이유가 바로 그래서죠. 발생 과정이 복잡하다는 데는 동의하지만, 그렇다고 환경이 유전자와 동등한 발생 자원이라고 말

하는 건 그야말로 오버입니다.

오야마 : 저는 '발생 자원이 유전자냐 환경이냐?'라고 묻는 것부터가 잘못된 이분법에 근거한 것이라고 생각합니다. 왜냐하면 모든 형질은 수많은 발생 자원들 사이의 상호작용으로 인해 산출되며 '유전자/환경'의 이분법은 그런 상호작용자들을 나누는 수많은 방식 중 하나이기 때문이지요. 흔히들 어떤 특성들이 자연선택에 의해 다음 세대로 전달된다고 알고 있지만, 엄격히 말하면 그런 특성들은 발생 과정에서 매번 재구성된다고 해야 옳습니다. 그래서 저는 《정보의 개체발생The Ontogeny of Information》이라는 책에서 진화의 단위가 유전자가 아니라 발생계developmental system라고 주장했습니다.

굴드 : 갑자기 좋은 생각이 떠올랐습니다. 오야마 교수님의 주장을 오케스트라에 비유해 이야기해보면 어떨까요? 유전자는 발생의 지휘자라기보다는 일개 단원일 뿐이고, 오케스트라 자체는 매번 새로 생긴다?

오야먀 : 아, 그것 참 멋진 비유네요.

키처 : 저도 그 비유 자체는 참 멋지다고 생각합니다만, 죄송하게도 그것은 현실을 왜곡하는 잘못된 비유라고 말씀드리고 싶습니다. 반대쪽에 앉아 계신 분들의 말씀이 아니더라도, 생물학자들 대부분은 발생이 분산된 여러 자원들에 의해 복잡한 방식으로 통제되고 있다는 사실을 누구보다 더 잘 알고 있습니다. 하지만 실제의 연구 관행은 여전히 유전자에 특권적 지위를 부여

하는 방식으로 진행되고 있지요. 그런데도 큰 문제가 없습니다.

저도 비유를 좀 들겠습니다. 50미터 높이의 빌딩에서 분필을 떨어뜨린다고 해봅시다. 자유낙하하는 이 분필에는 실제로 중력 외에도 여러 힘들이 작용하고 있습니다. 가령 마찰력은 중력과 반대 방향으로 작용하겠죠? 물리학자들은 여러 방향에서 여러 종류의 힘이 작용한다는 사실을 다 압니다. 하지만 분필의 낙하운동을 기술할 때는 중력만 고려하면 그만입니다. 왜냐하면 그 어떤 다른 종류의 힘과 비교가 안 될 정도로 지구가 끌어당기는 힘이 강력하니까요. 오야마 교수처럼 발생계 이론을 주장하는 사람들은 자유낙하의 사례에서 중력보다 마찰력이 더 클 수 있다고 주장하고 있는 셈입니다. 일종의 억지죠.

도킨스 : 저도 키처 교수님의 말씀에 전적으로 공감합니다. 발생계 이론은 주류 생물학자들이 결코 받아들일 수 없는 주장이죠. 유전자와 표현형 간의 복잡한 관계는 유전자를 제외한 다른 발생 자원들의 개입 때문이라기보다는 오히려 '유전자 사이'의 상호작용 때문이라고 봐야 합니다. 예컨대 우리는 이미 여러 유전자들이 상호작용하여 하나의 표현형을 산출한다는 '다인자 발현polygeny'이나, 한 유전자가 여러 표현형의 발생에 관여한다는 '다면 발현pleiotropy'과 같은 개념들을 발전시키지 않았습니까? '이보디보Evo Devo'(진화발생생물학evolutionary developmental biology의 애칭) 전문가이신 캐럴 교수님이 하실 말씀이 있을 것 같은데요.

캐럴 : 저도 바로 말씀을 드리려던 차였습니다. 이보디보는 분자

생물학으로 진화와 발생에 다리를 놓은 새로운 분야인데요, 생물학 분야의 새로운 통합적 흐름으로 요즘 크게 주목받고 있습니다. 제가 동료들과《DNA에서 다양성까지From DNA to Diversity》라는 얇은 교과서를 쓴 적이 있는데요, 거기서 분자생물학의 도움으로 진화와 발생이 어떻게 연결되는지 확인할 수 있죠. 여기가 이보디보를 홍보하는 장소는 아니니까 자세한 얘기는 다음으로 미루겠습니다만, 발생 과정에서 유전자의 역할이 얼마나 대단한지를 깨닫기 위해서는 이보디보가 주목받게 된 배경을 조금 설명하는 게 좋을 것 같습니다.

이보디보가 극적으로 데뷔할 수 있었던 까닭은 호메오박스homeobox(180개의 염기로 구성된 특정 DNA 서열)의 발견 때문이었습니다. 미국의 생물학자 에드워드 루이스Edward Lewis는 1940년대부터 초파리의 체절 형성을 조절하는 호메오 유전자homeotic genes를 연구했는데요, 1970년대 후반기에 이르러 두 명의 독일 생물학자에 의해 그 염기서열(호메오박스)이 밝혀졌습니다. 그 이후 연구자들은 이 호메오박스가 초파리의 모든 세포 내에서 전사 과정의 스위치를 정교하게 작동시킴으로써 세포의 운명을 결정하는 마스터 스위치 역할을 한다는 사실을 깨닫게 되었지요. 루이스와 두 명의 독일 생물학자는 호메오박스 유전자를 발견한 공로로 1995년에 노벨 생리·의학상을 받았습니다.

더욱 놀라운 건 똑같은 호메오박스들이 초파리에서뿐만 아니라 심지어 쥐나 인간 같은 척추동물에서도 발견된다는 사실이었습니다. 이런 발견은 1980년대부터 봇물처럼 쏟아져 나오기 시작합니다. 예를 들어 초파리의 발생 과정에서 배아의 전후 축을 결정하는 염기서열은 포유류의 척추와 골격 형성에 관여하는 유전자에도 같은 형태로 보존되어 있다는 사실이 밝혀졌습니다. 즉 유사한 염기서열이 계통적으로 아주 동떨어진 종에서도 매우 유사한 기능을 하게끔 보존되어 있다는 것이었지요.

하지만 모든 대칭동물에서 발견된 호메오 유전자인 '혹스 유전자Hox genes'는 우리를 또 놀라게 했습니다. 초파리의 혹스 유전자를 생쥐의 배아에 이식하면 어떤 일이 벌어질까요? 항상 그런 건 아니지만 어떤 혹스 유전자들은 생쥐에 들어가서도 생쥐의 정상적인 혹스 유전자들이 담당해야 할 몫을 잘 수행합니다.

이런 점에서 Pax6 유전자는 더욱 흥미롭습니다. 눈eyes 발생을 조절하는 유전자는 척추동물에서는 Pax6이고 초파리의 경우에는 아이리스eyeless죠. 물론 곤충의 눈은 겹눈으로, 척추동물의 눈과는 구조, 구성 재료, 그리고 작동 방식에서 엄청난 차이가 있습니다. 그런데 만일 초파리의 아이리스 유전자를 생쥐의 배아에 이식시키거나 반대로 생쥐의 Pax6를 초파리의 배아에 이식시키면 어떤 현상이 일어날까요? 놀랍게도 두 경우에 모두 정상적인 눈이 발생합니다. 즉 생쥐의 배아에서는 생쥐의 눈이, 초파리의 배아에서는 초파리의 눈이 정상적으로 발생하지요. 심지어 사람의 Pax6 유전자를 거미의 배아에 삽입하면 그 배아는 거미의 정상적인 눈을 발생시킬 것입니다.

도대체 어떻게 이런 일이 가능할까요? Pax6와 아이리스 유전자가 배아 발생의 꼭대기에서 미분화된 세포의 운명을 조절하는 스위치 역할을 하기 때문입니다. Pax6 유전자를 발견하는 데 큰 공헌을 한 스위스의 발생학자 윌리엄 게링William Gehring은 이런 유형의 유전자를 '마스터 조절 유전자master control genes'라고 명명했지요. 곤충과 척추동물의 심장 발생을 동일한 방식으로 관장하는 틴먼 유전자tinman gene도 그런 마스터 조절 유전자입니다.

이처럼 발생 과정에서 유전자의 역할, 즉 유전자 사이의 상호작용은 정말로 결정적입니다. 이것을 온전히 이해해야 생물학의 오래된 수수께끼인 '하나의 수정란에서 어떻게 복잡한 성체가 나오는가?'를 풀겠죠. 혹스 유전자 같은 조절 유전자regulatory gene의 발견은 그런 의미에서 매우 고무적입니다. 그러니 죄송합니다만, 발생의 오케스트라는 유전자가 지휘하는 게 맞습니다.

캐럴이 구체적인 연구 사례를 들며 추락하는 유전자에 날개를 달아주자 팽팽하던 분위기가 도킨스 팀 쪽으로 유리하게 돌아가고 있는 듯하다.

르원틴 : 으음, 최근의 연구가 유전자의 지위를 격상시키고 있다는 사실 자체는 저도 받아들일 수 있어요. 하지만 이런 측면을 생각해보지요. 그동안의 연구 지원이 유전자 관련 연구에 집중

셋째 날 • 유전자에 관한 진실을 찾아서 – 유전자와 환경 그리고 발생

되어 있지 않았습니까? 게다가 유전자는 환경 요인에 비해 실험실에서 상대적으로 쉽게 통제될 수 있었고요. 이 모든 상황들이 유전자 중심의 현대 생물학을 낳는 데 기여했다고 봅니다.

그런데 만일 연구 지원 방식이 바뀌고 환경 요인을 실험실 내에서 성공적으로 통제할 수 있는 기법이 개발된다면 어떻게 될까요? 유전자에 특권적 지위를 부여하지 않는 연구 프로그램이 생물학의 주도적 패러다임이 될 수도 있지 않을까요?

르원틴은 《DNA 독트린Biology as Ideology》 같은 책을 통해 현재의 생물학과 지배 이념의 밀착을 강도 높게 고발하기도 했다. 그렇기에 과학자임에도 방금과 같은 말을 자신 있게 할 수 있는 것이다. 그에게 과학이란 지배 이념의 하인으로 전락할 수 있는 지식 행위이다. 하지만 도킨스의 과학관은 상당히 보수적이다.

도킨스 : 물론 그 누구도 그런 가능성 자체를 원칙적으로 부인할 수는 없겠죠. 문제는, 유전자 중심의 연구 패러다임이, 굳이 토머스 쿤의 용법을 빌리자면, 아직 위기에도 이르지 못했다는 점입니다. 아니, 좀 더 정확히 말하자면, 이제 막 성숙한 패러다임이 되어 가고 있는 중이라고 해야겠죠. 이런 상황에서 다른 가능성을 주장하는 일이 과연 어떤 의미가 있는지는 사실 곰곰이 생각해봐야 할 문제가 아닐까요?

가령 발생계 이론을 옹호하는 이들이 만들어낸 연구 프로그램은 그동안 어떤 성과들을 내놓았습니까? 그리고 앞으로 어떤 열매들을 약속하고 있나요? 외람된 말씀이지만, 제가 보기에는 전 세계에서 발생계 이론을 지지하고 발전시키려는 학자는 채 열 명도 안 되는 것 같은데요. 혹독할지는 몰라도, 증명의 부담에 짓눌려야 하는 쪽은 틀림없이 발생계 이론가들일 겁니다.

캐럴 : 저도 같은 생각입니다. 최근에 MIT의 생물철학자인 이블린 폭스 켈러Evelyn Fox Keller가《유전자의 세기는 끝났다The Century of the Gene》라는 책에서 마치 '유전자의 세기는 끝났으니 이제는 다른 데로 가보자'라는 듯한 뉘앙스를 풍겼는데요, 실험실에서 밤을 새우며 발생 유전자를 탐구하고 있는 우리 같은 연구자들이 듣기에는 정말 민망하고 무책임한 주장이었습니다. 이제야 비로소 유전자의 세기가 막 시작되었는데 말이죠.

굴드 : 그런 식으로 얘기를 하시면 '나는 수구적인 생물학자입니다'라고 선전하는 꼴밖에 안 됩니다. 과학의 역사에서 새로운 접근은 언제나 있었고, 그중 일부는 옛 과학을 성공적으로 전복시켰지요. 유전자 중심 연구 프로그램이 천년만년 갈 것처럼 이야기하는 것은 좀 그렇지 않나요? 좀 겸허해집시다.

도킨스 : 허, 참. 천리안이라도 갖고 있는 듯이 이야기하는 게 제겐 더 교만해 보이는데요. 무슨 예언이라도 하시려는 건가요, 과학자라는 분이?

오늘도 어김없이 막판이 되니까 굴드와 도킨스의 말이 격해지기 시작한다. 하지만 시침이 방금 9시를 가리켰다.

사회자 : 잠시만요. 이제 마무리를 해야 합니다. 사실 저는 여기 오기 전까지만 해도 오늘의 토론을 통해 유전자에 관한 진실에 더 가까워질 것을 내심 기대했습니다. 하지만 역시나 '한 이름 딴소리'였습니다. 그렇다고 실망한 건 아니고요. 과학이란 이렇게 딴소리들을 통해 진보하는 것 아니겠습니까?

　여러분은 오늘 어떠셨습니까? 전문용어들이 많이 등장하는 바람에 다소 힘드셨을 것 같기도 한데요, 유전자에 관한 토론 중에서 근자에 보기 드문 수준 높은 토론이 아니었나 합니다. 진실에 이르지 못했다 하더라도 그것에 이르기 위해 어떤 관문을 넘어야 하는지 발견하셨을 겁니다. 그 관문을 보여주신 오늘 출연자 분들에게 깊은 감사의 말씀을 전합니다. 다윈의 식탁은 내일도 계속됩니다. 감사합니다.

식탁이 끝나고 청중의 박수 소리도 잦아들자 캐럴이 먼저 오야마에게 다가가 악수를 건넨다. 그리고는 한 10분가량을 그 자리에 선 채로 뭔가 심각하게 이야기를 나누었다. 옆에 가서 잠시 엿듣고 싶었지만, 방송 장비도 철거하고 식탁도 정리되고 있는 어수선함 탓에 좋은 기회를 놓치고 말았다. 오늘도 굴드와 도킨스는 눈길 없는 악수만 주고받은 채 총총 사라졌다.

　오늘도 숙소에 돌아와 간단히 샤워를 한 후에 노트북을 켠다.

토론 셋째 날

아마도 과학 용어 중에서 현대 사회에서 가장 많이 회자되는 것이 바로 '유전자'일 것이다. 그래서 유전자가 무엇이냐고 누가 물었을 때 뒷머리를 긁적이고 있으면, 왠지 현대인으로서 갖추어야 할 교양이 부족한 사람처럼 인식되기도 한다. 그렇다면 생물학자들은 유전자에 대해 무엇을 얼마나 알고 있을까? 유전자에 관한 그들의 지식은 서로 일치하는가?

유전자에 관한 진실 공방을 펼쳤던 오늘 다윈의 식탁은 교양 없는 우리에게 큰 용기를 준다. 우리만 교양이 부족한 게 아니었다. 전문가들도 유전자를 제각각 정의하고 있고, 서로 다른 방식으로 사용한다. 무엇보다도, 유전자를 발생 오케스트라를 이끄는 지휘자로 보는 관점과 오케스트라의 한 단원으로 보는 견해가 합의점을 찾지 못하고 있다. 도대체 유전자에 관한 진실은 무엇이란 말인가?

신기하고도 놀라운 사실 하나는, 유전자의 지위와 역할에 관한 합의가 이렇게 요원함에도 생물학자들은 아무렇지도 않은 듯 매일 그 용어를 사용하고 있다는 점이다. 이쯤 되니까 의심이 생긴다. 혹시 유전자에 관한 '한 이름 딴소리'가 굴드 팀에 의해서 너무 부풀려진 건 아닐까? 도킨스 팀의 주장대로 절대 다수의 생물학자들이 유전자를 발생의 통제자로 인식하고 연구하고 있고, 또 그것이 별다른 문제없이 의미 있는 결과들을 내고 있다면, 굴드 팀의 도발은 단지 호들갑에 불과한 게 아니냐는 거다.

하지만 이런 상황도 상상해볼 수 있다. 실제로 생물학자들이 저마다 다른 방식으로 유전자 개념을 사용하는 통에 커뮤니케이션에 문제가 있는데도 그것도 모른 채 자신의 일만 열심히 계속하고 있는 상황 말이다. 나는 이럴 가능성도 있다고 본다. 내가 만나본 생물학자 중에 자신이 사용하고 있는 유전자 개념을 명확히 얘기할 수 있었던 사람은 극히 일부였다. 게다가 그 일부는 모두 다른 방식으로 유전자 개념을 사용하고 있었다. 왜 이런 불일치가 있는가를 알아보려면 사회과학적 연구가 필요할 것이다.

오늘도 여전히 비유가 넘쳐났다. 하지만 유전자와 관련하여 꼭 언급해야 할 비유들이 빠진 것 같아 아쉬웠다. 유전자 결정론과 그에 대한 비판적 고찰을 할 때 자주 등장하는 비유가 있다. 가령 유전자 결정론은 유전자를 '청사진blue print'에 빗댄다. 건물을 짓는 사람은 청사진대로만 지어야 한다. 일꾼들의 실수로 청사진과는 조금 다른 집이 지어질 수는 있겠지만, 기본적으로 청사진은 건물의 모양과 특성을 결정한다. 하지만 이런 견해는 사실과 다르다. 다시 말해 유전자는 표현형을 결정하지 못한다. 환경과의 상호작용을 통해 표현형을 산출할 뿐이다. 유전자 결정론을 거부하는 이유가, 이념적으로 나쁘기 때문이어서는 안 된다. 사실이 아니기 때문에 거부해야 한다.

유전자가 발생 과정을 결정하지는 않지만 지대한 영향을 준다는 사실을 말해주는 흥미로운 비유가 있다. 그것은 유전자를 청사진이 아닌 요리법recipe에 빗대는 방식이다. 요리사는 요리법대로 음식을 만들기는 하지만 어떤 재료를 어떤 방식으로 조합하는가에 따라서 똑같은 요리법에도 아주 다른 맛을 내는 음식을 내놓을 수 있다. 유전자를 이런 요리법에 빗대는 것은, 유전자가 기본적으로 발생 과정을 지시하기는 하지만 주변 환경과 어떻게 상호작용했느냐에 따라 최종 산물이 결정된다는 설명을 위해서다. 그리고 보니 요리법 비유는 오늘 나온 오케스트라 비유와 일맥상통한다. 유전자가 지휘자이긴 하지만, 단원들의 실력에 따라 연주하는 음악의 질이 달라진다고 할 수 있으니까.

르원틴은 어딘가에서 '비유는 깨지기 쉬운 것'이니까 잘 다뤄야 한다고 했다. 유전자에 대한 비유가 남발되어 본질이 흐려지고 있다는 우려에서 나온 말이었다. 하지만 나는 비유야말로 과학적 탐구의 본질인데 그동안 저평가된 항목이라고 생각한다. 어디 보자. 그리고 보니 르원틴도 비유의 달인이 아니었나? 스팬드럴, 삼중나선…….

진화는 100미터 경주인가, 멀리뛰기인가?

진화의 속도와 양상

다윈의 식탁 넷째 날이다. 예고한 대로 오늘 주제는 진화의 속도와 양상이다. 이 주제를 선택한 데는 몇 가지 이유가 있다. 우선 진화가 점진적으로 일어난다고 믿었던 다윈 자신도 불연속적인 화석기록으로 인해 도약적인 진화의 가능성을 깊이 고민했고, 그 후로도 이에 대한 연구를 각 분야에서 활발히 했기 때문이다. 또 다른 이유는 이 문제를 해결하기 위해 굴드가 1972년 동료 닐스 엘드리지Niles Eldredge와 함께 다윈의 점진론에 대한 대안으로 '단속평형론'을 제안하면서 학계의 스타로 부상했기 때문이다. 단속평형론이란 진화가 점진적이지 않고 '도약하듯 일어난다saltational'는 이론이다. 그 이후 진화생물학계에서는 진화 속도와 양상에 관한 논쟁에 불이 붙으면서 도약적 진화 메커니즘 연구가 활발히 진행됐으며, 거대규모진화macroevolution와 소진화microevolution의 관계는 중요한 물음이 됐다.

반면 도킨스는 단속평형론의 가장 강력한 반대자로 살아왔다. 단속평형론을 반박하고자 아예 책도 한 권 썼을 정도다. 예컨대 '단속평형론 끝장내기'는 그의 역작 《눈먼 시계공The Blind Watchmaker》(1986) 9장 제목이다.

이런 배경으로 굴드 팀에 엘드리지가 합류한 건 극히 자연스럽다. 그렇

지만 발생학자이자 생물학사가인 스코트 길버트Scott Gilbert가 왜 굴드 팀에
참여했는지는 궁금증을 자아낸다. 현대 발생학의 성과가 오늘 논쟁과 밀
접한 연관이 있어서 그런지도 모르겠다. 한편 도킨스 팀에는 데닛이 참여
했다. 저명한 인지철학자인 그는 《다윈의 위험한 생각》에서 도킨스와는 조
금 다른 식으로 굴드의 단속평형론에 맹공을 퍼부었다. 그래서 굴드한테서
'도킨스의 애완견'이란 소리까지 들어야 했지만, 어쨌거나 도킨스의 철학
적 대변인 역을 기꺼이 맡고 있다. 그리고 도킨스 팀의 또 다른 참여자 마
이어. 1930-1940년대 진화 이론의 '근대적 종합'이 한창일 때, 그의 나이는
이미 40대였다. 진화론 역사의 산증인 마이어가 오늘, 근대적 종합의 후예
를 자처하는 도킨스의 편에 섰다.

　오늘 사회는 캐나다의 생물철학자 마이클 루즈Michael Ruse. 저널 《생물학
과 철학》을 창간했으며 진화생물학의 역사에도 정통하다. 카메라의 큐 사
인이 떨어졌고 장내에 생방송 램프가 들어왔지만, 웬일인지 아까부터 흘러
나오던 친숙한 음악 소리는 잦아들 줄 모른다. 혹시 방송 사고?

굴드 팀

스티븐 제이 굴드
하버드 대학교 고생물학

닐스 엘드리지
미국자연사박물관 고생물학

스코트 길버트
다트머스 대학교 발생생물학

도킨스 팀

리처드 도킨스
옥스퍼드 대학교 동물행동학 및 과학대중화

대니얼 데닛
터프츠 대학교 심리철학 및 인지과학

에른스트 마이어
하버드 대학교 진화생물학

진화의 알레그로: 점진론

사회자(루즈) : 안녕하십니까. 노래 소리가 멈추지 않아서 좀 놀라셨죠? 방송 사고가 절대 아니니 안심하시고, 듣는 김에 마저 듣기로 하겠습니다. 지금 듣고 계신 그룹 퀸Queen의 대표곡 중 하나인 〈보헤미안 랩소디〉는 록 음악에 문외한인 제가 들어도 전율을 느낄 정도입니다. 대단하죠. 그런데 이 곡은 처음에 다소 느리게 진행되다가, 중간쯤에서는 몇 마디의 피아노 비트를 기점으로 해서 갑자기 숨이 가빠집니다. 그러다가 끝 무렵에 가서는 원래 빠르기로 되돌아가고요.

이 곡을 좋아하는 이유는 사람마다 제각각이겠지만, 저는 두 번에 걸친 템포의 변화 때문에 좋아합니다. 처음부터 끝까지 똑같은 빠르기로 이 곡을 열창하는 프레디 머큐리(퀸의 리드 싱어)의 모습을, 어디 상상이나 할 수 있을까요? (모두 웃음)

한편 템포의 변화가 유별난 클래식 음악 중에서 제가 알고 있는 것으로는, 브람스의 〈헝가리 무곡〉 5번이 있습니다. 채 3분도 안 되는 연주지만 변화무쌍한 템포 때문인지 그 속에 애절함과 흥겨움이 묘하게 공존해 있는 듯하죠. 하지만 템포 변화와 명곡이 항상 상관관계를 보이는 것 같지는 않습니다. 누구든 한 번쯤 들어봤을 비발디의 '사계' 제1악장 〈봄〉은 시종일관 알레그로(빠르게)로 진행되지 않습니까?

진화론에 관한 토론 자리에서 느닷없이 음악 이야기를 꺼내 이상하게 생각하실지 모르겠습니다. 사실 변화하는 대상은 그것이 무엇이든지 항상 어떤 템포(빠르기 또는 속도)를 갖게 마련이죠. 그렇다면 생명의 진화에도 템포라는 게 있을까요? 생물의 진화는 장구한 세월 동안 점진적으로 진행될까요? 흔히 알려져 있듯이 다윈이 정말로 그렇게 주장했을까요? 혹시 갑작스럽게 도약하며 진화하는 게 진화의 진짜 빠르기는 아닐까요? 마치 '라르고'(아주 느리게)에서 '프레스토'(아주 빠르게)로 템포가 바뀌는 음악처럼 말입니다. 오늘은 진화의 속도와 양상에 대한 토론에 들어갑니다. 우선 점진론gradualism이 무엇이고 왜 문제라는 것인지, 굴드 교수님께서 말씀해주시겠습니까?

굴드 : "내 책의 반은 찰스 라이엘Charles Lyell의 머리에서 온 것 같은 느낌이다." 이 말은 1844년에 다윈이 한 편지에 쓴 고백입니다. 다윈이 1831년에 비글호에 타면서 챙긴 재산 목록 1호는 놀랍게도 영국의 지질학자 라이엘의《지질학 원리Principles of Geology》1권(1830)이었습니다. 그가 얼마나 이 책에 열광했는지 알 수 있는 또 다른 증거가 있죠. 그는 집에서 온 소포 중 가족의 편지보다 1832년에 출간된《지질학 원리》2권을 더 반가워했습니다. 연유야 어찌됐든 그는 비글호에 승선하고부터 라이엘의 동일과정설uniformitarianism의 매력에 푹 빠져들죠. 아시다시피 동일과정설은 영국의 지질학자 제임스 허턴James Hutton이 18세기 말에 발전시킨 지질 변화 이론으로, 현재 지구상에서 일어나고 있는 자연 과정의 원인들이 동일한 방식과 강도로 과거의 모든 지질학적 과정에도 똑같이 작용했다고 보는 이론입니다.

사실 다윈이 햇병아리 과학도였던 시절에는 지질의 급격한 변화를 지지하는 사람들과 점진적 변화를 주장하는 라이엘 같은 사람들 간에 심각한 대립이 있었습니다. 격변론catastrophism은 이따금씩 발생하는 천재지변에 의해서 지구의 지형이나 생물계의 내용이 완전히 바뀐다는 주장으로 프랑스의 지질학자 조르주 퀴비에Georges Cuvier 등에 의해 발전했죠. 그때만 해도 노아의 홍수를 문자 그대로 믿는 지질학자가 적지 않았기 때문에 격변론은 무시할 수 없는 입장이었어요. 반면 동일과정론자들은 "현재는 과거의 열쇠다The present is the key to the past"라는 허턴의 모토를 따르는 사람들이었습니다.

허턴이 사망하던 해인 1797년에 스코틀랜드에서 태어난 라이엘은 '허턴의 환생'으로 불릴 정도로 동일과정설을 신봉했습니다. 그는 세 권짜리《지질학 원리》에서, 현재 벌어지고 있는 과정과 법칙들이 지구의 전 지질 역사에도 동일하게 적용된다고 했지요. 쉽게 말하면, 오늘날 지표면에서 일어나고 있는 과정들(풍화, 침식, 운반, 퇴적, 암석화, 융기, 화산 폭발, 해수면 상승 등)이 매우 느리게 일어날 뿐만 아니라 끊임없이 반복된다는 발상입니다. 특히 그는 자연 현상이 현재처럼 느린 속도로 일어난다 해도, 그런 현상이 계속 쌓이면 결국 지금 암석들에서 보이는 그런 기록들이 생길 수 있다고 생각했어요. 라이엘의 이론에 심취한 다윈은 생명의 진화가 그 누구도 살아서 목격할 수 없을 정도로 점진적으로 진행되는 장중하고 정연한 과정이라고 생각했고요. 다윈의 진화론을 '점진론'이라고 부르는 것도 이 때문이죠.

굴드는 고생물학자이지만, 웬만한 생물학사가들과 견주어도 전혀 손색이 없을 정도로 역사에 밝다. 스코틀랜드의 허턴이 죽은 해에 라이엘이 태어났다는 식의 상세한 역사를 아무렇지 않게 말할 수 있는 사람이다. 미국 과학사 학회장을 지낸 로널드 넘버스Ronald Numbers 교수는 언젠가 그에 대해 이런 말을 한 적이 있다. "굴드가 과학자로서 얼마나 대단한지 내가 판단할 수 없는 문제지만, 오랫동안 나는 그를 토머스 쿤 다음으로 가장 영향력 있는 과학사학자라고 생각해왔다." 역사학에 대한 전문 교육을 제대로 받아본 적도 없는 그가 둘째가는 과학사학자로 평가받고 있다는 사실이 놀라울 뿐이다. 그래서인지 그의 글과 말은 특급 호텔의 최고급 뷔페처럼 항상 질 좋고 화려한 데다 풍부하기까지 하다. 오늘따라 그의 서론이 더 길어진다.

그러나 화석기록은 쉽게 다윈의 편을 들어주지 않았습니다. 점진적 변화보다는 오히려 갑작스런 변화를 말하는 듯했으니까요. 실제로 '다윈의 불독Darwin's bulldog'이라는 별명이 있을 만큼 다윈의 충직한 후배 동료였던 토머스 헉슬리는 《종의 기원》이 서점 진열대에 오르기 전날 다윈에게 이렇게 충고합니다. "당신은 '자연은 도약하지 않는다Natura non facit saltum'라는 경구에 지나치게 사로잡혀 괜한 어려움에 처해 있구려."

잘 아시겠지만 이 경구는 아리스토텔레스부터 라이프니츠, 뉴턴, 린네에 이르는 많은 과학자가 자연에 대한 전제로 받아들이는 원리 같은 것이었습니다. 다윈도 이 원리를 암암리에 받아들였던 것입니다. 그런데 그는 화석상의 기록이 자신의 예상보다 훨씬 더 심하게 불연속적으로 보인다는 사실 때문에 몹시 괴로워했죠. "지질학적 기록은 불완전하다"는 그의 답은 그야말로 궁여지책이었습니다.

단속평형론의 등장

엘드리지 : 그렇죠. 그것은 미봉책에 지나지 않았습니다. 화석기록이 불연속적으로 보이는 이유는 그것이 불완전하기 때문이 아니라 실제로 불연속적인 변화들, 다시 말해 격변들이 지질학적인 과거에 빈번히 발생했기 때문이죠. 고생물학자들이 다윈 이후로 100년이 넘게 연구를 거듭했지만, 대부분의 화석기록은 여전히 진화가 점진적으로 일어나지 않았다는 사실을 보여줄 뿐입니다. 이런 현실을 직시하고, 저와 굴드는 1972년에 〈단속평형: 계통적 점진론에 대한 대안Punctuated equilibria: an alternative to phyletic gradualism〉이라는 논문을 발표했습니다. 생물 종들이 오랜 정체기를 거친 후에 급격하게 진화한다는 내용이었죠.

자, 화면을 한번 봐주실까요. 제가 다윈식의 점진론과 우리의 단속평형론을 알기 쉽게 비교하기 위해서 그림을 그려봤습니다. 왼쪽 그림은 다소 과장되긴 했지만 단속평형론이 어떤 것인지를 잘 표현하고 있죠. 실례를 들어볼까요. 제 동료가 800만 년 전에서 350만 년 전에 카리브 해에서 생존했던 메트라랍도토스Metrarabdotos 속屬으로 분류되는 이끼벌레Bryozoa의 화석을 연구했는데요. 그런데 놀랍게도 단속평형론의 패턴에 거의 정확히 일치했습니다. 예컨대 대부분의 종들은 수백만 년 동안 형태의 변화를 겪지 않았고, 신종들은 대부분 중간 단계의 종 없이 갑자기 출현하는 식이었습니다. 중간 단계의 종이 나타난다 하더라

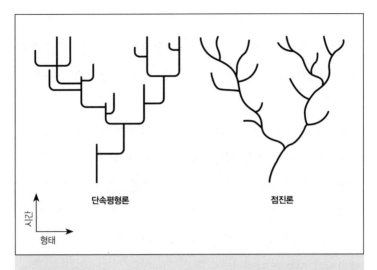

점진론과 단속평형론 비교
—
가로축은 형태를, 세로축은 시간을 나타낸다. 점진론은 형태의 변화가 시간이 지남에 따라 서서히
일어난다고 주장하는 데 비해, 단속평형론은 긴 정체기와 갑작스런 변화가 반복된다고 주장한다.

(그림 내 레이블: 단속평형론, 점진론, 시간, 형태)

도 그것은 10만 년 정도만 지속되었을 뿐이었고요.

사회자 : 그러니까 두 분 말씀은, 화석상의 증거들을 비롯한 많
은 자료들이 다윈의 점진론보다는 두 분의 단속평형론을 지지
하고 있다는 얘기네요. 도킨스 교수님은 이런 주장에 결코 동의
하실 것 같지 않은데요?

도킨스 : 허수아비를 세워놓고 공격하는 것만큼 쉬운 일은 아마
없을 겁니다. 물론 그 결과는 무의미함뿐이죠. 두 분의 주장이
얼마나 어이없는지 증명해보이기 위해《눈먼 시계공》에서 썼던
비유를 다시 한 번 말씀드려야겠네요. 구약성서의 《출애굽기》

에 의하면, 이스라엘 사람들이 광야를 가로질러 약속의 땅인 가나안으로 들어가기까지는 무려 40년이나 걸렸다죠. 이런 역사적 사실에 대해서는 다음과 같이 두 가지로 해석해볼 수 있을 겁니다.

한 해석에 따르면, 가나안까지 직선거리는 대략 320킬로미터 정도이므로 하루 평균 이동 거리는 약 22미터인 셈이고, 밤에는 이동을 멈췄을 테니까 광야의 이스라엘인들은 시간당 대략 2.7미터 정도로 이동했다는 결론이 나옵니다. 아침마다 텐트를 걷고 북동 방향으로 22미터씩 기어가듯 이동한 다음 다시 캠프를 설치하는 식으로 말이죠.

반면 다른 해석을 받아들이는 사람들은, 실제로 이스라엘 사람들은 한 장소에 머물면서 수년간 캠프 생활을 하다가 비교적 빠른 속도로 새로운 캠프지로 이동한 다음 다시 그곳에서 수년을 머무르는 식으로 생활했다고 주장합니다. 즉 약속의 땅을 향한 이스라엘인들의 이동은 결코 점진적이거나 연속적이지 않았으며 오히려 불규칙하고 변덕스러웠다는 해석입니다. 어떤 해석이 더 그럴듯합니까?

사회자 : 그야 뻔하잖습니까?

도킨스 : 상식이 있는 사람이라면 주저 없이 두 번째 해석에 손을 들어줄 겁니다. 앞에 계신 굴드와 엘드리지 교수는 두 번째 해석의 선봉에 서 계신 분들이죠. 그렇다면 두 분 주장이 옳다는 이야기일까요? 오히려 그 반대이지요. 두 분께서 단속평형설

을 부각하려고 짜놓은 위와 같은 문제 상황 자체가 잘못된 겁니다. 무슨 말인고 하니, 두 분께서는 진화의 템포에 대한 입장을 (《출애굽기》에 대한 첫 번째 해석인) '등속설same speedism'과 '단속평형설'로 이분해놓고 사람들에게 양자택일을 강요하고 있다는 것이죠.

하지만 다윈 자신뿐만 아니라 저같이 극단적인 점진주의자도 등속설을 주장한 적이 없어요. 도대체 왜 허수아비를 세워놓고 공격하시는 겁니까? 그리고 좀 전에 단속평형설의 증거를 말씀하셨는데, 오히려 그런 사례들보다는 점진론의 증거들이 더 많습니다. 예컨대 웨일스 지방에서 발견된 오르도비스기의 삼엽충Ordovician trilobite 화석은 점진적 진화 양상을 보여줍니다. 사람들 앞에서 자신들이 마치 대단한 혁명가라도 된 듯이 말씀하시는데, 진상을 알고 있는 저로서는 불쾌하기 짝이 없네요.

드디어 포문이 열렸다. 도킨스가 오늘은 초장부터 험한 말을 내뱉는다. 작정하고 온 듯하다.

데닛 : 저도 《다윈의 위험한 생각》에서 도킨스 교수와 입장을 같이 했죠. 거기서 저는 굴드 교수가 다윈의 점진론에 대해 그동안 어떤 태도를 견지해왔는지 조목조목 따져봤습니다만, 실망스럽게도 다윈의 점진론에 대안인 양 제시된 단속평형설은 말 그대로 '속빈 강정'에 불과했습니다. 이런 제 비판에 대해 여기

계신 굴드 교수께서 몇 년 전 《뉴욕 북리뷰》에서 '도킨스의 애완견'이라는 표현까지 써가면서 저를 인신공격하셨더군요. 사회자께서 정중한 토론을 부탁하셨기에 이에 대한 구체적 응답은 지금 이 자리에선 자제하겠습니다. 도킨스 교수와 한 팀이라는 것을 잘 부각시켜줬다는 뜻으로 일단 좋게 해석하고 넘어가겠습니다.

하지만 죄송하게도 두 분의 이론은 일종의 허풍이라고 생각합니다. 다시 강조하지만, 다윈의 점진론은 폭이 매우 넓어서 느린 등속 템포로부터 단속평형 템포까지 모두 포괄할 수 있어요. 제가 준비한 그림을 한번 보시면 무슨 뜻인지 아실 겁니다.

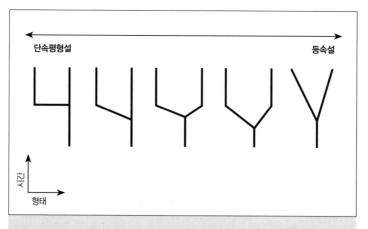

점진론의 연속체 모델
—
진화속도를 설명하는 다윈의 점진론은 폭이 매우 넓은 개념이다. 때문에 느린 등속 템포부터 급격한 단속평형 템포까지를 모두 포함한다. 가로축은 형태를, 세로축은 시간을 나타낸다.

다윈의 '아템포'

마이어 : 으음, 잠시 제가 끼어들어도 될까요? 진화생물학의 역사에 정통하신 루즈 교수가 오늘 사회를 보고 계시니, 다윈 자신이 점진론에 대해 실제로 어떤 생각을 했었는지 직접 들어보면 어떨까요? 아까 사회자가 음악의 템포를 이야기하면서 문제를 던지셨는데요, 아주 인상적이었습니다. 저도 그 비유를 이어받아서 여쭤보지요. 그렇다면 도대체 다윈의 '아템포_a tempo'(본디 빠르기로)는 무엇이었을까요?

한 세기를 넘게 산 이 노인의 센스를 보라(마이어는 1904년생이다)!

루즈 : 아까 굴드 교수도 잠깐 언급했듯이, 한때 다윈은 지질학적 기록의 불완전성을 말하면서 자신의 점진론을 방어하기도 했죠. 하지만 흥미롭게도 어떤 대목에서 그는 마치 단속평형설을 염두에 두고 있는 듯한 말들도 했습니다. 실제로 다윈은 《종의 기원》4판부터 다음과 같은 문장을 슬그머니 끼워 넣죠.

"많은 종들이 일단 형성된 다음에는 결코 변화하지 않는다. (……) 종이 변화하는 기간은 연수로 측정하기에는 무척 긴 기간이긴 하지만, 그 종이 같은 형태를 유지하고 있던 기간에 비하면 틀림없이 짧을 것이다."

이 구절을 지금 여기서 풀어보면 다윈은 종분화speciation 사건의 템포와 종분화 사건들 사이의 템포에는 뚜렷한 차이가 난다는 얘길한 게 아닐까 해요.

데닛 : 그 보십시오. 다윈의 점진론은 그렇게 옹졸하지 않다니까요. 비유를 하나 들어볼까요. 육상 종목 중에서 100미터 경기와 멀리뛰기를 비교해봅시다. 100미터 경기에 참가한 선수들이 총소리를 듣고 출발해서 결승선에 들어올 때까지의 보폭을 한번 떠올려봅시다. 출발 시점의 보폭과 최고 스피드에 도달했을 때의 보폭에 다소 차이가 있겠지만, 대체로 보폭의 크기는 비슷비슷할 겁니다. 반면 멀리뛰기의 경우에는 도움닫기를 할 때의 보폭과 점프를 할 때의 보폭은 매우 다릅니다. 말 그대로 도움닫기 선에서 '점프'를 해야 하니까요. 굴드와 엘드리지 교수님은 마치 육상 종목에 멀리뛰기만 있다고 우기시는 것 같아요.

굴드 : 실제로 다윈 자신이 진화의 속도와 양상에 대해 이중적 태도를 취했다는 사실은 받아들일 만합니다. 하지만 앞에 계신 두 분의 극단적인 점진론은 도저히 수용할 수 없어요. 두 분의 점진론은 따지고 보면 '등속설'에 가깝다고 할 수 있거든요.

데닛 : 안타깝게도 저희들의 비판을 아직도 제대로 이해하지 못하신 것 같네요. 다른 예를 하나 들어보죠. 한국어를 전혀 모르는 헝가리 부부 한 쌍이 한국을 방문했습니다. 방문 기념으로 집에 있는 아이들에게 한국 책을 선물하려고 시내의 한 서점에 들렀죠. 그런데 진열돼 있는 책은 전부 그림책이고, 이상하게도

모든 책에 페이지가 적혀 있지 않습니다. 진열대 위에는 그들이 한국에서 유일하게 알아들을 수 있는 언어(영어)로 다음과 같은 푯말이 매달려 있습니다. '조심하세요. 파손된 책이 있을 수 있습니다.' 그들은 한국어를 전혀 모르기 때문에 책에 그려진 그림들만 보고 책을 고를 수밖에 없죠.

마침 부인이 마음에 드는 책 한 권을 골라 남편에게 권합니다. 그런데 남편은 한참을 넘겨보더니 몇 쪽이 누락된 파본인 것 같다고 말합니다. 그러자 부인은, "그런데 그 사실을 어떻게 알아요, 당신은?" 이렇게 반문합니다. 그러자 그는, "아무리 봐도 그림들이 연속적으로 잘 이어지지 않거든. 이 면을 봐봐. 왼쪽 페이지에는 지렁이만 등장하는데 그 오른쪽 페이지에 갑자기 자동차가 나오잖아"라고 합니다.

아까 그 육상 사례에서 얻은 자신감이 지나쳤는지 이번엔 비유가 좀 멀리 나가는 느낌이다. 뭘 얘기하려고 저러는지⋯⋯. 이때 나처럼 헤매고 있을 시청자와 독자를 위해 사회자가 끼어든다.

사회자 : 듣고 있자니 그 남편의 행동과 불연속적으로 보이는 화석기록들에 대한 다윈의 대응이 매우 유사해 보이네요. 파손된 책일 수 있다는 남편의 믿음과 화석기록이 불완전할 수 있다는 다윈의 믿음, 그림책의 그림들이 점진적으로 바뀔 기대했던 남편의 예상과 화석기록이 연속적일 것이라는 다윈의 기대가

분명 닮은꼴입니다. 또한 실제 화석기록은 그 그림책의 그림들처럼 불연속적으로 보였죠. 그렇다면 결국 비유의 요지는 파본이라고 결론 내린 남편과도 같이 다윈은 화석기록이 불완전하다는 결론을 내렸다는 뜻이 되네요.

데닛 : 빠르고 정확하게 이해하셨네요. 그렇습니다. 하지만 이야기는 거기서 끝나지 않습니다. 남편의 말에 잠시 고개를 끄덕이던 부인이 갑자기 두리번거리며 뭔가를 찾기 시작합니다. 그리고는 파본이라고 의심되는 책의 제목과 똑같은 책들을 여기저기에서 찾아내 남편에게 가져와 말합니다. "당신 말이 맞는지 어디 한번 볼까요? 여기 가져온 열 권 모두가 처음 그림책과 똑같다면 그 그림책은 파본이 아닐 거예요. 이 책 열한 권 모두가 파본일 가능성은 매우 적을 테니까요." 만일 열한 권 모두가 실제로 그림이 똑같았다고 해봅시다. 그리고 이 사실에 근거해서 부인이 처음 그림책은 파본일 수 없고 원래 그런 불연속적인 그림들이 수록되어 있는 것이라고 주장한다고 칩시다. 부인의 생각이 결과적으로 맞는 것일까요?

엘드리지 : 도대체 무슨 말을 하시려는지 모르겠네요. 왜 그리 빙빙 돌려 말합니까?

데닛 : 아, 죄송합니다. 이제 이야기의 결말 부분입니다. 열한 권의 책이 모두 똑같은 그림으로 돼 있음을 확인한 부부가 그 책이 파본이 아니라는 확신에 안도하려던 차였습니다. 모든 광경을 옆에서 지켜보던 미국인 한 사람이 대충 눈치를 챘는지 자기

가 한국어를 할 수 있다면서 그 부부에게 말을 건넵니다. 그리고 문제의 책을 훑어보고는 "예, 그림들이 마치 불연속적인 것처럼 보이긴 하지만, 실제 한국어로 된 이야기를 읽어 보면 왜 이 그림들이 이런 식으로 바뀌는지 이해가 될 거예요"라며 책의 내용을 설명해줍니다.

그렇습니다! 집에서 아이들이 보는 그림책을 하나 꺼내 보십쇼. 그리고 자신이 마치 영어를 모른다고 가정하고 그림들을 넘겨보세요. 본문을 읽기 전에는 그림들이 마치 불연속적인 양 보일 겁니다. 두 페이지에 그림은 기껏해야 두세 컷 정도 실려 있겠지만, 그 속에 적혀 있는 글자 수는 많게는 수백 내지 수천 자 이상 되지 않습니까? 그림만 보면 불연속적으로 보이지만 본문을 읽을 수 있으면 연속적으로 이어집니다. 본문과 그림의 템포 차이는 척도scale 차이의 한 사례인 것입니다.

이런 맥락에서 지금 두 분 교수님은 지질학적인 시간 척도(수십만 년 이상의 기간)에서 보이는 진화만을 말씀하고 계신 겁니다. 그러니까 종분화가 마치 '순간적으로' 일어난 것처럼 보이고 불연속성만 부각될 수밖에 없죠. 실제로 두 분은 종분화가 순간적으로 일어난다고 말하면서 그 '순간'을 지질학적인 시간 척도로 해석해야만 한다는 점을 분명히 하지 않은 것 같습니다. 어떤 경우에는 일부러 그런 게 아닌가 의심이 들 정도죠.

이제야 방청객이 고개를 끄덕이기 시작한다. 데닛은 늘 이런 식

넷째 날 • 진화는 100미터 경주인가, 멀리뛰기인가? – 진화의 속도와 양상

이다. 우리의 직관을 자극하는 이야기를 만들어낸다. 에둘러 가는 것 같지만 정확하게 타깃을 맞춘다. 당구에 비유하면 스리쿠션에 능한 고수라고 할까.

척도의 차이

사회자 : 척도의 차이에 대한 지적은 매우 흥미롭네요. 토론 첫머리에서 제가 곡마다 서로 다른 템포에 대해서 말씀을 드렸는데, 제가 알기로 동양 음악은 템포의 척도 면에서도 서양 음악과 다른 것 같던데요. 관련된 이야기가 나올 수도 있을 것 같으니, 이 부분에 대해서는 그동안 묵묵히 서기로 수고해주고 계신 장 박사가 한마디 해주시면 좋겠습니다. 참석자 중에 유일한 동양인이시기도 하죠?

드디어 나에게도 기회가 온 것일까? 어제 다윈의 식탁 셋째 날이 끝나고 정리 모임을 하던 중에 한두 번쯤은 서기에게도 발언할 기회를 주자는 의견들이 나왔다. 그리고 엊그제 사회자와는 우연히 한국 음악에 대해서 이야기를 나누기도 했다. 그걸 잊지 않고 이 순간에 나를 끌어들이는 사회자의 순발력에 감탄할 겨를도 없이, 나는 생각을 가다듬어야 했다.

장대익 : 제가 한국에서 왔으니 전통적인 한국 음악에 대해서 이야기하면 좋을 것 같습니다. 한국 음악은 서양 음악에 비해 기본적으로 템포가 무척 느립니다. 예컨대 서양 음악의 라르고(아주 느리게)는 메트로놈 속도가 1분에 40 정도인데 비해 한국 음악의 어떤 곡은 15 정도로 두 배 이상 느리죠. 이렇게 템포에 차이가 나는 이유는 한국 음악의 경우에는 템포의 기준을 '호흡'에 두는 반면 서양 음악에서는 '맥박'에 두고 있기 때문입니다. 한 호흡에 맥박은 수십 번도 뛸 수 있지 않습니까? 맥박이냐 호흡이냐는 바로 척도의 차이일 수 있는데요. 마찬가지로 한 눈금의 지질학적 시간 내에서 진화는 수십만 내지 수백만의 세대를 거치며 점진적으로 진행될 수 있습니다. 진화의 템포는 어떤 시간 척도에서 보느냐에 따라서 달라질 수 있는 것이죠.

말을 해놓고 보니 서기 주제에 특정 토론자들(도킨스 팀)의 입장을 공식적으로 강력하게 지지한 꼴이 돼버렸다. 앞으로 굴드와도 친하게 지내야 하는데 이 일을 어떻게 수습해야 할지, 그야말로 대략 난감이다. 사회자도 약간 당황한 기색이지만, 곧 사태를 수습하고 논의를 새로운 각도로 튼다.

사회자 : 기막힌 비유 같네요. 좋습니다. 사실 과학 활동에서 유비analogy가 엄청나게 중요하다는 연구가 많습니다. 그렇다고 과학이 비유하기만으로 끝난다면 더 이상 과학이 아니겠지요. 과

학에는 경험적 증거들과 그것을 설명하는 메커니즘이 필요합니다. 척도의 문제는 이쯤에서 정리하고, 그에 대한 판단은 시청자와 독자들의 몫으로 돌리도록 하죠. 어떻게 보면 지금까지는 주로 개념적 차원에서 논쟁을 벌였습니다만, 이제 좀 다른 측면으로 넘어가 보겠습니다. 만일 단속평형설이 참이라면, 그 이론은 정체기와 도약기 둘 다를 설명하는 메커니즘(들)이 있어야겠죠.

급격한 종분화

굴드 : 네, 당연합니다. 저와 엘드리지는 1972년 논문에서 도약기에 대부분의 종분화가 이소적으로 일어난다고 주장했습니다. 이소적 종분화allopatric speciation 메커니즘은 여기 건너편에 앉아 계신 마이어 교수님이 처음에 제안하셨는데요, 그러고 보니 왜 교수님이 거기에 가 계신지 모르겠네요. 우리 쪽으로 오셔야 하는 거 아닌가요? (모두 웃음)

마이어 : 사실 사회자인 루즈 교수가 도킨스 팀에 합류하라고 해서 그렇게 했을 뿐인데요, 지금까지 토론을 들어보니까 제가 제 자리에 잘 앉아 있는 것 같습니다. (웃음) 방금 전에 굴드 교수께서 말했듯이 이소적 종분화는 제가 처음 제시한 이론입니다. 동종의 두 개체군이 물리적 장벽 등에 의해 지리적으로 분리되면, 두 개체군 간에 유전자 교류가 줄어들게 되고 결국 두 개체군은

서로 분리되죠. 그런데 이런 분리는 서로 다른 국소적 환경에 적응한 결과일 수도 있지만 그렇지 않은 경우도 있습니다. 지리적 격리로 인해 모집단에서 떨어진 개체군의 크기가 아주 작다고 해보죠. 이 경우에 '무작위적 유전적 부동random genetic drift'이라는 현상이 일어날 수 있습니다. 자연선택하고는 상관없는 과정이죠. 그런 후에 두 개체군 모두 혹은 그중 한 개체군이 점점 팽창하여 결국 서로 접촉하게 되었을 때, 그 둘은 이미 너무 달라서 서로 교배가 불가능한 상태일 수 있습니다. 즉 번식적 격리reproductive isolation가 일어난 것입니다. 바로 이런 식의 종분화를 '이소적 종분화'라고 하죠. 다른 장소에서 종분화가 일어난다는 뜻입니다.

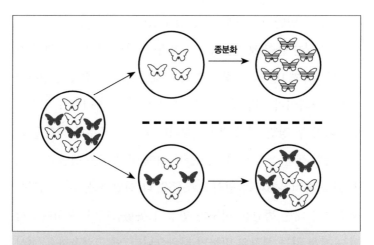

조상 종이 지리적 격리로 인해 두 개체군으로 나뉜 후 한 개체군에서 새로운 종이 탄생하게 되면, 나중에 지리적 격리가 사라져도 번식적 격리는 그대로 남는다. 이것이 바로 이소적 종분화이다.

넷째 날 • 진화는 100미터 경주인가, 멀리뛰기인가? - 진화의 속도와 양상

엘드리지 : 그런데 우리는 그런 이소적 종분화 중에서 작은 규모의 개체군에서 발생하는 유전적 부동이 매우 빠른 종분화를 유발한다는 대목에서 큰 영감을 받았습니다. 마이어 교수님은 이것을 '창시자 원리founder principle'라고 이름 붙이셨잖습니까?

마이어 : 네, 그 원리(혹은 효과)는 모집단에서 지리적으로 격리된 작은 개체군의 유전자 빈도가 무작위적 우연에 의해 새로운 종을 탄생시킨다는 원리인데요, 저는 자연선택에 의한 점진적인 진화와 이를 대비시키기 위해 그것을 '유전적 혁명genetic revolution에 의한 종분화'라고 했습니다.

사회자 : 잠시만요. 격리가 일어나 결국 종분화가 일어난다는 주장은 기본적으로 이해가 됐습니다만, 개체군 크기가 작은 경우에 무작위적인 유전적 부동이 일어날 수 있다는 말은 도대체 무슨 뜻이죠? 일반인들을 위해 좀 쉽게 풀어주세요.

마이어 : 예를 들어 보겠습니다. A 비누 회사의 공장에 색깔이 각기 다른 비누 1만 장이 쌓여 있다고 해봅시다. 그런데 경쟁사인 B사의 스파이가 침입해서 비누 샘플을 담아 가려다가 경비에 발각되어 두 장만 챙겨 달아났습니다. B사는 풍부한 색깔을 내는 A사의 색깔 공정의 비밀을 알기 위해 이런 짓을 했던 겁니다. 두 장을 훔쳐온 B사는 별의별 조합을 다 해봤지만, 결국 색깔을 풍부하게 내는 똑같은 비누를 만들지 못했습니다. 오히려 A사에는 전혀 없는 색깔의 비누만 나왔습니다. 왜 그랬을까요? B사가 A사 샘플로 훔쳐온 비누가 너무 적었기 때문입니다. 샘플의

수가 100개 정도는 넘어야 조합을 통해 1만 장의 색깔을 다 재현해볼 수 있는데 두 장 정도로는 어림도 없었던 거죠. 오히려 그 두 장을 여러 방식으로 계속 섞어보니 새로운 비누가 탄생했던 것이고요.

웬 또 비유인가? 그런데 이번에는 좀 어설퍼 보인다. 이해가 어렵다. 고개를 끄덕이는 사람들도 별로 없다.

사회자 : 그러니까 모집단에서 떨어져 나온 샘플이 매우 작다면, 그 작은 샘플들만을 가지고 조합을 해볼 경우, (생명체로 말하면 짝짓기를 했을 경우) 그 조합으로 인해 모집단의 구성원들과는 전혀 다른 것들이 나중에 생겨날 수 있다, 뭐 그런 말씀인가요?
마이어 : 네, 아주 정확합니다. 그런데 거기서 중요한 것은 그렇게 떨어져 나온 개체군의 구성원들에게 자연선택이 작용하지 않고도 그런 큰 변화가 생길 수 있다는 점이지요.
도킨스 : 저도 자연선택 없이 단지 우연만으로 개체군의 유전자 빈도가 변할 수 있다는 '창시자 원리'는 충분히 받아들입니다. 하지만 문제는 이게 얼마나 보편적인 메커니즘인가 하는 것이죠. 자연선택에 비하면 무시할 정도입니다. 다시 말해 종분화의 주요 메커니즘은 여전히 자연선택이고, 그 과정은 점진적으로 일어납니다.
굴드 : 좋습니다. 여전히 논쟁 중이긴 하지만, 창시자 원리가 그

리 흔히 작동하는 것은 아니라고 칩시다. 우리 팀에게 그리 나쁜 소식도 아닙니다. 왜냐하면 우리가 제시한 도약적 진화의 메커니즘은 그것 말고도 또 있기 때문이죠. 자연계에는 때로 거대돌연변이macromutation가 생겨납니다. 물론 대부분의 큰 돌연변이는 적응적이지 않기 때문에 도태됩니다만, 늘 그런 건 아니죠. 거대돌연변이 하나만 성공해도 파급 효과는 정말 대단합니다.

이보디보: 괴물의 부활

마이어 : 또 리처드 골드슈미트Richard Goldschmidt 얘깁니까? 그 '희망의 괴물the hopeful monster'?

데닛 : 그건 이미 끝난 얘기 아닙니까? 불가능하다고요.

길버트 : 이제 좀 제가 끼어들 지점이 생긴 것 같습니다. 진화론의 대가들 틈바구니에 있다 보니 제 목소리를 낼 타이밍을 못 잡겠네요. 저는 발생학자인데요, 거대돌연변이 같은 주제에 대해서는 아무래도 제가 말씀을 드려야 할 것 같네요.

맞은편에 앉아 계신 분들은 이른바 '근대적 종합' 또는 '신다윈주의적 종합Neo-Darwinian Synthesis'의 후예들이십니다. 물론 마이어 교수님은 후예라기보다는 주역이시죠. 그런데 그 종합을 이끌었던 두 축은 다윈의 자연선택론과 20세기 초반의 집단유전학population genetics이었습니다. 잘 아시다시피, 자연선택론은 20

세기 초반에 사망 직전까지 갔습니다. 자연선택의 힘에 대해 많은 사람들이 의심하지 않았습니까? 그러다가 1920년대 이후부터 집단유전학이라는 최강의 구원투수를 만나게 됩니다. 집단유전학은 적합도의 조그마한 차이가 세대를 지나면서 어떻게 엄청난 차이로 확대될 수 있는지를 수학적 모형으로 잘 보여줬습니다. 이로 인해 자연선택 메커니즘이 부활의 힘찬 날갯짓을 하게 됐죠.

하지만 이것은 진화론이 더 이상 화석 형태, 배아 구조, 그리고 특정 환경에 적응적인 구조를 만드는 변이 등을 분석하는 작업이 아니라 집단유전학의 일환이 되어버렸다는 것을 의미했습니다. 거기에는 진화론과 밀접한 관련을 맺어온 발생학이 비집고 들어갈 자리가 없었지요. 당시 유전학자들은 발생학이 관찰 불가능한 철학적 전제들에 근거해 있고, 수학적인 언어를 사용하지 않는 낡은 학문이라고 비난했습니다. 초파리 유전학을 발전시킨 토머스 헌트 모건Thomas Hunt Morgan 같은 학자가 앞장서서 그런 얘기들을 했지요. 이런 비난이 먹힐 수 있었던 것은, '형태형성 장morphogenetic field'으로 불리는 당시 발생학의 핵심 개념이 실제로 너무 형이상학적이었고 분석 기법도 없었던 반면, 유전학은 관찰 가능한 변이들을 다뤘고 통계학이나 모델링 기법 같은 수학적 도구를 사용할 수 있었기 때문입니다.

따라서 20세기 중반의 근대적 종합은 유전학과 자연선택론의 종합이었을 뿐, 오히려 발생학과 진화론의 공식적인 결별이 선언되는 자리였던 셈입니다. 사람들이 '종합'이라는 단어 때문에 당시에 모든 것들이 다 고려되었다는 착각을 합니다만, 그건 사실이 아니에요.

사회자 : 그렇다면 그 이전에는 발생학이 진화론과 어떤 식으로 밀접한 관련이 있었다는 건가요?

길버트 : 다윈의 《종의 기원》만 보셔도 독일의 발생학자 카를 에른스트 폰 베어Karl Ernst von Baer의 영향이 얼마나 컸던가를 알 수 있습니다. 14장에서 당시 발생학의 성과들이 자신의 자연선택론과 어떻게 연결되고 있는지를 다루고 있지요. 우리가 고등학교 때 그림으로 배우는 에른스트 헤켈Ernst Haeckel의 생물발생법칙biogenetic law도 진화와 발생을 연결시키는 그 당시의 이론이었습니다. "개체발생은 계통발생을 되풀이한다"라는 말로 유명하지요. 하지만 최근에 들어서야 헤켈이 동물의 배아 그림들을 자신이 원하는 대로 그렸다는 것이 밝혀졌습니다. 일종의 부정행위지요. 어쨌든 개체발생과 계통발생을 연결하려는 전통은 오래된 것입니다.

굴드 : 좋은 말씀이네요. 그래서 제가 《개체발생과 계통발생Ontogeny and phylogeny》(1977)이라는 책을 쓰고 거기서 헤켈의 사상이 얼마나 잘못되었는지를 고발하지 않았습니까?

길버트 : 네, 맞습니다. 근대적 종합 이후부터 지난 1980년대 초반까지도 발생학은 진화론 캠프에서 거의 자취를 감췄습니다. 그 기간 동안에는 굴드 교수님의 작업이 거의 유일했고,

그 이전에 '희망의 괴물'을 얘기한 골드슈미트, 발생의 운하화 canalization 모형을 제시한 콘라드 와딩턴Conrad Waddington 등이 있었을 뿐입니다. 진화생물학 교과서에서 나쁜 이름으로 등장하는 골드슈미트는 진화가 '발생을 조절하는 유전자들의 대물림 가능한 변화'를 통해서만 일어날 수 있다고 말하며 발생, 진화, 그리고 유전학을 통합하려고 노력했습니다. 이런 맥락에서 와딩턴과 골드슈미트 같은 생물학자들이 보여주었던 통합 노력은 근대적 종합과는 다른 의미의 종합이었습니다. 그래서 저는 그들의 통합 노력에 '비근대적 종합UnModern Synthesis'이라는 이름을 붙여주었습니다.

지금 길버트는 근대적 종합의 주역을 앞에 놓고 그 종합의 의미를 깎아내리고 있다. 마이어가 영 불편한 표정을 짓는다.

마이어 : 길버트 교수님, 저도 근대적 종합이 모든 종합이라고는 생각하지 않아요. 지적하신 대로 발생학이 끼질 못했습니다. 이 점은 제가 생물학사가인 윌리엄 프로바인William B. Provine과 함께 정리한《진화론적 종합Evolutionary Synthesis》(1988)에 잘 나와 있습니다.
　그런데 그것은 진화론자들의 잘못이 아니죠. 당시의 발생학이 수준 이하였다는 게 문제잖습니까? 자격 미달이었단 말입니다. 지금도 크게 나아지진 않은 것 같은데요.

길버트 : 아뇨. 그렇게 생각하시는 것이 바로 진화생물학자들의 편견입니다. 지난 반세기 동안 변이를 생산하는 발생 메커니즘은 마치 블랙박스처럼 취급되어 왔죠. 모두 근대적 종합의 영향 때문이었습니다. 하지만 1980년대 이후부터 사정이 확연히 달라지기 시작합니다. 예컨대 미국의 생물학자 에드워드 루이스가 발견한 호메오박스의 경우, 초파리의 모든 세포 내에서 전사 과정의 스위치를 정교하게 작동시킴으로써 세포의 운명을 결정하는 마스터 스위치 역할을 담당하죠. 이후에 초파리와 쥐, 심지어 인간 배아의 발생 과정을 동일한 방식으로 통제하는 혹스 유전자들이 발견됩니다. 이 발견은 발생학이 진화론과 밀접히 연결되어 있음을 다시 알리는 중요한 계기가 됐죠. 혹스 유전자들에서 변이가 생기게 되면, 다른 유전자들에서 변이가 생기는 경우와 비교가 안 될 정도로 발생 과정에서 엄청나게 큰 차이를 만들어냅니다.

게다가 더 놀라운 사실은 초파리, 쥐, 인간의 경우처럼 계통상으로 멀리 떨어져 있는 종들 간에도 이 혹스 유전자들이 거의 동일한 방식으로 작동한다는 사실이에요. 가령 인간은 다른 동물에 비해 좀 더 많은 혹스 유전자가 있고 그 안에서 좀 더 다양한 변이를 가질 뿐입니다. 비유컨대 같은 종류의 레고들을 가지고 좀 더 복잡한 인간을 만들었을 뿐 기본 골격과 구조는 같다는 얘깁니다. 블랙박스가 풀리기 시작한 것이죠.

사회자 : 혹스 유전자에 대해서는 발생을 다뤘던 다윈의 식탁 셋

째 날에 많이 논의를 했습니다.

길버트 : 아, 그랬습니까?

데닛 : 그럼 길버트 교수님 말씀은, 골드슈미트의 거대돌연변이 주장이 틀리지 않았다는 얘깁니까?

길버트 : 한편으로 그렇습니다. 그가 당시에 거대돌연변이 생성 메커니즘을 제대로 제시하지 못한 건 사실입니다만, 1970년대 이후에 분자생물학의 세례를 받은 새로운 발생학이 발생 유전 자들을 하나둘 발견하게 되면서 그 메커니즘이 밝혀지기 시작 했으니까요. 1990년대 후반부터는 아예 '진화발생생물학'이라는 분야가 생겨, 발생과 진화를 연결시키려는 시도들이 본격화되 고 있습니다. '이보디보'라는 애칭으로 더 많이 불리지요. 이보 디보는 근대적 종합 같은 어설픈 통합이 아니라 현재 진정하고 도 새로운 종합의 시도로 평가받고 있습니다. 흥미로운 점은 여 러 연구자들이 굴드 교수님의 《개체발생과 계통발생》을 이보디 보의 효시 격으로 생각하고 있다는 사실이죠.

길버트의 합류로 시간 척도의 문제로 곤경에 빠진 것 같던 굴드 팀에 화색이 돌기 시작한다. 나도 얼마 전에야 이보디보라는 분 야를 접하게 되면서 발생학의 최근 성과들에 관심을 갖기 시작 했다. 그동안 발생학은 외울 것만 너무 많고 원리는 별로 없는 재미없는 분야였지만 이보디보를 공부하면서 그게 아니라는 생 각을 하고 있던 차였다. 그동안 누구보다 유전자를 강조해온 도킨스가 이런 이보디보의 출현을 어떻게 받아들이는지 궁금했다. 드디어 오늘 그의 답변을 듣게 되는가 싶었는데…….

도킨스 : 저는 진화생물학의 일차적인 목표가 생물의 적응을 설명하는 데 있다고 봅니다. 그런데 자연선택 메커니즘만이 복잡한 적응의 존재를 설명하지요. 그 외에는 기적을 동원하는 수밖에 없습니다. 희망의 괴물이든 뭐든 적응은 갑작스러운 도약으로는 진화할 수 없는 것 아닙니까?

그리고 이런 말을 하긴 좀 그렇지만, 굴드 교수의 단속평형설은 다윈의 점진론을 깎아내림으로써 진화론의 맹위로부터 기독교를 구원하길 원했던 사람들에게 결과적으로 반진화론의 빌미를 제공해왔습니다. 진화론을 반대하는 사람들(특히 개신교인들) 중 적지 않은 수가 굴드 교수의 책을 인용하면서 다윈의 진화론이 틀렸다고 하더군요. 특히 1980년 《고생물학》에 쓴 〈새롭고 일반적인 진화론이 출현하고 있는가?Is a New and General Theory of Evolution Emerging?〉라는 자극적인 제목의 논문에서는 아예 노골적으로 "신다윈주의가 사실상 끝났다"라고 하셨죠? 반진화론자들이, 특히 미국 사회에서 날뛰는 데에는 당신 책임이 큽니다. 그걸 아세요?

굴드 : 저는 단지 다윈의 진화론이 불완전하다는 점을 지적했을 뿐인데, 왜 내가 그런 비난까지 받아야 하는지 몹시 불쾌하네요. 그리고 도대체 왜 적응에 대한 설명이 진화생물학의 일차 목표

입니까? 적응 말고도 설명해야 할 중요한 현상들이 얼마나 많은지를 모르니까 그딴 소리를 하고 있는 겁니다. 30년 내내 이기적 유전자만 말씀하셨는데, 이제 좀 지겹지 않으신가요? 이젠 좀 이보디보도 공부하셔서 혹스 유전자에 대해서도 말씀 좀 해 보시지 그러세요.

사회자 : 아이고 이거 어쩝니까? 마쳐야 할 시간입니다. 오늘은 진화의 템포에 관한 점진론과 단속평형론의 한판 대결이었습니다만, 막판에 거대돌연변이에 관한 논쟁으로 번졌습니다. 오늘은 경험적 사실들에 근거한 논쟁이었다기보다는 다소 역사적이고 개념적이었다는 느낌도 드는데요. 한 가지 분명한 사실은 오늘처럼 비유가 많이 등장한 토론회도 없지 않을까 하는 점입니다. 다들 비유의 달인들이시네요. (모두 웃음) 내일은 진화와 진보의 관계에 대한 주제가 토론상에 오를 예정입니다. 기대해주십시오. 감사합니다.

오늘은 《네이처》 편집장이 원고를 급하게 달라고 해서 다윈의 식탁이 파한 후에 숙소에도 못 가고 현장에서 노트북 자판을 두들기게 됐다. 오늘 식탁은 무승부라는 생각이 든다. 전반부에는 데닛의 가세로 도킨스 팀의 우세였다면, 후반부에는 길버트의 가세로 굴드 팀이 우세를 보였다. 난 도대체 누구 편을 들어야 하나? 향이 진한 커피 한 잔을 마시고 나서, 오늘도 관전평을 써 내려간다.

토론 넷째 날

오늘 식탁에서 꼭 올라와야 할 주제가 빠진 것 같아 섭섭하다. 소진화와 거대규모진화의 관계가 그것이다. 잘 알려져 있듯이 다윈은 소진화 과정이 오랜 기간 동안 계속되고 쌓이는 것이 대진화라고 설명했다. 하지만 갑작스럽게 큰 변화를 몰고 오는 거대돌연변이가 실제로 일어날 수 있다면 이야기는 달라지지 않을까? 또는 어떤 이유에서든 지구 위 생명체의 진화의 큰 줄기를 확 바꿔놓은 사건들이 있지 않았을까? 만약 그런 사건들이 있었다면 소진화와 같은 점진적인 과정은 틀림없이 아니었을 것이다. 가령 최초의 육상 동물을 상상해보자. 그 동물의 출현 혹은 진화는 지구 위의 생명의 진화에서 엄청나게 중요한 사건일 것이다. 이것을 소진화 과정, 즉 '작은 변이의 출현과 그에 대한 자연선택'으로 설명하는 것이 과연 적합할까? 어쨌든 소진화와 대진화가 같은 메커니즘으로 작동하는 과정인지, 아니면 질적으로 전혀 다른 과정인지에 대한 토론을 꼭 했어야 한다는 생각이 들었다.

길버트가 제기한 근대적 종합의 위상에 대한 논쟁에서, 도킨스 팀의 대응은 다소 방어적이었다는 생각이 든다. 도킨스 팀의 구성원들이 근대적 종합에 너무 큰 무게를 두는 것 같아 아쉽다. 과학에서 완벽한 게 어디 있겠는가? 진화론도 진화한다는 게 뭐 그리 나쁜 소식이겠느냐는 거다. 둘째 날에도 느낀 것이지만, 발생학에 대한 홀대는 도킨스에게 부메랑이 될 수도 있을 것 같다. 도킨스 팀에서는 이보디보에 대해 빨리 정리된 입장을 내야 할 듯하다.

오늘 가장 인상적인 모습은, 진화론 역사의 산증인인 100세 노인 마이어가 자신보다 반세기나 적게 산 발생학자 길버트에게 집요하게 추궁당하는 장면이다. 이게 바로 과학이다. 과학에는 종교에서 애지중지하는 신이나 경전 같은 게 없다. 단지 영웅만이 있을 뿐이다. 하지만 그 영웅도 새로운 이론의 발전 앞에서 스러지고 만다. 아리스토텔레스, 갈릴레오, 뉴턴도 그렇게 스러져갔다. 100년 후 다윈의 미래는 어떤 모습일까?

박테리아에서
아인슈타인까지

진화와 진보

어느덧 다윈의 식탁 다섯째 날이 밝았다. 내일은 하루 쉬고, 모레는 런던으로 자리를 옮겨 굴드와 도킨스가 최근 저서에 관한 공개 강연을 하고 나서 곧바로 기자회견을 할 터라, 주제 토론은 오늘이 마지막이다. 예고했던 대로 오늘은 '진화와 진보' '생명의 미래'에 관한 쟁점들을 다룰 예정인데 그간의 토론을 마무리해볼 수 있는 적합한 주제일 듯하다.

오늘 도킨스 팀에는 영국 서섹스 대학교의 이론생물학자 존 메이너드 스미스 교수와 헝가리 고등과학원의 이론생물학자 외르시 서트마리Eörs Szathmáry가 참여했다. 이 둘은 1990년대 들어 공동 연구를 계속해오고 있다. 한편 굴드 팀에는 미국 산타페 연구소에서 복잡계complex system를 연구 중인 대니얼 맥셰이Daniel McShea 교수와 시카고 대학교에서 지질물리학을 가르치고 있는 데이비드 라우프David Raup 교수가 합세했다. 라우프는 멸종 연구의 대가로 알려져 있다.

사실 오늘 두 팀의 라인업엔 약간 문제가 있다. 도킨스 팀에는 고생물학자가 하나도 없는 반면, 굴드 팀에는 넓게 보면 셋 모두 고생물학과 관련이 깊은 사람들이기 때문이다. 이런 불균형은 도킨스가 자처한 일이다. 오늘 사회를 볼 미국의 생물철학자 데이비드 헐David L. Hull을 비롯한 오늘 식탁의 자문팀은 애초 도킨스 팀에 사이먼 콘웨이 모리스Simon Conway Morris를 추천했다. 그는 영국 케임브리지 대학교에서 캄브리아기 대폭발에 관해 연구하고 있는데, 대폭발에 대한 굴드의 견해와 뚜렷한 대립각을 세우고 있는 저명한 고생물학자다. 그는 진화가 어딘가를 향해 수렴한다고 말하며 인간이 지구상에서 탄생할 수밖에 없는 존재라고 주장했다. 이런 면에서 콘웨이 모리스는 굴드의 반대편에 앉아 있기에 적합한 고생물학자다.

하지만 도킨스가 그의 합류를 끝까지 반대했다. 그가 독실한 기독교인인데다 수렴 진화convergent evolution를 주장하기 때문이었다. 도킨스는 마치 20세기 초의 신학자이며 고생물학자 피에르 테야르 드 샤르댕Pierre Teilhard de Chardin의 환생을 보는 듯하다며 그를 불편해했다. 자문팀의 설득에도 그는 "그 친구가 들어오면 내가 빠지겠다"고까지 하며 버텼다. 누가 '적의 적은 친구'라고 했던가? 도킨스는 이 말이 무색할 만큼 사람에 대해 아주 까다로웠다. 하긴, 콘웨이 모리스를 합류시키자고 도킨스를 뺄 수는 없다. 이것이 콘웨이 모리스가 출연을 못하게 된 이유다.

굴드 팀

스티븐 제이 굴드
하버드 대학교 고생물학

대니얼 맥셰이
산타페 연구소 복잡계학

데이비드 라우프
시카고 대학교 고생물학

도킨스 팀

리처드 도킨스
옥스퍼드 대학교 동물행동학 및 과학대중화

존 메이너드 스미스
서섹스 대학교 진화생물학

외르시 서트마리
헝가리 고등과학원 이론생물학

마이클 루즈(스페셜 게스트)
플로리다 대학교 생물철학 및 생물학사

사회자(헐) : 오늘은 다윈의 식탁 다섯째 날이며, 주제 토론으로는 마지막 날입니다. 그래서 지난 며칠 동안의 주제 토론들을 아우르면서도 미래에 대한 전망을 제시할 수 있는 주제를 선정했습니다. '생명은 진보하는가?'라는 큰 질문입니다. 많은 사람이 '진화'를 '진보progress'와 같은 뜻으로 사용하고 있는 것 같은데요, 진화생물학적 관점에서 옳은 이야기인가요?

다섯째 날 • 박테리아에서 아인슈타인까지 – 진화와 진보

침팬지가 결코 인간이 될 수 없는 이유

굴드 : 몇 년 전 대중 강연 후의 질의응답 시간이었어요. 한 초등학생 꼬마가 손을 번쩍 들더니 "박사님, 좀 전에 인간이 원숭이에서 진화했다고 하셨잖아요. 그렇다면 동물원의 원숭이들은 언제 사람이 되죠? 그 광경을 보면 정말 멋질 것 같아요!"라고 하더군요. (모두 웃음)

이 꼬마에게 진화는 인간이라는 정점을 향해 나아가는 진보였던 셈입니다. 사실 어디 이 꼬마뿐이겠습니까? 생명이 아메바와 같이 간단한 생명체에서 시작해 원숭이를 거쳐 결국 가장 복잡한 인간으로까지 진화해왔다는 생각은, 인류의 역사에서 계속 반복되어온 낯익은 시나리오죠.

사회자 : 재밌는 에피소드네요. 사실 진보 사상은 아리스토텔레스까지 거슬러 올라갑니다. 그는 무생물로부터 식물과 동물, 그리고 인간과 천사들에 이르는 '존재의 대사슬great chain of being'을 일직선상에 놓고 인간을 자연세계의 최고 정점에 올려놓았죠. 다윈 이전의 프랑스 진화론자 라마르크도 이런 일직선상의 진화가 크게 두 종류, 즉 동물의 진화선상과 식물의 진화선상으로 나뉘어 진행되어 왔다고 주장했습니다. 사실 라마르크를 비롯한 19세기 대부분의 진화론자들은 진보를 진화의 핵심으로 보았어요. 또한 영국 빅토리아 시대의 사상가 대부분도 생물의 변화를 진보와 동일시했고요.

굴드 : 맞아요. 사람들이 잘 모르는 사실이지만, '진화'라는 용어는 원래 다윈의 것이 아니었습니다. 빅토리아 시대에 영향력 있는 사상가이기도 했던 허버트 스펜서가 다윈의 이론을 소개하면서 유행시킨 용어였죠. 다윈은《종의 기원》초판부터 5판까지는 '변화를 동반한 계승'이라는 전문용어를 줄곧 사용했습니다. 그러다가 '진화'라는 용어가 훨씬 더 널리 받아들여지고 있으니까 마지못해 마지막 판인 6판에서야 전면적으로 수용했고요. 그런데 어원적으로 보면 'evolution'에는 '펼침unfolding'이라는 뜻이 담겨 있습니다. 적어도 다윈 이전의 사람들은 생명이 어떠한 목표점을 향해 변화한다는 생각을 매우 자연스럽게 받아들였던 것 같습니다. 생명의 진화는 마치 사다리를 타고 어딘가를 향해 올라가는 것과 유사했던 것이죠. 물론 그 사다리의 맨 끝에는 인간이 있다고 믿었고요. 다윈이 '진화'라는 용어 사용을 꺼린 이유는 그것이 '진보'와 쌍둥이처럼 보이기 때문이었을 겁니다.

과학사에 대한 굴드의 지식이 또 한 번 펼쳐졌다. 다른 사람들은 그러려니 하고 있는데, 도킨스가 이번에는 그냥 넘어가지 않는다. 굴드가 계속 잘난 척을 하고 있다고 생각했는지 한마디 던진다.

도킨스 : '존재의 대사슬'의 맨 꼭대기에 인간이 앉아 있다고 생각하는 사람이 많은데요, 사실은 인간 위에도 둘이나 더 있었습

니다. 천사, 그리고 그 위에 신!

사회자 : 정확히 말하면 도킨스 교수의 말이 맞는데요. 뭐 어쨌든, 중요한 사실은 인간이 자연계에서 최고의 자리를 차지하고 있다고 믿었다는 것이죠, 옛날 사람들은요. 그렇다면 다윈은 진보 개념을 진화 이론에서 축출한 사람이라고 이해하면 되겠습니까? 이 부분은 아무래도 최근에《모나드에서 인간까지: 진화 자연주의에서 진보의 개념Monad to Man: The Concept of Progress in

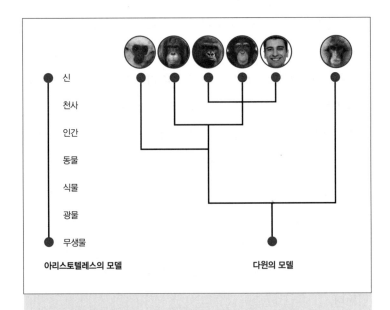

존재의 대사슬과 생명의 나무
—
아리스토텔레스는 무생물부터 신까지를 일직선상에 놓았고(존재의 대사슬, 왼쪽)
인간이 자연세계의 정점이라고 생각했다. 반면 다윈이 제시한 생명의 나무 개념(오른쪽)은
인간도 수많은 생존 가지들 중 하나일 뿐이라 말한다.

Evolutionary Biology》(1996)이라는 책을 쓰신 루즈 교수님께서 답해 주셔야 될 것 같은데요. 아, 소개가 늦었습니다. 오늘 루즈 교수님이 스페셜 게스트로 참여하셨습니다. '스페셜 게스트'는 주어진 토론에서 어느 한쪽 편을 들지 않되 토론의 내용을 더욱 풍성하게 해줄 전문가입니다. 환영합니다.

왜 다윈마저 진보에 그렇게 집착했을까?

루즈 : 감사합니다. 며칠 전에는 사회도 봤는데 스페셜 게스트로 참여하니 또 느낌이 다르네요. 흔히들 다윈의 자연선택 이론이 혁명적인 이유 중 하나는 그 이론이 인간을 진보적 진화의 꼭대기에서 끄집어 내렸기 때문이라고들 하지만, 정작 다윈 자신은 생명의 진보에 대해 매우 이중적인 태도를 취했던 것 같습니다. 다윈이 쓴 편지와 책을 읽다가 발견한 사실인데요, 한번 보시겠습니까? 생명의 진보를 주장하는 어떤 저자의 책 여백에 다음과 같은 메모로 끄적거려 놨더군요.

"더 고등하거나 더 하등하다는 말은 하지 말 것."

또한 1874년 12월에는 어떤 고생물학자에게 편지를 쓰면서 이렇게 말합니다.

"아무리 생각해봐도 진보적인 발전을 향한 내재적 경향은 존재하지 않는다는 확신에 도달할 수밖에 없네."

다섯째 날 • 박테리아에서 아인슈타인까지 – 진화와 진보

그러나 《종의 기원》에 나오는 다음의 문장들을 보세요. 언제 그랬냐는 듯, 완전히 다른 사람으로 변했습니다. (모두 웃음)

"자연세계의 역사에서 각 시대의 서식 생물들은 생존을 위한 경주에서 자신들의 선조를 능가해왔는데, 그런 면에서 그들은 더 높은 자연 등급을 차지한다. 많은 고생물학자들이 생명체가 조직organization의 측면에서 전반적으로 진보해왔다는 막연한 느낌을 갖는 이유는 바로 이 때문인지도 모른다."(345쪽)

"자연선택은 오로지 각 존재의 이득에 의해, 그리고 그 이득을 위해 작용하기 때문에 모든 신체적 능력과 정신적 재능은 완벽함을 향해 진보해가려고 할 것이다."(395쪽)

말하자면 앞에서는 A라고 했다가 뒤에 가서는 A가 아니라고 말하는 꼴이죠. 완벽주의자로 잘 알려진 다윈이 어찌 이럴 수 있었을까요? 저는 그 불일치가 단순히 실수라곤 생각하지 않습니다. 다윈이 그렇게 허술한 사람은 아니죠. 생물학자로 인정받기 위해 무려 8년간이나 따개비를 연구하고 나서 1000쪽짜리 연구서를 낸 사람 아닙니까? 《종의 기원》 1판에 대한 비판이 일자 대응 차원에서 판을 다섯 번이나 갈았고요. 이런 맥락에서 저는 이런 불일치는 다윈이 진보에 대해 끝까지 고심한 흔적이라고 봅니다. 그는 자신의 진화론이 사상적으로 매우 급진적이라는 사실을 잘 알고 있었으나, 사회적으로는 매우 보수적인 계층에 속한 사람이었기 때문에 어쩌면 자신을 그렇게 안락하게 해준 문화의 근본을 훼손시키고 싶지 않았을지 모릅니다.

사회자 : 그 당시의 문화가 어쨌기에 그랬던 걸까요?

루즈가 막 입을 열려 하자 굴드가 가로챈다.

굴드 : 스펜서가 당시에 쓴 책의 제목 《보편적 진보의 해명 Illustrations of Universal Progress》(1864)에서 물씬 풍기듯, 다윈의 등을 따뜻하게 해주었던 당시 영국의 빅토리아 사회는 진보를 강령으로 내건 사회였지요. 해가 지지 않는 나라로 통했던 대영제국에서, 경쟁을 통한 진보는 사회문화적으로 최고의 가치였습니다. 경제적으로는 자유방임주의가 지배이념이었고요. 그래서 로버트 영Robert Young 같은 역사학자는 빅토리아 시대의 사조와 다윈의 자연선택론이 너무나 닮아 있다는 사실을 이야기하면서, 다윈의 진화론은 당시 영국 사회에서나 나올 만한 이론이라고 분석하기도 했지요.

도킨스 : 과학이론이 사회적으로 구성된다고 믿는 일단의 사회학자들이 그따위 얘기들을 하고 다니는데, 어림없는 주장입니다. 자연선택론은 진리truth이기 때문에 누가 어떤 시기에 어디에서 발견했는지와 전혀 상관없습니다. "다윈이 경쟁을 강조하는 사회에서 살다 보니 생존투쟁이나 적자생존 같은 개념을 자연계에 도입하게 되었다"는 주장은, 과학자와 소설가가 똑같다는 얘기나 다름없습니다. 과학자는 자연계에 실재하는 사실fact을 다루지만, 소설가는 우리 머릿속에서 허구fiction를 만들어내

다섯째 날 • 박테리아에서 아인슈타인까지 – 진화와 진보

지 않습니까?

　물론 소설가를 폄훼하는 것은 아닙니다. 그런데 사회구성주의자들social constructionists은 과학자들의 진리 추구를, 협상 테이블에 앉아 자신들의 손익에 따라 밀고 당기기를 하는 정치인의 일상과 동일시하고 있어요. 과학을 호도하는 사람들입니다.

굴드 : 이런 게 바로 도킨스 교수의 순진함입니다. 무슨 계몽시대도 아닌데, 과학과 진리를 같은 것으로 보십니까? 과학자도 인간이고, 과학도 사회 속에서 진행되는 활동입니다. 과학의 역사를 조금만 들여다보아도 과학이 시대에 따라 변한다는 사실을 깨닫게 됩니다. 보세요. 그 위세 당당하던 뉴턴의 역학이 채 300년도 안 되어 아인슈타인의 상대성 이론 앞에 무릎을 꿇지 않았습니까?

도킨스 : 과학이론이 변해간다는 게 과학자들이 진리를 추구한다는 것과 어떻게 충돌한다는 얘기죠? 오히려 과학자가 진리를 추구하니까 잘못된 옛 이론들이 새 이론으로 대체되는 것 아니겠습니까? 물론 아무리 냉철한 과학자라도 인간인 이상 실수도 하고 이해관계에 민감해지기도 하겠지만, 그런 점들이 과학의 중심 트렌드에 영향을 줄 만큼 큰 문제라고 보진 않습니다. 과학은 진리를 향해 갑니다. 길게 보면 과학은 틀림없이 진보합니다.

굴드 : 과학에 뭔가 특별한 점이 있긴 하지만, 그렇다고 과학이 진리를 독점한다고 보진 않습니다. 도킨스 교수는 20세기 초반의 의기양양했던 논리실증주의자 같군요. 이미 한 세기나 철이

지난 과학관을 견지하시다니 걱정입니다.

도킨스 : 음, 저는 굴드 교수가 더 걱정인데요. 당신은 자신을 과학자라 칭하면서도 지금 스스로 자신의 정체성을 부인하고 있어요. 고집이 좀 센 게 정신분열증에 걸리는 것보다는 아무래도 낮지 않겠어요?

오늘은 초장부터 험한 말이 오가기 시작한다. 지금 굴드는 도킨스를 똥고집 과학자로, 도킨스는 굴드를 쓸개 빠진 과학자로 묘사하고 있다. 이런 때가 바로 사회자가 끼어들어야 할 시점이다.

사회자 : 하아, 잠시만요. 오늘 식탁의 주제가 '생명은 진보하는가?'였는데 다윈의 진화론이 나오게 된 사회문화적 배경을 얘기하다가 조금 멀리 나간 것 같습니다. 물론 그런 와중에 '과학은 진보하는가?'라는 흥미로운 물음이 튀어나오기도 했지만요. 다들 아시지만 이 질문은 20세기 과학철학자들의 주요 쟁점이었지요. 대표적으로 영국의 칼 포퍼Karl Popper와 미국의 토머스 쿤이 양쪽을 대표하는 선수 자격으로 격렬하게 싸웠고요. 물론 패러다임 전이를 주장하는 쿤보다는 진리에 점점 근접한다고 믿었던 포퍼가 진보주의자에 더욱 가까웠습니다.

　그러고 보니 '과학이론의 진화'라는 주제를 놓고 보면, 쿤은 굴드 팀에 포퍼는 도킨스 팀에 합류하면 아주 잘 어울리겠습니다. 쿤과 포퍼 모두 고인이 된 게 아쉽네요. 어쨌든 오늘은 생명의 진화와 진보를 다루고 있으니, 과학의 진화와 진보에 대해서는 이 정도로 하시죠. 다시 원래 질문으로 돌아가 봅시다.

루즈 : 아, 잠시만요. 제가 문제를 만들었으니 마무리도 제가 짓도록 하겠습니다. 저는 빅토리아의 분위기가 다윈의 진화론에 영향을 줬다고 봅니다. 하지만 그렇다고 해서 사회구성주의자들이 주장하듯이 진화론이 경쟁과 진보가 모토인 빅토리아 시대에서 만들어질 수밖에 없는 하나의 사회적 '구성물'이라고는 보지 않습니다. 진화론은 누가 뭐래도 훌륭한 과학이에요. 과학과 사회가 서로 영향을 주고받지만 한쪽이 다른 한쪽을 결정한다고 보는 시각은 좋지 않습니다.

이런 의미에서 '왜 다윈마저 진보에 그렇게 집착했을까?'라는 정도의 질문으로 정리를 해보면 어떨까요? 역사적으로 보면 진화생물학자들은 대체로 사회의 진보를 강하게 믿었던 사람들이었습니다. 물론 그런 이념적 편향을 전문 학술지에 공공연히 드러내진 않았죠. 하지만 대중에게 이야기할 때는 달랐습니다. 그들은 대중 앞에서는 진보와 경쟁을 노골적으로 옹호했습니다. 토머스 헉슬리가 대표적인 예입니다. 그들은 진화론에서 진보 개념을 탈색시키려고 했지만, 진보에 대한 집착을 버리진 못했던 것 같은데요.

도킨스 : 글쎄요, '집착'이라……. 생명 역사의 파노라마를 머릿속에 그려보십시오. 인류가 발견한 최초의 생명체는 35억 년 된 암석에서 발견된 박테리아입니다. 박테리아들로만 우글거렸을

생명의 초창기는 벚나무, 개미, 고양이, 사람 등 온갖 종류의 생물체로 가득한 오늘날과는 너무도 다르죠. 이런 생명의 역사를 떠올리고도 어찌 진보를 말하지 않을 수 있겠습니까? 현재의 생명이 35억 년 전의 그것에 비해 엄청나게 다양해지고 복잡해졌다는 점을 부인할 수 있을까요? 생명의 진보를 믿는다는 건 어쩌면 매우 건전한 상식일 겁니다.

진화는 다양성의 증가일 뿐이다, 박테리아 만세!

굴드 : 하지만 문제는 건전한 상식도 종종 틀린 것으로 판명이 난다는 점이겠죠. 복잡성complexity이 증가하는 방향으로 생명이 진화해왔을 것이라는 상식적 믿음도 마찬가지입니다. 다윈 이후로도 많은 이들이 생명의 진보를 '복잡성의 증가'에서 찾아보려고 애를 썼습니다. 즉 생명의 진화는 복잡성이 점점 증가하는 추세trend를 보이며, 이 복잡성의 증가라는 측면에서 생명의 진보를 이야기할 수 있다는 생각이죠. 하지만, 이건 환상에 지나지 않습니다. 생명에는 그런 추세가 없거든요! 단지 변이의 폭만 증가했을 뿐입니다.

　도킨스 교수의 말씀처럼, 최초의 생명체가 막 시작된 35억 년 전보다 현재가 생물 종의 다양성 면에서 상대적으로 우위에 있다는 사실은 저도 기꺼이 받아들입니다. 하지만 그러한 종 다양

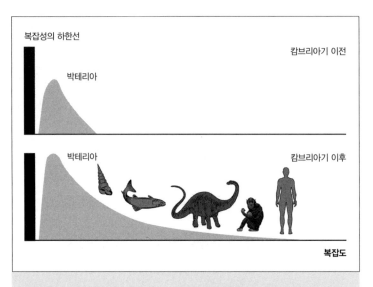

복잡성의 하한선

캄브리아기 이전

박테리아

박테리아

캄브리아기 이후

복잡도

진화의 역사에서 생명의 복잡성이 계속해서 증가한다 해도, 박테리아의 분포가 가장 많다는 사실에는 변함이 없다. 단순한 것에서 복잡한 것으로의 진화를, 소위 '고등 종의 등장으로 인한 하등 종의 일시적·점진적 소멸 과정'이란 뜻으로 통용됐던 진보로 보기 힘든 이유다.

성의 증가를 진화의 추세로 해석하면 큰 오산이죠. 그래서 저는 이 문제에 천착해서 《풀하우스Full House》(1996)를 썼던 거고요.

사회자 : 왜 오산이라는 말씀인지요?

굴드 : '술꾼 모형'으로 쉽게 설명해드리겠습니다. 술에 만취한 한 남자가 술집에서 비틀거리면서 나옵니다. 그가 인도를 따라 오른쪽으로 가다 보면 도랑이 나오죠. 그 도랑에 떨어지면 그는 정신을 잃고 이야기는 끝이 납니다. 9미터 거리의 인도를 그가 한 번에 1.5미터씩 아무렇게나 비틀거리며 이동한다고 해봅시다. 단, 이 남자는 술집 쪽이나 도랑 쪽으로만 비틀거리면서 움

직일 수 있습니다. 그렇다면 결국 어떤 일이 벌어지게 될까요?

대답은 간단하죠. 도랑에 빠지고 말 것입니다. 그 이유를 생각해볼까요. 우선 도랑 쪽이나 술집 벽 쪽으로 비틀거릴 확률은 모두 0.5로 서로 같습니다. 그리고 그 술꾼이 왼쪽에 있는 술집 벽에 부딪히면 그냥 거기 있다가 도랑 쪽으로 다시 비틀거리게 될 겁니다. 결국 도랑에 빠지고 마는 거죠. 그 남자는 그저 아무렇게나 비틀거렸을 뿐인데, 외견상으로는 도랑 쪽을 '향해' 이동하는 것처럼 보입니다. 말하자면 왼쪽 벽이 결과적으로 이동의 방향을 정해준 셈입니다.

생명의 진화가 복잡성을 증가시키는 쪽으로 진행된 듯이 보이는 것도 같은 이유입니다. 생명도 '가장 간단한 형태'로 왼쪽 벽에서부터 시작하지 않았습니까? 오른쪽으로 향하고 있는 듯이 보이는 건 착각일 뿐입니다. 여기서 왼쪽 벽은 가장 간단한 형태의 생명체를 가능케 하는 물리·화학적인 제약인데요. 그렇다면 술꾼이 도랑을 '향해' 이동했다고 말할 수 없는 것과 마찬가지로 생명이 더 높은 복잡성을 '향해' 변화했다고 말할 수는 없겠죠.

메이너드 스미스 : 하지만 35억 년 전에 존재했던 가장 복잡한 생명체와 현재 존재하는 가장 복잡한 생명체, 즉 인간을 비교해보세요. 후자의 복잡도가 훨씬 더 높지 않겠습니까?

굴드 : 물론 그렇죠. 복잡성에서 '최댓값'은 분명히 증가했습니다. 하지만 저는 지금 최댓값의 증가와 변이 폭의 확대를 곧바

로 '추세'로 해석해서는 곤란하다는 말씀을 드리고 있는 겁니다. 바닥을 친 주가는 상승할 수밖에 없지 않겠습니까! 이런 의미에서 박테리아의 지위에 대해 새롭게 조명해야 한다고 생각합니다.

사실 생명의 역사에서 절반 이상은 박테리아의 독무대였습니다. 화석기록으로 보존될 수 있었던 형태들만 고려한다면 박테리아는 최소 복잡성의 왼쪽 벽에 해당됩니다. 따라서 생명은 박테리아 형태로 시작되었다고 해도 크게 틀리지 않죠. 그런데 박테리아는 오늘날에도 여전히 같은 위치를 점하고 있어요. 즉 박테리아는 태초부터 존재했고 지금도 존재하고 있으며 영원히 존재할 겁니다. 생명의 진화 역사에서 복잡성의 평균값은 증가했을 수 있지만 앞의 그래프처럼 몹시 기울어진 분포 곡선에서는 그 값이 중심 경향성을 대변해주지 못합니다.

이런 경우에는 오히려 최빈값이 더 적합한 척도가 되죠. 그 값에 해당하는 박테리아는 언제나 생명의 성공을 잘 대변해주는 셈입니다. 따라서 진화 역사의 몸통에 해당하는 박테리아를 간과한 채 꼬리 끝에 붙은 한 움큼의 털에 불과한 인간만 보고 복잡성 증가를 진화의 추세로 삼는 것은 꼬리로 몸통을 흔들려는 잘못된 시도예요. 복잡성이 증가하는 방향으로 진화가 진행되었다는 믿음은 통계적인 환상일 뿐입니다.

사회자 : 마치 박테리아 찬가를 부르시는 것 같군요. 굴드 교수님은 박테리아의 대변인 같습니다. (모두 웃음)

맥셰이 : 저는 다른 측면에서 굴드 교수님의 주장에 공감합니다. 그동안 저는 복잡성이 무엇이며, 그것을 어떻게 객관적으로 측정할 수 있는지에 대해 연구해왔는데요. 제 결론은 진화의 추세를 크게 '(무엇인가에 의해) 조종된 추세'와 '수동적 추세'로 나눌 수 있다는 겁니다. 그리고 생물의 진화 역사에서 나타나는 복잡성의 증가는 '수동적 추세'일 뿐이라는 사실에 이르게 됐죠.

화면을 보시죠. 왼쪽 수동적 추세 그래프에서는 시간이 흐름에 따라 전체 변이의 폭이 증가하긴 했지만 대부분의 변이들이 여전히 가운데 축 주변에 몰려 있습니다. 비록 최댓값이 오른쪽 그래프의 경우와 비슷하긴 하지만 최빈값은 0에 가까운 셈입니다. 반면 오른쪽의 조종된 추세 그래프에서는 최빈값과 최댓값이 모두 가운데 축에서 멀어져 있습니다. 즉 오른쪽을 향한 추

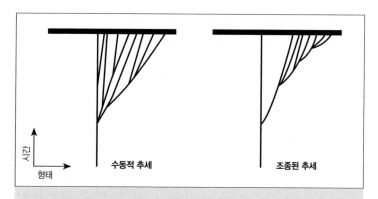

두 유형 모두 시간이 흐르면서 형태 변이가 증가했다는 점은 비슷하지만, 조종된 추세의 경우는 마치 오른쪽을 향해 가고 있는 듯이 보인다. 그러나 척추동물들의 추골 복잡도를 비교연구한 맥셰이에 따르면 생물 종의 진화는 조동된 추세보다는 수동적 추세에 더 가까운 것으로 나타났다.

다섯째 날 • 박테리아에서 아인슈타인까지 – 진화와 진보

세가 있는 셈이죠. 진화에 정말로 방향이 있다고 한다면 오른쪽 그래프 같은 모습이어야 합니다. 이런 의미에서 왼쪽 그래프의 '수동적 추세'는 방금 전에 굴드 교수님이 비유하신 술꾼 모형과 정확히 일치하죠.

도킨스 : 그러면 복잡성은 대체 어떻게 측정하셨습니까?

맥셰이 : 저는 복잡성을 형태적 측면에서 정의하고, 척추동물의 추골(척추에 붙어 있는 작은 뼈)의 복잡성 정도를 객관적으로 측정하고 비교하려 했습니다. 예컨대 다양한 척추동물 추체의 길이, 높이, 폭, 그리고 신경의 높이, 길이, 각도 등을 잰 후에 복잡성의 측면에서 어떤 추세가 있는지를 살펴보았죠. 그런데 흥미롭게도 그것이 수동적 추세에 더 가까웠습니다. 물론 진화에 방향성이 전혀 없다는 점을 증명하지는 못했지만 말이죠. 실제로 무언가가 증가할지도 모를 일이에요. 그러나 그 무언가가 과연 복잡성인지에 대해서는 대단히 회의적입니다.

도킨스 : 저는 진화의 추세를 강하게 거부하는 두 분이 모두 진보를 복잡성의 측면에서만 바라봄으로써 여전히 인간 중심적 편견에 갇혀 계신 것은 아닌지 의심스럽습니다. 복잡성을 정의하고 측정하는 문제는 언제나 인간 중심적일 수밖에 없지 않겠습니까?

실제로 도킨스는 굴드의 《풀하우스》에 대한 자신의 서평에 '인간 우월주의Human Chauvinism'라는 제목을 달았다.

저는 이런 인간 중심주의적 시각이 탈색된 진보 개념이 가능하다고 봅니다. 크게 두 가지입니다. 하나는 진보에 대한 적응주의적adaptationist 견해인데, 진보를 복잡성이나 지능 등의 증가로 보지 않고 주어진 환경에서의 성공적 적응에 기여하는 특성들이 축적되는 과정으로 이해하는 것이죠. 예컨대 여러 계통에서 발생한 눈의 진화는 바로 진보적 진화 과정의 대표적 사례입니다. 사람의 눈이든 거미의 겹눈이든, 비록 형태는 다를지라도 명암과 색조를 감지할 수 있는 장치는 여러 계통에서 진화했죠. 그런데 이런 식의 진화가 가능하려면 각 계통들에서 보유한 시각 능력이 생존과 번식에 유리한 조건이 돼야 하죠. 물론 그렇게 되려면 환경이 적어도 상당 기간 동안 일정하게 유지되어야 하고요. 만일 영장류 계통에서 갑자기 작은 두뇌 크기가 유리한 상황으로 환경이 바뀌었다면, 그런 환경 변화 속에서 진화는 진보적으로 진행될 수 없습니다.

대멸종과 진보

굴드 : 보세요. 교수님도 진화는 장기적 관점에서 진보일 수 없다는 사실을 인정하고 계시잖습니까? 만일 공룡이 온 세상을 지배하고 있었던 쥐라기에 소행성 충돌이 없었다면 어떻게 됐을까요? 그때 쥐새끼만 했던 우리의 조상들은 어쩌면 아직도 어두

운 동굴 속에서 벌레나 잡아먹고 있을지 모릅니다. 어떻습니까, 라우프 교수님?

라우프 : 네, 그렇습니다. 20년 전쯤에 지질학자 루이스 월터 앨버레즈Luis Walter Alvarez 박사가 백악기 말의 공룡 멸종이 소행성의 충돌 때문에 발생했다는 대담한 가설을 세웠습니다. 그 근거는 매우 단순했습니다. K-T 경계 지층(백악기 말의 지층)에 이리듐iridium이라는 원소의 양이 많이 검출됐는데, 이리듐은 외계에서나 많이 존재하는 원소였거든요. 말하자면 당시에 외계의 물질이 대량으로 유입되었다는 증거였고, 그 가능성은 소행성 충돌뿐이었습니다. 게다가 화석학자들은 백악기 말에 지상의 공룡들이 사라졌다는 증거를 찾아냈죠. 그래서 앨버레즈는 소행성 충돌이 공룡 멸종의 직접적인 원인이라고 주장했습니다.

처음에는 사람들이 코웃음을 쳤죠. 무슨 소설을 쓰고 있냐면서요. 하지만 소행성 충돌 이론이 나온 후, 지난 20여 년 동안 그의 이론을 지지하는 증거들이 많이 나왔습니다. 예를 들어 1990년에는 멕시코 유카탄 반도의 칙술루브Chicxulub에서 지름 180킬로미터의 운석구가 발견되었는데, 연대 측정 결과 공룡 멸종 시기인 6500만 년 전에 생성된 것이었어요. 이 연구 논문은《사이언스》에 소개되어 큰 반향을 일으켰습니다.

한편 1994년 7월에 관찰된 슈메이커-레비 제9혜성의 목성 충돌 장면은 지구가 혜성의 충돌로도 엄청난 타격을 받을 수 있다는 사실을 간접적으로 경험하게 해줬습니다. 이 두 사건은 충돌 이론을 조롱했던 사람들의 입을 봉해버렸습니다. 오히려 이제는 이런 충돌 시나리오가 너무 흔해서 문제입니다. 20세기를 마감하는 시점에 등장한 두 편의 영화 〈아마겟돈〉과 〈딥 임팩트〉를 보셨나요? 종말론적 시류를 타고 큰 성공을 거둔 바 있지요.

어쨌든 소행성 충돌과 같은 우발적인 사건들이 지구에 일어나면 생명 진화의 시나리오는 다시 쓰일 수밖에 없습니다. 굴드 교수의 말대로, 백악기 말의 소행성 충돌은 공룡 시대를 마감하고 영장류의 시대를 만든 우발적 사건이었습니다. 충돌이 없었다면 여전히 지구 위의 생명은 공룡의 호령 아래 있었을 거예요.

메이너드 스미스 : 저는 고생물학에 대해 잘 알지는 못합니다만, 충돌 이론에 뭔가 거품이 있는 것 같아요. 충돌 이론가들은 대규모 멸종이 일어난 흔적이 있으면 곧바로 소행성을 불러들이는데, 좋은 습관이 아닌 것 같습니다. 대안적 설명들과 비교를 해봐야 하지 않겠습니까? 가령 급격한 해수면 하강이나 기후 변동도 대규모 멸종을 일으킬 수 있습니다. 동남아에서 간혹 발생하는 쓰나미를 기억하고 계실 텐데요? 그런 것이 조금 더 큰 규모로 과거에 발생했다면 생명의 진화에 큰 영향을 줬을 겁니다.

서트마리 : 이 자리에서 고생물학에 관해 제일 무식한 사람이 저일 것 같긴 한데요, 그래도 용기를 내어 이야기해보겠습니다. 아까 라우프 교수가 이리듐 양이 충돌 이론을 지지해주는 좋은 증거라고 하셨는데요, 그렇게 따지면 대규모의 화산 활동도 왜 이리듐이 특정한 지층에 많이 분포하는지를 잘 설명해줍니다. 이

리듐은 외계에도 흔하지만 용암에도 적지 않게 함유되어 있다고 들었습니다. 다시 말하면, 이리듐 증거만으로는 화산 폭발이나 소행성 충돌 중에 어떤 것이 공룡을 멸종시킨 원인인지를 가려낼 수 없다는 뜻입니다. 제가 알기로는, 바로 이런 이유 때문에 현재 적지 않은 과학자들이 충돌설과 화산 폭발설을 동시에 받아들인다고 알고 있습니다.

메이너드 스미스 : 저도 그렇게 알고 있습니다. 충돌이 먼저 일어난 후 화산이 대규모로 폭발했다거나, 화산 활동이 왕성히 진행되고 있는 중에 충돌이 일어났다는 식이죠.

라우프 : 두 분 말씀이 맞다 해도, 결국 충돌이 최초의 펀치냐, 아니면 상대방의 다운 직전에 날린 마지막 펀치냐의 차이 아니겠습니까? 충돌 사실 자체와 충돌의 '딥 임팩트' 자체는 여전히 유효해요.

도킨스 : 아뇨. 진화의 역사에서 소행성 충돌의 영향력은 분명 과장되어 있습니다. 저도 라우프 교수의 《멸종Extinction》(1992)을 진지하게 읽기는 했는데요, 지구에서 2600만 년마다 주기적으로 대멸종이 일어난다는 주장에 대해서는 실소를 금할 수 없었습니다. 운석이 주기적으로 지구와 충돌해왔다는 말씀인데요, 도발적이고 시사점도 아주 큰 대담한 주장이긴 한데, 진실과는 한참 떨어져 있다고 봅니다. 저도 이 문제에 관심이 많아서 관련된 연구 결과들을 계속 공부해봤습니다만, 동료 고생물학자들의 대답은 매우 부정적이었습니다. 가령 라우프 교수가 옳다

면 충돌의 증거와 흔적이 모든 주요 멸종들에서 나타나야 하는데 이리듐의 흔적은 백악기 말을 포함한 스무 번의 대멸종 중에서 일곱 번인가 여덟 번의 경우에만 발견되었다죠. 게다가 규모가 가장 큰 멸종이 진행되었던 페름기 말에는 아예 그런 흔적이 발견되지 않았고요.

라우프 : 부분적으로 인정합니다. 멸종이 주기적으로 일어난다는 주장을 뒷받침하는 증거들은 아직 부족한 게 사실이지요. 그렇더라도 대멸종으로 인해 생명의 역사는 매번 새롭게 시작됐을 겁니다. 이런 사실을 아신다면 생명의 '진보'를 주장할 수는 없다고 봐요.

굴드 : 그래서 저는 생명의 역사와 미래를 이야기하면서 사람들에게 "지구 역사의 테이프를 되감아 다시 틀어보면 어떻게 될까?"라고 묻곤 합니다. 저는 '인류와 같은 존재도 없었을 것이고, 전혀 다른 생물군이 나왔을 것'이라고 답을 하죠. 생명의 역사에서 우발성은 핵심 중의 핵심입니다. 이 우발성이야말로 생명의 진보를 가로막는 가장 강력한 힘이지요. 피트니스fitness 센터에서 매일 몸을 만드는 사람이라도, 자동차 사고라는 우발적 사건 앞에는 속절없이 무너질 수밖에 없지 않겠어요?

굴드의 말장난이 또 한 번 작렬했다. 진화생물학에서는 적합도를 '피트니스fitness'라고 한다. 굴드가 위에서 든 피트니스 센터 사례는 '피트니스'를 아무리 열심히 해봤자 큰 '사고' 한 번이면 끝난다는 얘긴데, 생명의 역사에서 '적응'보다 더 중요하고 결정적인 것이 바로 '우연'이라는 주장을 말장난으로 에둘러 표현한 것이다. 방청석 앞줄의 몇 명은 이를 눈치챘는지 키득거린다.

사회자 : 잠시만요. 도킨스 교수께서 적응의 관점으로 진보를 바라봐야 한다는 주장을 하시자마자 논쟁의 불똥이 대멸종에 관한 주제로 튀었는데요, 오늘은 아무래도 박테리아와 공룡을 위한 토론 같군요. (모두 웃음) 도킨스 교수께서 진보에 대해 또 하실 말씀이 있는 것 같은데요.

진화의 분수령들

도킨스 : 좋습니다. 저도 굴드와 라우프 교수가 말한 우연의 중요성은 어느 정도 인정합니다. 적응의 관점에서만 본다면 생명의 진보는 두 분의 말대로 기껏해야 수백에서 수천 년 정도 지속되고 말겠죠. 하지만 적응 말고도 생명이 진보를 경험하는 또 다른 메커니즘이 있습니다. 좀 어렵게 들릴지 모르지만, 진화 능력 자체가 진화함으로써 진보가 가능해지는 경우죠.
  예를 들어 보겠습니다. 최초의 복제자에서 염색체가 생기고, 이어서 원핵세포, 감수분열과 성, 진핵세포, 그리고 다세포생물 등이 출현했던 생명의 거대 파노라마를 떠올려보세요. 지금 열

거한 사건들은 진화의 '분수령'에 해당되는 엄청난 대사건들입니다. 굴드와 라우프 교수는 대멸종의 사건들이 생명의 역사를 확 바꿔놓았다고 하셨지만, 저는 진화의 분수령에 해당하는 위의 사건들이 오히려 생명의 역사를 주도적으로 이끌어왔다고 생각합니다. 사실 이런 사건들을 통해 생명의 진화 능력 자체는 몇 단계씩 업그레이드됐죠.

　이런 일련의 사건들에 '진보'라는 꼬리표를 달아주는 일은 전혀 어색하지 않습니다. 실제로 다세포 생명체 또는 체절을 가진 생명체가 지구상에 처음 등장했다고 해봅시다. 그러면 그 이후의 진화는 그 이전과 똑같은 방식으로 일어나지 않았겠죠. 엄청난 다양성이 생겼을 겁니다. 이런 의미에서 몇 차례의 대사건들이 생명의 진화에서 '비가역적인 진보적 혁신'을 몰고 왔다고 봐야 하지 않겠습니까?

서트마리 : 갑자기 이런 생각이 듭니다. 저쪽 편에 앉아 계신 분들은 생명의 역사를 매우 부정적인 방식으로 얘기합니다. 우발성과 소멸을 강조하잖아요? 그러나 저희 팀은 적응과 생성을 강조합니다. 저쪽 팀의 주장처럼 설령 대멸종이 일어나서 매번 진화의 테이프가 다시 돌아간다고 해도 진화의 분수령들은 결국 또다시 생길 수밖에 없을 겁니다. 이미 생긴 분수령이 보존될 수도 있을 테고요.

메이너드 스미스 : 저도 동의합니다. 도킨스 교수님이 방금 전에 '분수령'이라는 단어를 사용하셨는데, 저도 생명의 진화에서 그

런 분수령이 되는 사건들이 최소한 여덟 차례 발생했다고 주장해왔습니다. 자세한 것은 저와 서트마리 교수가 함께 쓴《진화의 대전환The major transitions in evolution》(1995)에 나와 있는데요, 간단히 열거해보면 다음과 같습니다.

1. 자기 복제 분자 → 원시 세포 속의 분자군
2. 독립적 복제자 → 염색체
3. 유전자와 효소로서의 RNA → DNA와 단백질
4. 원핵세포 → 진핵세포
5. 무성생식적 클론 → 유성생식적 개체군
6. 원생생물 → 동식물과 균류
7. 고독한 개체 → 군체
8. 영장류 사회 → 인간 사회

그런데 흥미로운 점은 한 번 전환이 일어나면 거의 되돌릴 수 없다는 사실입니다. 예컨대 다세포생물은 단세포 자손을 가질 수 없으며 진핵생물은 원핵생물 자손을 낳을 수 없는 식이죠. 이런 의미에서 굴드 교수님이 아까 비유하신 술꾼 모형은 생명의 진화 모형으로 적절치 않아 보입니다. 왜냐하면 생명체가 전환 문턱들을 넘기까지는 무작위적으로 비틀거릴 수 있다 하더라도 일단 그 문턱들을 넘어서서 생명의 새로운 전기를 맞게 되면 그 이전 과정으로 되돌아가기가 쉽지 않기 때문이죠.

사회자 : 마치 전환기를 맞이할 때마다 왼쪽 벽에 해당하는 술집이 점점 오른쪽으로 이동한다는 주장처럼 들리는데요, 그런 말씀입니까?

도킨스·메이너드 스미스·서트마리 : 예, 바로 그겁니다!

셋이 합창을 하자 사회자가 시계를 보고 흠칫 놀란다.

사회자 : 아이고. 이제 시간이 채 3분밖에 남지 않았습니다. 마지막으로 생명의 미래에 대해 각 팀의 한 분씩 돌아가면서 말씀하시는 것으로 오늘 식탁은 접어야 할 것 같네요. 도킨스 교수부터 하실까요? 30초씩 드리겠습니다.

도킨스 : 진화의 역사에서 생명의 무한한 변이 공간이 점점 채워지고 있다는 사실을 간과해서는 곤란합니다. 생명의 미래는 그 공간에 있습니다.

굴드 : 생명의 과거, 현재, 미래는 모두 박테리아의 세상일 뿐입니다. 진보는 착각이에요. 다양성만 늘었을 뿐입니다.

메이너드 스미스 : 생명은 적어도 여덟 개의 허들을 넘어왔습니다. 앞으로 어떤 허들이 있을지는 아무도 모릅니다. 확실한 건 그 허들을 넘기 전에 제가 죽는다는 사실이에요. (웃음)

맥셰이 : 패션에 트렌드가 있다고 하지만, 다 한철일 뿐입니다. 생명의 진화에 영원한 트렌드는 없습니다.

서트마리 : 생명에 트렌드는 없을지 모르지만, 더 큰 규모의 메가

다섯째 날 • 박테리아에서 아인슈타인까지 – 진화와 진보

트렌드는 분명 존재합니다.

라우프 : 지금까지 다섯 번의 대멸종이 있었습니다. 두려운 얘기지만, 제6의 멸종이 곧 올 겁니다.

사회자 : 예, 감사합니다. 생명의 과거, 현재, 미래를 논하다 보니 스케일이 아주 커진 토론회였습니다. 생명의 진보를 긍정하든 부정하든, 우리 앞에 놓여 있는 인생이 정말로 너무 짧다는 생각도 드네요. 이것으로 다윈의 식탁 다섯째 날을 마무리하겠습니다. 내일 하루는 쉬고, 그다음 날인 일요일에 런던에서 다시 만나 뵙겠습니다. 수고하셨습니다. 감사합니다.

내리 닷새를 달려왔다. 오늘도 흥미진진하고 위태위태한 순간이 많았지만 마지막에는 나도 모르게 시계를 흘깃흘깃 쳐다보곤 했던 것 같다. 지루한 게 아니라 지쳤다. 뒤에서 받아 적기나 하고 있는 나도 이런데, 매일 칼을 갈고 나와야 했던 도킨스와 굴드는 어땠겠는가? 어제까지만 해도 끝난 후에 패널들과 잠시 얘기도 나누며 와인 잔도 비우고 했는데, 피곤하고 지쳐서 그런지 오늘은 다들 사회자의 클로징 멘트가 나가기도 무섭게 바로 일어나 짐을 싸서 나간다.

　나도 빨리 숙소에 가 마무리를 짓고 쉬어야겠다는 생각으로 일어서려는데, 방청객에 앉아 있던 동료들이 케임브리지에서의 마지막 밤이니 맥주나 한 잔 하자고 팔을 붙잡는다. 잠시 주저하다가 그들을 따라 나서기로 했다. 내일(토요일) 하루는 쉬니 말이다. 모레 런던에서 다윈의 식탁 마지막 모임이 있기 때문에 주최 측에서는 내일을 휴식 및 이동일로 잡았다. 게다가 오늘 식탁의 후기는 내일 오전까지 작성해서 보내도 된다.

역시나 한두 잔으로 끝나지 않았다. 다윈의 식탁을 닷새 동안 꼬박 참여한 서기로서 나는 할 얘기가 너무 많았다. 동료들도 이 역사적 순간을 영원히 기억하고 싶었을 것이다. 자정을 넘기고 겨우 들어와 곯아떨어졌는데, 눈을 떠보니 오전 11시다. 정신이 번쩍 들었다. 12시까지 후기를 보내기로 했는데, 한 시간 밖에 남지 않았다. 오랜만에 한 과음이라 그런지 머리도 띵하다. 노트북을 켜자마자 어제 술자리에서 떠들었던 얘기부터 써 내려가기 시작한다.

토론 다섯째 날

오늘 내게 가장 인상적이었던 장면은 과학에 대한 도킨스와 굴드의 견해 차이가 불쑥 드러나던 순간이다. 둘 다 자신을 다윈의 진정한 후예라고 칭하지만, 다윈 진화론이 지닌 과학적 지위에 대해서는 온도 차이가 있었다. 과학의 신빙성reliability에 대해 도킨스는 강한 신뢰를 보내는 반면, 굴드는 과학이 사회적 이념에 오염될 수 있는 가능성에 더 주의를 기울이는 듯하다. 그렇다면 적지 않은 사람들이 말하듯이, 도킨스는 과학주의scientism를 신봉하고 굴드는 사회구성주의를 따른다고 할 수 있을까? 분명 사회구성주의와 과학주의는 과학에 대한 극단의 태도다. 과학에 대한 이런 근본적 견해 차이가 두 사람 사이를 가로막고 있는 것일까? 둘 간의 모든 불일치는 혹시 이런 차이 때문에 생긴 게 아닐까?

나는 오늘 토론을 보면서 서로가 상대방에 대해 오해를 하고 있다는 느낌을 받았다. 도킨스도 과학의 시대성과 한계를 인정한다. 다만 인류의 그 어떤 다른 지적 활동에 비해 상대적으로 과학의 인식적 지위가 더 우월하다는 정도의 주장을 펼치고 있는 듯하다. 다시 말해 진리에 대해 과학의 비교우위를 말하고 있는 것이다. 이런 정도를 과학주의라고 부를 필요는 없다. 한편 굴드도 과학의 진리성을 부인하지는 않는 것 같다. 과학에 사회적 요인들이 개입할 수밖에 없다는 입장이라기보다는 개입하기 쉬우니 주의를 기울이자는 정도로 이해할 수 있다. 이렇게 두 사람을 모두 부드럽게 해석하면 화해의 길도 열리지 않을까?

실제로 나는 오늘 화해의 가능성을 발견했다. 진보에 대해 토론하면서도 '사회진화론social evolutionism'이나 '우생학eugenics'을 그 누구도 언급하지 않았다는 사실을 기억하는가? 일부 학자들은 사회의 진보를 위한답시고 선진국에서조차 20세기 중반까지 버젓이 자행되었던 강제 불임시술, 강제 추방, 강제 수용과 같은 만행들이 진화론에 뿌리를 두고 있다고 주장해왔다. 실제로 불과 100년 전만 해도 세계 곳곳에서는 장애인, 정신병자, 부랑자, 심지어 특정 인종들을 사회 진보를 갉아 먹는 병균으로 취급하곤 했고, 진화론은 이들을 박멸해야 하는 이유를 제시하는 이론으로 활용되기도 했다.

그런데 어떤 이들은 이것을 단지 '오남용' 또는 '악용'의 경우라고 말하지 않는다. 그들은 진화론이 실제로 20세기 초반의 인종주의, 제국주의, 파시즘, 나치주의에 생물학적 근거를 제시했다고 주장한다. 그러면서 다윈의 사촌으로, 우생학을 창시한 프랜시스 골턴Francis Galton을 예로 든다. 골턴은 《타고난 천재 Hereditary Genius》(1869)에서 정신 능력도 신체 특징처럼 유전되며, 적응이 덜 된 열위자들이 사회에 퍼지지 못하도록 해야 한다고 주장한 바 있다.

하지만 골턴은 자신의 우생학적 아이디어가 정책으로 실행되는 것을 원하지 않았다. 물론 다윈 자신도 진화론이 강제 불임과 같은 무자비한 짓을 정당화해주는 도구로 쓰이는 건 상상조차 하지 않았을 것이다. 어쨌든 적어도 오늘 모인 진화론자들은 진화론을 20세기 초반의 악명 높은 진보 이념들과 연관시키지 않았다. 괜히 긁어 부스럼 만들고 싶지 않았을 것이다. 과학과 사회의 상호작용을 강조하는 굴드라 하더라도 진화론이 진보 이념들을 위한 도구로 전락해왔다는 주장을 용인할 수는 없었을 터. 더럽게 오염된 이념들로 둘러싸인 진화론이라도, 굴드에게는 훌륭한 과학인 것이다.

사실 나는 몇 시간 전까지만 해도 '진화는 진보인가, 아닌가?' 하는 물음 속에 이렇게 복잡한 과학적 논쟁이 숨어 있는지 알지 못했다. 그동안 학생들에게 "진화는 진보가 아니다!"라고 단순 명료하게 가르쳐온 내 자신이 갑자기 부끄러워지기 시작했다.

진화론의 나무 아래서

진화론의 계보

닷새 동안 달려온 토론이 그만큼 숨 가빴기 때문일까? 비록 하루 쉰다고 하지만 이보다 더 달콤할 수 있을까 싶다. 그렇다. 무슨 일이든 쉼표를 찍는 게 중요하다. 날숨도 쉬어야 들숨도 쉴 수 있듯, 아무리 좋은 영양식도 단숨에 해치우려다간 외려 체하고 말 뿐.

뭉그적거리다 BBC 홈페이지의 시청 후기 게시판에 들어가봤다. 쟁점들을 둘러싼 갑론을박은 여전히 진행 중이지만, 다윈의 식탁에 초대받은 진화학자들의 지적 계보를 한눈에 알아볼 수 있는 그림이나 표가 있으면 좋겠다는 글이 올라와 있다. 흐음, 읽고 보니 일종의 지도처럼 하나 만들어두면 나쁘지 않을 것 같다. 당연한 얘기지만, 업데이트는 두고두고 해야 하더라도 말이다. 다윈이 그렸던 '생명의 나무'를 모티브 삼아, 진화론의 나무 또는 진화론의 계보를 그려봤다.

얼추 그려놓고 보니, 각각의 이론에 대한 호불호를 떠나 지금 내가 이 든든한 아름드리나무 아래서 쉬고 있는 건가 하는 생각이 얼핏 스쳤다. 글쎄, 마냥 쉬고만 있을 수야 없겠지. 그래서도 안 될 테고.

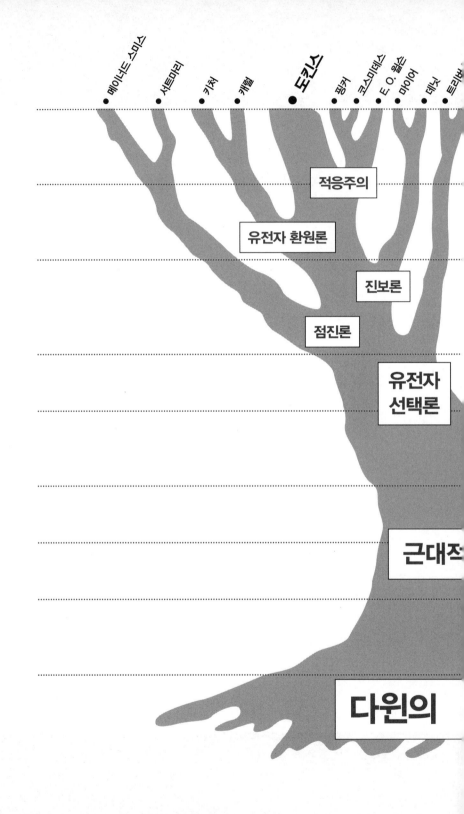

메이너드 스미스
서트머리
거저
캐럴
도킨스
핑커
코스미데스
E. O. 윌슨
마이어
리다
핼리

적응주의

유전자 환원론

진보론

점진론

유전자
선택론

근대적

다윈의

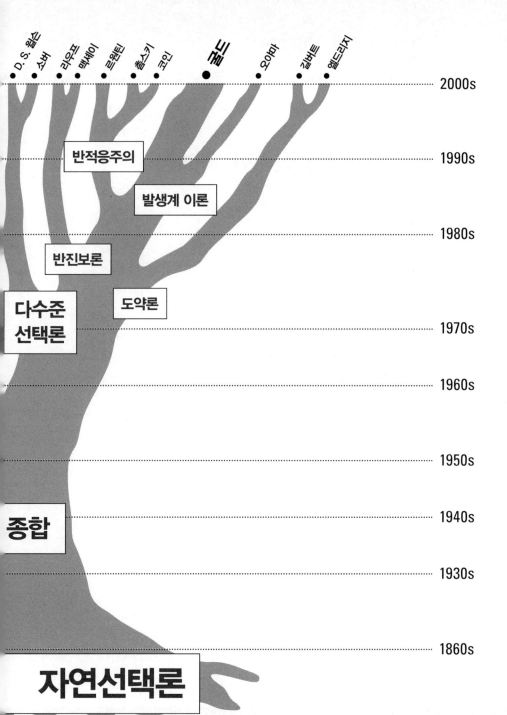

반적응주의

발생계 이론

반진보론

도약론

다수준
선택론

종합

자연선택론

D. S. 윌슨
소버
라우프
맥셰이
르윈틴
촘스키
코인
굴드
오야마
길버트
엘드리지

2000s
1990s
1980s
1970s
1960s
1950s
1940s
1930s
1860s

다윈의 진정한 후예는?

진화와 종교

다윈의 식탁, 마지막 날이다. 영국 케임브리지를 뜨겁게 달궜던 지난 며칠 간의 주제 토론을 마친 후라 그런지, 공개 강연과 종합 토론이 열릴 오늘은 오히려 마음이 다소 가벼워졌다. 그간의 토론회가 BBC를 통해 전 세계에 생중계된 덕에 BBC 인터넷 게시판은 지난 며칠 동안 전 세계 네티즌들로 시끌벅적했다. 강연 원고를 미리 받아보게 해달라는 요청 메일부터 종합 토론 시간에 이건 꼭 질문해달라는 부탁 메일까지, 과학자들 간의 논쟁이 전 세계적으로 이렇게 큰 관심을 불러일으킨 사건은 역사상 별로 없었을 게다. 댓글이 1000개 이상 달린 글도 여럿 있었으니 네티즌들 간에 벌어진 열띤 (때로는 무시무시한) 대리전도 정말 대단했다. 어쨌든 오늘로서 이 역사적 인 다윈의 식탁은 아쉽게도 막을 내린다.

1000석 정도의 강당은 한 시간 전에 이미 꽉 찼고 계단에도 많은 사람들 이 빼곡하게 앉아 있다. 입장을 못해 항의하며 되돌아간 사람도 족히 200 명이 넘는다. 여러 매체의 기자들은 노트북을 켜놓은 채 맨 앞줄에 일렬로 앉아 종합 토론 시간을 기다리고 있다. 오늘 사회는 '회의주의학회skeptics society'를 설립하고 《스켑틱》www.skeptic.com이라는 잡지의 발행인이자 편집장을 맡고 있는 마이클 셔머Michael Shermer 박사가 맡기로 했다. 셔머는 지난 20여 년 동안 도킨스, 굴드 등과 함께 과학의 최전선에서 온갖 사이비 과학과 미신에 맞서 싸운 과학의 전사이다. 《왜 사람들은 이상한 것을 믿는가 Why people believe weird things》(1997)는 그의 대표 저서이다. 오늘 그가 사회자가 된 가장 큰 이유는 도킨스와 굴드 모두에게 그는 친한 친구이며 그들 모두로부터 인정받고 있는 몇 안 되는 사람이기 때문이다. 누군가 그를 맨 마지막 식탁의 사회자로 추천했을 때, 그 누구도 반대하지 않았다.

도킨스와 굴드는 사회자인 셔머 박사의 좌우에 앉아 있다. 누가 다윈의 진정한 후예일까.

사회자가 먼저 강단에 올라선다.

다윈의 진화론은
왜 불완전한가?

스티븐 제이 굴드
하버드 대학교 고생물학

종교는 왜 정신
바이러스인가?

리처드 도킨스
옥스퍼드 대학교 동물행동학 및 과학대중화

사회자(셔머) : 마이클 셔머입니다. 오늘은 런던에서 인사를 드립니다. 혹시 왜 하필 이곳 런던정경대학의 강당에서 다윈의 식탁 마지막 날을 진행하는지 궁금해하실지 모르겠습니다. 다윈의 식탁을 어떻게 시작하게 되었는지를 한번 떠올려 보죠. 다윈 이후의 최고 진화생물학자라고 칭송받던 윌리엄 해밀턴 박사님이 말라리아로 돌아가셨고, 그 장례식에 참석한 몇몇 진화생물학자들이 다윈의 식탁을 여기까지 이끌어오신 것 아닙니까? 그런데 해밀턴 박사님이 대학원 시절을 이곳 런던정경대학에서 보내면서 현대 진화생물학의 기념비적인 논문인 〈사회적 행동의 유전적 진화〉(1964)를 집필했다는 사실을 아시는 분은 그리 많지 않을 겁니다. 사실 더 큰 규모의 강당도 있었지만 굳이 이곳을 다윈의 식탁 마지막 장소로 선택한 것은 바로 그 때문입니다. 혹시 자리가 비좁아 불편하시더라도 이런 뜻이 있었다는 점을 널리 감안해주시길 부탁드립니다.

예고한 대로 오늘은 두 연사가 30분씩 차례로 강연을 하고 남은 한 시간 동안 종합 토론을 하는 식으로 진행하겠습니다. 강연 주제에 대해서는 주최 측이 연사들의 결정을 그대로 받아들였습니다. 그간의 토론 주제들과 어떤 식으로 연결되면서 좋은 마무리가 될지 자못 기대되는데요. 먼저 도킨스 교수님께서 '종교는 왜 정신 바이러스인가?'라는 제목으로 강연해주시겠습니다.

밈의 관점에서

도킨스 : 아시다시피 저는 다윈의 식탁 첫날부터 줄곧 유전자의 눈높이를 강조했습니다. 즉 이기적 유전자의 관점에서 자연과 인간, 그리고 문화를 재조명해보자는 주장이었습니다. 마지막 날인 오늘, 저의 관심은 유전자를 포괄하는 좀 더 넓은 개념인 복제자를 향해 있습니다. '복제자replicator'는 쉽게 말해 자기 자신을 거의 틀림없이 그대로 복사하는 그런 주체입니다. 사실 유

전자는 여러 유형의 복제자 중 A, C, G, T와 같은 염기들로 구성된 특정한 복제자일 뿐이죠. 유전자가 아닌 복제자도 얼마든지 가능합니다. 예컨대 사람들의 머릿속에 들어 있는 사상, 관습, 혹은 어떤 책, 심지어 그 책 속의 몇 구절 등도 얼마든지 복제자로서 기능할 수 있죠. 지난 며칠 동안 유전자 중심으로 세상을 보자고 말했다면, 오늘 저는 유전자를 포괄하는 상위 개념인 복제자의 눈으로 세상을 보자고 제안합니다.

《이기적 유전자》의 초판 맨 마지막 장에서 저는 이미 '밈meme'이라는 용어를 만들어낸 적이 있습니다. 그 이후에 어떤 분들은 '밈'과 비슷한 뜻을 담은 용어, 예컨대 '문화유전자' 등을 쓰기도 했죠. 여기서 '밈'이란 인간의 문화 현상을 설명하기 위해 사용한 용어인데요, '기억memory'이나 '모방imitation'의 'm'과 '유전자gene'에서 따온 'eme'를 합성해 만들었습니다. '대물림 가능한 정보의 기본 단위', 또는 '문화와 관련된 복제의 기본 단위'라는 의미를 담고 있지요. 예를 들어 감미로운 멜로디, 축구에 대한 광적인 집착, 인종 편견, 요리법 등은 한 인간에서 다른 인간에게로 복사되는 밈의 사례입니다.

더 실감나는 예를 들어볼까요. 30년 전까지만 해도 모자의 앞뒤를 바꿔 쓰고 다니거나 청바지를 찢어서 입고 다니는 사람들은 거의 없었죠. 그런데 이제 그런 풍경은 전혀 낯설지 않습니다. 밈은 특히 아이들의 행동에 큰 영향을 끼칩니다. 아이를 키우는 집치고 킥보드 한 대 없는 곳은 거의 없을걸요. 최근에는 아바타 열풍이 온 학교를 휩쓸고 지나갔다죠. 이런 밈은 인간에게서 인간에게로 전달되는 복제자입니다. 인간에게는 유전자뿐 아니라 밈도 아주 중요한 복제자죠.

제가 셋째 날, 이기적 유전자에서 어떻게 이타적인 개체가 진화할 수 있는지를 논의하면서 인간이 유전자의 운반자vehicle라고 말씀드린 것을 기억하실 겁니다. 그런데 인간은 동물세계에서 거의 유일하게 유전자뿐 아니라 밈도 운반하고 전달하는 그런 존재입니다. 때로는 유전자의 '명령'과 밈의 '명령'이 상충하기도 합니다. 가령 독신獨身이나 만혼晩婚의 예를 생각해봅시다. 현대 사회에서 이 밈들은 유행처럼 번지고 있지요. 주로 교육받은 사람들 사이에서 더 흔한 현상입니다. 그런데 이 밈들을 진지하게 받아들이는 사람들의 유전적 적합도를 생각해봅시다. 분명히 적합도는 낮아집니다. 그럼에도 밈들은 계속 사람들 사이에서 복제되지요. 이 현상을 제대로 이해하려면 우리는 밈이 마치 자신의 복사본을 더 많이 퍼뜨리기 위해 행동한다고 생각해야 합니다. 제가 《이기적 유전자》 초판의 맨 마지막 문장을, "우리만이 이기적 유전자의 독재에 항거할 수 있다"고 쓴 이유가 바로 여기에 있습니다. 그래서 어떤 분은 제 이론을 '이기적 유전자 이론'이라고 하지 말고, 밈까지를 포괄한 이론으로서 아예 '이기적 복제자 이론'으로 부르자고 제안하기도 합니다.

좋습니다. 이제 본론으로 가보죠. 그렇다면 이기적 복제자 이론의 관점에서 인간의 종교를 어떻게 볼 수 있을까요. 저는 감히 종교가 '기생 밈'이라고 주장합니다.

'기생 밈'이라는 용어가 튀어나오자 청중들이 술렁거리기 시작한다. 사회자의 헛기침 소리에 도킨스의 설명이 다시 이어진다.

종교는 정신 바이러스다!

도킨스 : 이 용어가 영 불편하시다면 '정신 바이러스virus of mind'라는 용어로 대체할 수도 있습니다. 바이러스가 어떤 놈인지는 대개 잘 아실 겁니다. 생물계에서 바이러스는 자신을 복제하는 데 필요한 핵산(DNA 또는 RNA)과 같은 유전물질을 제외하고는 세포로서 어떤 특징도 갖추고 있지 않습니다. 때문에 바이러스는 살아 있는 세포에 기생하지 않고는 대사 활동도 할 수 없고 증식도 할 수 없습니다. 겨울철에 유행하는 독감은 바로 이런 바이러스가 세포에 기생하면서 자신을 마구 복제하기 때문에 생기는 병입니다.

그런데 세포를 매개로 하지 않는 바이러스도 있습니다. '트로이목마'니 '웜'이니 하는 컴퓨터 바이러스가 그것입니다. 이것들은 세포에 기생하는 대신 컴퓨터 운영체계나 프로그램, 혹은 메모리 내부에 기생하여 감염된 파일에 접촉하는 다른 파일에 자신을 복제합니다.

그렇다면 정신 바이러스는 무엇입니까? 그것은 인간의 정신을 숙주로 삼아 자신의 정보를 복제하는 기생자입니다. 인간의 정신은 세포와 컴퓨터만큼이나 바이러스에 쉽게 감염되는 특징이 있습니다. 바이러스에 감염된 세포와 컴퓨터가 본래의 작동을 멈추고 그 바이러스의 명령에 따라 작동하듯이, 정신 바이러스에 감염된 인간은 그 바이러스를 더 많이 퍼뜨리는 방식으로 자신의 행동을 수정하게 됩니다.

왜 종교가 일종의 정신 바이러스일까요? 제 이론은 이렇습니다. 어린아이들은 어른들이 하는 말이면 대개 의심을 하지 않죠. 진화론적으로는 다 이해가 가는 행동입니다. 아이들은 언어를 배워야 하는데 그러기 위해서는 사람들의 사회적 관습을 배워야 하죠. 또 그러려면 여러 규칙들을 배울 필요가 생깁니다. 예컨대 "뜨거운 데에 손을 얹지 말라"든가, "뱀을 집어 들지 말라"든가, "이상한 냄새가 나는 음식은 먹지 말라"든가 하는 식으로요. 생존을 위해 아이들이 배워야 할 것들은 상당히 많습니다.

자연선택은 아이들의 뇌 속에 다음과 같은 어림규칙rules of thumbs을 장착했을 겁니다. "어른들이 하는 말은 무엇이든 믿어라." 물론 이것은 대체로 좋은 규칙입니다! 잘 작동하기도 하고요. 하지만 "네가 들은 모든 것을 믿어라"라고 말하는 규칙은 정신 바이러스의 공격에 치명적일 수밖에 없습니다. 이는 모든 입력을 올바른 것으로 받아들이는 컴퓨터 프로그램이 그만큼 바이러스에 치명적일 수밖에 없는 이치와 같습니다.

그래서 아이들의 뇌에는 "뜨거운 불이 이글거리는 지옥에 가지 않으려면 아무개를 믿어야 한다"라든지, "무릎을 꿇고 동쪽을 바라보며 하루에 다섯 번 절을 해야 한다" 등과 같은 코드들이 쉽게 기생할 수 있습니다. 이 코드들은 대개 부모의 가르침으로 자식에게 전달됩니다. 가령 이슬람교인 부모 밑에서 자란 아이들은 대개 이슬람교인이 됩니다. 부모와 자식의 종교가 일치할 개연성은 실제로 상당히 높지요.

2001년 9월 11일, 뉴욕의 국제무역센터가 주저앉는 모습을 여기 앉아 계신 모든 분이 생생하게 기억하실 겁니다. 도대체 왜 그와 같은 어처구니 없는 테러가 자행되었을까요? 저는 감히, 죽음이 끝이 아니라는 점을 가르치는 종교 때문이라고 분석합니다. 9·11테러가 발생했을 때 많은 전문가들이 여러 측면에서 분석을 했지만, 제가 보기에는 모두 핵심에서 벗어난 이야기들 뿐이었습니다. 그래서 저는 《가디언》에 '종교의 오발탄'이라는 제목의 글로 제 생각을 알렸죠.

만일 사람이 죽으면 모든 게 끝이라는 사실을 모든 사람들이 믿고 있다고 해봅시다. 그러면 자살 테러 같은 것은 지금보다 훨씬 줄어들 것이고, 어떻게든 협상을 통해 문제를 해결하려 들 겁니다. 사후세계에 집착하는 종교는 사람들을 언제든 살인 무기로 만들 수 있는 정신 바이러스의 일종입니다! 감사합니다.

'충격과 공포' 때문이었을까. 보통은 강연이 끝나자마자 우레와 같은 박수가 터져 나오는데, 오늘은 찬물을 끼얹은 듯 침묵이 잠시 흐르다 산발적으로만 박수가 이어졌다. 기자들과 함께 맨 앞줄에 앉아 있던 나는 고개를 뒤 돌려 주변을 살폈다. 런던이라 그런지 아랍 계통처럼 보이는 사람들이 군데군데 눈에 띄었다. 목에 칼이 들어와도 할 말은 하는 도킨스의 용기에 찬사를 보낼 수밖에 없지만, 이러다 정말로 칼 맞는 건 아닌지 내심 걱정스러웠다.

천국에 가는 방법과 행성이 도는 방법

사회자 : 도킨스 교수님 감사합니다. 강연 제목이 예사롭지 않다고 생각했는데, 역시 도발적인 내용의 강연이었던 것 같습니다. 그런데 도발에 관해서라면 둘째가라면 서러워하실 분이 한 분더 계시죠. (모두 웃음) 바로 굴드 교수님입니다. 강연 제목은 '다윈의 진화론은 왜 불완전한가?'입니다.
굴드 : 종교에 대한 도킨스 교수의 강연을 듣고 있자니 저도 입이 근질거리는군요. 저도 종교에 대해 몇 마디만 하고 본론으로 가겠습니다. 예정에 없던 거라 그림이 미처 준비 안 됐으니 칠판에 그려보기로 하죠.

칠판으로 간 굴드는 동그라미 두 개를 그리기 시작한다.

다윈의 식탁

굴드 : 종교는 정신 바이러스이기 때문에 치료하고 제거해야 한다는 도킨스 교수의 생각에는 종교에 대한 그의 무지가 잘 드러납니다. 또한 죄송한 말씀이지만, 과학의 역사에 대한 공부도 더 필요하신 것 같습니다. 흔히들 과학과 종교, 예컨대 진화론과 기독교는 양립 불가능하다고 말합니다. 즉 진화론이 맞으면 기독교는 잘못된 것이고, 기독교가 진리라면 진화론은 거짓이라고 말이죠. 하지만 종교와 과학은 각자 자기만의 탐구 영역과 방법론, 그리고 해답을 가지고 있습니다. 쉽게 말하면 과학은 사실에 대한 경험적 탐구인 반면 종교는 의미와 가치, 그리고 도덕에 관한 담론입니다. 여기 칠판에 그린 두 원처럼 두 세계는 서로 만나는 지점이 없습니다. (앉아 있는 도킨스 교수를 바라보며) 서로를 잡아먹지 못해 안달할 이유가 전혀 없어요. 대부분의 과학자와 종교 지도자가 바로 이런 견해를 지지하고 있습니다. 갈릴레오, 아인슈타인, 심지어 다윈 자신도 비슷한 생각을 했습니다. 인간성을 충분히 경험하기 위해서는 과학만큼이나 종교도 필요합니다. 9·11테러가 종교 바이러스 때문에 발생했다는 발상은 참으로 유치하기 짝이 없습니다. 도킨스 같은 영향력 있는 학자가 역사적 사건을 그렇게 단순한 인과관계로 본다는 사실에서 우려를 금할 수가 없네요.

갑자기 몇몇 청중들의 박수 소리가 이어졌다.

굴드 : 박수받자고 한 말은 아닌데요. 이왕 박수까지 받았으니 과학과 종교의 관계에 대해 좀 더 이야기해보겠습니다. 과학과 종교를 갈등 관계로 본 영향력 있는 과학자는 도킨스 교수만이 아닙니다. 다큐멘터리 시리즈의 새 장을 연 〈코스모스Cosmos〉의 작가 칼 세이건Carl Sagan은, 비록 도킨스만큼 전투적이지는 않았지만 공공연히 종교에 대한 회의주의적 견해를 밝힌 대표적인 천문학자였죠. 이미 고인이 됐지만, 그는 〈코스모스〉에서 현대 천문학의 놀라운 발견들을 환상적으로 보여주면서 자신의 무신론적 세계관을 간간이 드러내곤 했습니다. 그는 늘 대문자로 표시하는 'NATURE'를 경외했습니다. 하버드 대학교 동료지만 저와 거의 모든 면에서 이견을 보이는 윌슨도 대표적인 무신론자인데요, 그는 언젠가 '과학은 해방된 종교'라는 말을 한 적이 있죠. 대니얼 데닛은 '아래로부터의 설명'을 제공하는 다윈의 자연선택론 때문에 '스카이훅skyhook'과 같은 신神이 설 자리를 잃어버렸다고 단언합니다. 20세기의 위대한 영국 철학자 버트런드 러셀Bertrand Russell도 영국 BBC의 시청자들에게 "과학이 우리에게 말할 수 없는 것을 인간은 결코 알 수 없다"고 한 적이 있습니다.

이 모든 사람들이 과학의 힘으로 종교를 제거해야 한다고 생각했습니다. 이렇게 그들에게는 양자택일만 있습니다. 과학이냐, 종교냐? 지금도 종교와 과학이 충돌 또는 전쟁 상태에 있다고 믿는 사람들이 결코 적지 않습니다.

도대체 이런 전형적인 이미지가 어떻게 생겼을까요? 그리고 이런 이미지는 정당한 것입니까? '갈릴레오 재판'은 과학과 종교 사이에 근본적인 갈등이 존재한다는 믿음을 널리 유포시킨 대표적 사례인데요, 그 재판의 진상을 잘 들여다보면 이야기는 전혀 달라집니다.

굴드가 또 한 번 과학사에 대한 해박한 지식을 자랑하려는 찰나다. 그런데 시계를 힐끗 보더니 잠시 머뭇거린다.

굴드 : 음. 여기서 갈릴레오 재판에 대한 자세한 스토리를 말할 시간은 없지만, 결론적으로 말하면 그 재판은 통념과는 달리 과학과 종교의 충돌을 보여주는 전형적인 사건이 아닙니다. 과학과 종교와는 상관없는 다양한 외적 요인이 복합적으로 작용했지요. 우선 당시의 가톨릭교회는 16세기의 종교 개혁 이후에 계속된 개신교 측의 공격에 직면하고 있었기 때문에, 자신들의 신학적 배경이 약화되는 일은 그것이 철학적인 것이든 아니면 과학적인 사실이든 간에 방치할 수 없는 상황이었습니다. 또한 갈릴레오가 학문적 자존심을 갖고 있었던 교황을 본의 아니게 자극했던 것도 재판까지 가게 된 직접 원인 중 하나였습니다. 게다가 갈릴레오의 낙관적이고 순진한 기대도 이에 한몫했지요. 그는 자신이 철저한 가톨릭 신자라는 자신감과, 신이 창조한 우주에 대한 참된 지식을 밝혀내는 것이 신에 대한 거역이 될 수

없다는 믿음, 그리고 교회 당국도 자신의 합리적인 주장에 결국 동조하리라는 순진한 기대를 갖고 있었습니다. 결과적으로 갈릴레오와 가톨릭교회의 충돌은 관련자 개개인의 독특한 개성과, 당시 교회를 둘러싼 특유의 정치 상황들이 뒤범벅이 되면서 일어난 복잡한 사건입니다. 이런 이유 때문에 과학사학자들은 이 재판을 단지 과학에 대한 종교의 억압 혹은 과학과 종교의 충돌로 이해해서는 곤란하다고 말합니다.

그렇다면 다윈의 진화론과 기독교의 관계는 어떨까요? 실제로 많은 사람들이 과학과 종교가 상충한다고 생각합니다. 하지만 그리 간단하지는 않습니다. 역사가들에 따르면 소심했던 다윈은 자신의 진화론과 기독교 신앙 사이에 존재하는 긴장으로 인해 죽을 때까지 고민하긴 했지만, 대외적으로 무신론을 표방한 적은 없습니다. 아마 그는 불가지론자였거나 침묵하는 무신론자였을 겁니다. 하지만 다윈의 이론을 사회·정치적으로 활용하고자 했던 당대 지식인들이 오히려 기독교에 대한 반감을 노골적으로 표시했습니다. 특히 '다윈의 불독'이라는 별명을 마다하지 않았으며 당시 성공회 대주교인 사무엘 윌버포스Samuel Wilberforce와 벌였던 설전으로도 유명한 토머스 헉슬리가 그런 일에 가장 적극적이었지요. 사회진화론의 창시자로 볼 수 있는 스펜서도 같은 부류였습니다.

그들이 다윈의 진화론을 널리 선전함으로써 얻어내려 했던 것은 빅토리아 사회의 전반적인 개혁이었습니다. 당시는 러시아와 벌였던 크리미아 전쟁(1853-1856)과 인도의 벵갈에서 벌어진 세포이 항쟁(1857-1859)의 여파로 영국 사회에서 개혁의 목소리가 필요했던 시기였지요. 당대의 영향력 있는 지식인이었던 헉슬리와 스펜서 등은 진보와 개혁의 걸림돌이었던 성공회의 영향력을 떨어뜨리고 자신들의 기치를 이념적으로 지지해줄 버팀목이 필요했습니다. 그들은 다윈의 《종의 기원》에서 자신들이 최고로 여기는 가치들(경쟁과 진보, 반기독교)을 지지해줄 근거들을 찾으려 했습니다. 그렇게 탄생하고 공고해진 것이 사회진화론이요, 자유방임형 경제체제 아니겠습니까? 이런 역사적 맥락을 고려해볼 때, 다윈의 진화론이 원래부터 기독교와 원수지간이었다거나 근본적으로 모순이라는 통념은 재고해야 할 것입니다.

굴드는 지금 과학의 역사를 통해 '과학과 종교'의 충돌이라는 이미지가 왜곡되었음을 지적하고 있다. 이제 그의 전매특허인 'NOMA'를 얘기할 차례다.

굴드 : 저는 《만세반석Rocks of Ages》(1999)이라는 책을 통해 과학과 종교의 관계를 깊이 탐구한 적이 있습니다. 저는 유대교적 전통에서 자란 전형적인 유대인이지만, 개인적으로 불가지론자입니다. 하지만 저는 과학과 종교 간에 각각 고유한 영역이 있다고 봅니다. 과학은 '사실적 지식'의 영역, 종교는 '가치와 의미'의 영역에서 봉사하지요. 과학이 '암석의 연대Ages of Rocks'를 알

아낸다면, 종교는 '만세반석Rocks of Ages'을 찾습니다. 따라서 이 둘은 언제나 평화롭게 공존할 수 있습니다. 다른 용어로 말하자면, 과학과 종교는 '중첩되지 않은 앎의 권역들Non-Overlapping Magisteria'에 속한다고 할 수 있습니다. 용어가 좀 길죠? 그래서 저는 'NOMA'라고 줄여서 부릅니다. 과학과 종교가 서로를 존중할 때 인류의 삶은 더 풍성해질 겁니다. 현재는 과학이 종교를 압도하는 것처럼 보이지만 불과 200년 전만 해도 정반대에 가까웠습니다. 종교는 수천 년 동안 인류의 삶을 지배해왔지요. 인생에 가치와 의미를 부여하면서 말입니다. 도킨스 교수처럼 종교를 못 잡아먹어서 안달하면, 인류가 그동안 쌓아놓은 전통의 반 이상을 그냥 날려버리는 수가 있습니다.

굴드의 강의가 여기서 끝난 것도 아닌데 아까 보다 훨씬 더 많은 청중들이 고개를 끄덕이며 박수를 치고 있다.

울트라슈퍼 다윈주의자들은 가라!

굴드 : 어쨌든 과학과 종교에 대해서는 종합 토론 시간에 도킨스 교수와 토론을 벌이면 좋겠습니다. 서론이 너무 길었네요. 이제 본론으로 가겠습니다. 저는 몇 달 전에 제 생애에 가장 두꺼운 책을 출간한 바 있습니다.《진화론의 구조The Structure of Evolutionary

Theory》(2002)라는 제목이 붙은 책인데, 무려 1433페이지나 됩니다. 요즘 같은 세상에 주책을 좀 부린 셈이죠. 이 책을 내준 하버드 대학교 출판부가 저 때문에 큰 타격을 입지 않기만을 간절히 바랄 뿐입니다. (모두 웃음)

무겁다는 듯이 두 손으로 책을 힘겹게 들어 올려 보이는 굴드의 모습이 익살스럽다.

굴드 : 저는 이 책에서 다윈 진화론의 핵심을 정리하고, 그 진화론이 왜 불완전하며 어떻게 하면 더 완전해질 수 있는지 이야기했습니다. 저는 전통적인 다윈주의가 세 가지 토대 위에 세워졌다고 봅니다. 하나는 자연선택이 다양한 조직의 수준에서 작동하기보다는 주로 개체 수준에서 작동한다는 이론이고, 다른 하나는 자연선택이 진화적 변화에서 가장 중요한 요인이라는 생각이며, 나머지 하나는 개체군 수준에서 벌어지는 점진적 변화를 단순히 확장하기만 하면 생명의 전 역사를 모두 설명할 수 있다는 전제입니다. 불행한 일이지만, 20세기 초반에 헤게모니를 쥐게 된 '근대적 종합'이 일어난 이후에 다윈주의의 이 세 가지 토대는 의심 없이 받아들여지기 시작했죠. 특히 방금 전에 강연해주신 도킨스 교수의 탁월한 언변에 힘입어 근대적 종합은 좀 더 단단해진 것 같아 보입니다.

하지만 저는 자연선택이 유전자 수준에서만 작용하고 진화적 변화가 점진적으로 일어나며, 그런 변화가 누적되어 지구상의 생명체들이 이렇게 다양하게 진화해왔다는 견해는 명백히 틀렸다고 생각합니다. 이런 견해는 한마디로 '울트라슈퍼 다윈주의'라고밖에 할 수 없습니다. 만일 다윈이 부활해서 도킨스 교수를 만나면 틀림없이 "내가 바로 찰스 다윈인데, 댁은 누굴 찾으시는지⋯⋯." 하며 의아해 할 겁니다. 근대적 종합 이후의 진화론은 너무 협소하게 흘러갔어요.

다윈의 식탁이 진행되는 동안 수세에 몰린 적이 많았던 굴드가 막판에 도킨스에게 발톱을 세우고 있는 듯하다. 도킨스의 얼굴 표정이 심상치 않다.

굴드 : 우선, 자연선택은 유전자의 수준부터 개체, 개체군, 종, 심지어 종 이상의 분류군 수준에서도 작용합니다. 이건 단지 하나의 가능성이 아니라 자연계에서 지금도 일어나고 있는 현상입니다. 예컨대 종이 가지고 있는 특성 중 어떤 것들은 그 종을 망하는 길로 이끌지만, 다른 특성들은 오히려 그 종을 더욱 번성케 합니다. 만약 어떤 종이 풍부한 변이성을 지닌 유전자 풀로 구성되어 있다면, 그 종은 그런 특성 때문에 그렇지 않은 종보다 환경 변화에 더 유연하게 대처할 수 있죠. 또한 구성원들이 넓게 분포되어 있는 종들은 좁은 서식지만을 갖는 종들에 비해 변화에 대한 완충 능력이 더 뛰어나기 때문에 멸종으로 쉽게 나

아가지 않습니다. 종 선택species selection은 이런 이유 때문에 실제로 일어납니다. 다윈과 도킨스 모두가 간과한 부분이죠.

도킨스 교수를 비롯한 진화론자들은 자연선택의 중요성을 지나치게 강조합니다. 저도 자연선택의 힘은 부인하지 않아요. 하지만 그런 자연선택이 일어나는 데 필요한 변이의 본성에 대해서는 전혀 다른 견해를 갖고 있습니다. 자세히 살펴보면 그들은 변이가 거의 모든 방향으로 일어날 수 있으며 매우 작은 변화로만 발생한다고 전제합니다. 하지만 제 책《개체발생과 계통발생》에서 영감을 받은 학자들이 최근에 '이보디보'라는 이름으로 연구하는 내용들을 보면, 발생적 제약이 진화에서 얼마나 중요한가를 알 수가 있죠. 돼지에게 하늘을 날 수 있다는 게 이득이 된다 해도 그에게서 갑자기 날개가 생길 수 없는 건 바로 이런 발생적 제약developmental constraint 때문입니다. 사실 다윈은 발생학을 자신의 이론 틀 안에 편입시키려고 애쓴 사람이에요. 그런데 불행히도 근대적 종합을 이끌어냈던 진화생물학자들은 발생학을 문전박대했습니다. 과학적이지 않다는 이유로 말이죠. 그 결과 도킨스 교수와 같이 발생학을 제대로 이해하지 못하는 진화생물학자들이 양산됐습니다.

마지막으로 다윈과 도킨스가 의존하고 있는 이른바 '외삽론' (관측된 값으로부터 미확인의 변수값을 추정하는 방법)에 대해 한마디만 하겠습니다. 이 외삽론은 한 종 내에서 발생하는 진화 과정이 큰 규모로 일어나는 진화 과정에도 동일하게 적용된다는 입장인데, 이야말로 다윈 진화론의 한계를 보여주는 가장 극명한 예입니다. 지난번 다윈의 식탁에서 공룡 멸종에 대해 이야기하면서, 6500만 년 전에 운석이 떨어지지 않았다면 생명의 역사에 어떤 변화가 있었을까를 상상해보자고 한 적이 있었죠. 아마 우리 인간들이 이렇게 런던에 모일 일도 없었을 것입니다. 이렇게 거대 규모의 진화는 소규모 진화의 연장선상에 있지 않습니다. 생명의 역사에서 '우발성contingency'은 피할 수 없는 운명입니다. 감사합니다.

과학은 인생에 의미를 줄 수 없다?

사회자 : 강연 잘 들었습니다. 두 분 모두 베테랑답게 강연 시간을 정확히 지켜주셨네요. 이제 종합 토론이 진행될 텐데 앞줄에 계신 기자님들께 먼저 질문할 기회를 드리고, 그 후 방청객 여러분께 마이크를 넘기겠습니다. 어떤 분부터 하시겠습니까?

BBC 기자 : 도킨스 교수님께 질문하겠습니다. 교수님 주장대로 종교가 정말 바이러스일 뿐이고 제거되어야만 하는 것이라면, 종교가 있는 수십억 사람들은 도대체 뭐가 됩니까? 그들은 종교에서 인생의 의미를 발견하고 자신의 삶을 가치 있게 꾸려나갑니다. 종교를 바이러스로 보는 당신은 아침에 일어날 때마다 인생의 의미를 어디에서 찾는지 궁금하네요.

도킨스 : 차가운 철학이 손을 스치기만 해도

모든 매력이 달아나지 않는가

한때 천국에 있던 못난 무지개가 있다

우린 그녀의 소질과 재질을 안다

사물의 지루한 목록 속에 그녀가 있다

철학은 천사의 날개를 끊고

모든 신비를 법칙과 선으로 점령한다

음침한 공기와, 동굴 속 도깨비를 몰아내라

무지개를 풀어헤쳐라……

— 존 키츠, 〈라미아〉, 1820

19세기 영국의 낭만주의 시인이었던 키츠John Keats의 〈라미아 Lamia〉라는 장편시에 나오는 시구입니다. 여기서 그가 말한 '철학'은 과학을 지칭합니다. 과학적 발견으로 인해 자연과 인생의 의미가 점점 축소돼간다는 염려가 담긴 시로 알려져 있죠. 키츠는 뉴턴이 "무지개를 프리즘 색으로 축소시킴으로써 무지개에 관한 시를 모두 파괴해버렸다"고 불평하기도 했습니다.

하지만 저는 그의 시에서 따온 《무지개를 풀며Unweaving the rainbow》(1998)라는 제목으로 정반대의 메시지가 담긴 책을 출간한 적이 있습니다. 사람들은 과학적 발견이 많아질수록 자연과 인생의 신비, 가치가 점점 퇴색될 거라고 걱정합니다. 과연 그럴까요? 자연에 대한 비밀이 하나 풀리면 그 해답은 또 다른 비밀을 낳곤 하죠. 그렇기에 해답은 문제만큼이나 경이롭습니다. 저는 종교를 퇴치해야 할 바이러스라고 보며 그것에서 그 어떠한 경이감도 느낄 수 없습니다만, 오히려 과학을 통해서는 인생과 자연에 대한 경이감을 충만하게 느낍니다. 신약성서를 보면 다메섹 도상에서 사도 바울이 눈을 뜨는 장면이 나오지 않습니까? 저는 진화론을 통해 그런 경험을 했습니다. 진화론은 신의 존재와 종교의 가치를 부정하지만, 인생과 자연에 새로운 종류의 가치와 의미를 부여합니다. 그래서 아침에 일어나는 데는 전혀 문제가 없어요. (모두 웃음)

답이 끝나기가 무섭게 기자들의 손이 여기저기서 올라간다.

창조론에 대한 협공

사회자 : 그럼 다른 기자 분들의 질문을 받겠습니다. 거기 청색 재킷을 입으신 미국의 CBS 기자님?
CBS 기자 : 최근에 저희 CBS가 실시한 여론조사에 따르면 미국인의 65퍼센트가 창조론을 진화론과 함께 가르치길 원했고, 37퍼센트는 아예 진화론 대신에 창조론을 가르쳐야 한다고 답했습니다. 제가 알기로《뉴스위크》의 결과도 비슷한데요, 거기서는 '신이 인간을 오늘과 같은 모습으로 창조했다'고 믿는 미국

인이 55퍼센트나 된다고 나왔습니다. 굴드 교수님께 질문 드리겠습니다. 과학과 종교의 평화를 추구하는 교수님의 'NOMA'는 언뜻 들으면 멋집니다만, 현실에서는 잘 작동하지 않는 것 같습니다. 아직도 창세기를 문자 그대로 믿는 사람들이 다수인 미국 사회에서 교수님의 'NOMA'보다는 도킨스 교수님의 제거론이 더 필요한 해결책처럼 보이는데요, 어떠신지요?

굴드 : '창조과학creation science'이나 '지적 설계론intelligent design theory'이 미국 개신교 사회에서 여전히 강세를 보이고 있는 현실을 저도 잘 압니다. 진화론자의 한 사람으로서 참으로 안타까운 일이라 생각합니다. 저는 창조론자들이 제 'NOMA' 원리를 제발 좀 이해하고 수용해줬으면 좋겠습니다. 제가 그 원리에 대해 뭐라고 했습니까? 종교는 가치와 의미만을 얘기할 뿐 객관적 실재에 대해서는 의미 있는 주장을 하지 않는다고 하지 않았습니까? 창조론자들은 정확히 이 원리를 어기고 있는 사람들입니다. 성서의 내용을 문자 그대로, 마치 객관적 사실인 것 마냥 받아들이고 있기 때문입니다. 성서 어디에서 창조에 대한 '어떻게 how'를 얘기한단 말입니까? 창세기는 인류 탄생에 의미를 부여하기 위해 만들어진 서아시아 지역의 신화일 뿐입니다. 창조론자들과 괜히 과학적인 주제들에 대해 논쟁할 필요가 없습니다. 해봤자 그들이 견해를 바꾸지도 않을 거고요. 그저 "너나 잘하세요!" 하고 충고하는 방법밖엔 없습니다. 그런데도 참 이상하죠. 그런 충고가 잘 안 먹히는 것 같아요. 계속 늘어나니.

도킨스도 무슨 말을 하려는지 마이크를 입에 가까이 갖다 댄다.

도킨스 : 창조론에 대해 저도 한마디 할 수 있을까요? 굴드 교수는 참으로 속도 편하십니다. 과학의 맑은 물에 종교의 미꾸라지가 들어와 온통 흙탕물을 만들고 있는데도, 굴드 교수는 속 편하게 '네 물로 돌아가라'고만 하십니다. 지금 당장 미꾸라지를 잡아서 물 밖으로 버려야 합니다.

그런데 한 10년 전부터 이 미꾸라지가 무늬만 바꿔 '지적 설계론'으로 개명을 했더군요. 그러고는 맑은 물에서 치열하게 선의의 경쟁을 하고 있는 우리 진화론자들을 보더니만, 마치 진화론에 대단한 위기가 온 것인 양 밖으로 떠벌리고 있습니다. 더욱 기가 막힌 것은 '진화론과 지적 설계론 간의 논쟁을 가르치라'는 전략까지 유포한다는 점이죠. 도대체 이 둘 사이에 무슨 '논쟁'이 있다는 거죠? 지적 설계론자들의 전략은 공개적으로 진화론을 오해하거나 오용해놓고는, 생물학자들이 그에 대해 마지못해 몇 마디 대꾸하면, "그거 봐라. 여기에 논쟁이 있지 않느냐?"는 식입니다. 그리고는 한 술 더 떠, 다윈의 식탁에서 우리가 펼쳤던 진짜 논쟁들을 마구 부풀려 마치 진화론이 좌초 직전에 있는 양 떠벌립니다. 딱 한마디를 덧붙이면서 말입니다. "그러니 지적 설계론이 옳을 수밖에!" 게임의 규칙을 어기는 이런 나쁜 행동은 과학계에서 영원히 추방해야 합니다. 영원히!
사회자 : 아주 흥미로운 순간입니다. 지난 일주일간 다윈의 식탁

이 진행되는 동안 두 분이 이렇게까지 한 목소리를 낸 적은 단한 번도 없었던 것 같은데요, 창조론에 대해서는 이구동성이네요. (웃음) 이제 기자 한 분의 질문만 더 받고 마이크를 청중에게 넘기겠습니다. 왼쪽에 앉아 계시는 《뉴욕타임스》 기자 분께서 아까부터 손을 번쩍 들고 계시는데요.

종교 바이러스의 퇴치는 가능한가?

NYT 기자 : 휴우, 감사합니다. 도킨스 교수님께 질문하겠습니다. 저한테는 종교가 있습니다만, 교수님처럼 종교를 생물학적으로 설명하려는 분들에게 반감은 없습니다. 단지 저는 종교 없는 세상을 상상할 수가 없습니다. 종교가 정신 바이러스라면 약물을 쓰든 뭘 하든 퇴치를 해야 하는 대상일 텐데요, 저는 과연 그것이 가능할지 의문입니다. 의학이 비약적으로 발전했어도 우리는 감기 바이러스도 몰아내지 못하고 있지 않습니까? 제가 느끼기에 종교도 감기만큼이나 퇴치가 힘들 것 같습니다.

혹시 우리가 태어날 때부터 종교성을 갖고 있기 때문에 종교 퇴치 자체가 아예 불가능한 건 아닐까요? 인류의 진화 역사에서 초월자의 존재를 믿고 따르는 게 생존과 번식에 이득이 됐다면 충분히 가능한 이야기 같습니다. 어떻게 생각하시는지요.

도킨스 : 좋은 질문입니다. 그래서 어떤 종교학자는 인간을 '호

모 렐리기오수스Homo religiosus'라고 부르더군요. '종교적 인간'이라고요. 생물학적으로 말하자면, 종교가 하나의 적응이라는 견해겠지요. 하지만 이런 견해에는 큰 문제가 있습니다. 초자연적인 존재를 믿는 행위에 막대한 비용이 들 수 있거든요. 가령 사냥할 장소를 결정하기 위해 초자연적 존재에 기도를 드리는 족장이 재수 없게도 매번 맹수만 우글대는 곳으로 점지를 받는다면, 그뿐만 아니라 그를 따르는 부족 전체가 초자연성에 의존한 대가를 톡톡히 치렀을 것입니다.

물론 초자연적 존재를 믿는 종교가 모든 문화권에 무시할 수 없을 정도로 널리 퍼져 있는 것은 틀림없는 사실입니다. 그래서 흔히 사람들은 종교가 개인 또는 집단에게 쓸모가 있으니까 그렇게 보편적으로 존재하는 것이라고 믿습니다. 하지만 감기 바이러스도 모든 문화권에 무시할 수 없을 정도로 널리 퍼져 있지요. 그렇다면 기자 분께서는 똑같은 논리로 감기 바이러스도 개인이나 집단에게 쓸모가 있다고 말할 수 있습니까? 감기 바이러스는 우리를 고려해주지 않습니다. 그저 자기 자신의 복사본을 더 남기기 위해 존재할 뿐입니다. 마찬가지로 종교는 종교 자신을 위해 존재할 뿐입니다.

흔히들 종교인이 비종교인에 비해 더 건강하고 행복하다고 합니다. 그리고 기도에 효능이 있다고들 하지요. 하지만 그런 사항들에 대해 과학적 연구를 해보면 꼭 그렇지는 않습니다. 가령 증세 완화를 위한 중보기도가 효능이 있는지 정교하게 테스트

해본 적이 있었는데요, 아무런 효과가 없거나 오히려 '나를 위해 기도하는 사람들이 있으니 빨리 나아야 해'라는 부담감 때문에 증세가 악화되기도 했습니다.

사람들은 다른 사안들에 대해서는 엄격한 잣대를 들이대면서도 종교에 대해서는 상대적으로 지나치게 관대합니다. 종교는 개인적이고 내밀하고 신비스런 것이라고 말하면서 말이죠. 하지만 유통기한이 지난 습속 체계를 폐기하지 않는 건 합리적인 태도가 아닙니다.

대답이 좀 길어졌는데요, 한마디만 덧붙이겠습니다. 노벨 물리학상을 받은 텍사스 대학교의 저명한 물리학자 스티븐 와인버그Steven Weinberg는 기자님께서 근무하는 《뉴욕타임스》에서 종교를 이렇게 묘사했더군요. "종교가 있든 없든 선한 사람은 선한 일을, 악한 사람은 악한 짓을 하는 법이다. 하지만 선한 사람이 악한 짓을 할 때에는 꼭 종교가 개입된다"고요.

여기저기서 웃음과 함께 박수가 터져 나왔다. 그런데 어디선가 갑자기 큰 목소리가 들리기 시작한다. 맙소사, 돌발사태다.

어떤 청중 : 당신은 사탄이야! 더 이상 신을 조롱하지 말고 어서 꺼져버려! 우당탕……. (사람들이 술렁인다.)

"어어어, 안 돼!"

굴드, 디마지오 곁으로 가다

'어, 여기가 어디지? 왜 내가 방바닥에 누워 있는 거야? 뭐야, 꿈이었잖아, 이런.'

갑자기, 2년 전 이맘때 해밀턴 박사의 사망 소식을 듣고 하루 종일 허탈감에 빠져 있던 때가 떠올랐다.

정신을 차린 후에 컴퓨터 앞에 앉았다. 이메일을 열자 몇 통의 편지에서 낯익은 이름이 눈에 띈다.

"2002년 5월 20일, 굴드 교수 폐암으로 사망. 향년 61세."

'이건 또 뭐지?'

이럴 수가, 굴드가 죽었다니. 꿈에서 펼쳐졌던 다윈의 식탁이 너무도 생생한데……. 또 다른 꿈이려니 했다. 하지만 굴드의 사망 소식은 이미 전 세계의 뉴스가 되었다.

조 디마지오

뉴욕 양키스 팀 중견수(1936~1942, 1946~1951)로
뛰며 56경기 연속 안타라는 메이저리그 대기록을
세운 야구 영웅. 굴드는 못 말리는 양키스 팬이었다.

그토록 박학다식하고 재기발랄하며 열정으로 똘똘 뭉친 과학자와 동시대를 살고 있다는 사실이 얼마나 큰 낙이었는데.

굴드의 라이벌이었던 도킨스도 그의 사망 소식에 틀림없이 몹시 슬퍼했을 것이다. 진화 무림의 고수들 간의 싸움은 굴드의 사망으로 어쩌면 새로운 국면으로 흘러갈지도 모르겠다. 누가 굴드의 역할을 대신 해줄 수 있을까? 쓸쓸히 내 컴퓨터 속에 저장돼 있는 굴드의 파일을 열고 한 문단을 추가했다.

"암세포도 그의 열정과 재능(《진화론의 구조》)을 가로막지 못했으니, 스티븐 제이 굴드, '멋진 인생wonderful life'을 살다 그토록 흠모하던 디마지오 곁으로 가다."

과학은 치열한 논쟁이다

"BBC 홈페이지를 아무리 뒤져봐도 '다윈의 식탁' 전문을 찾을 수 없네요. 혹시 갖고 있다면 보내줄 수 있는지요?"

2003년 9월 어느 날, 모 대학의 생물학과 교수님으로부터 이런 이메일이 날아왔습니다. 《과학동아》라는 잡지에 '다윈의 식탁'이란 제목으로 첫 연재 원고가 나간 직후였던 것으로 기억됩니다. 내심 이런 반응을 기다렸지만 막상 받고나니 살짝 당혹스럽더군요. 자초지종을 말씀드린 후 죄송(?)하다는 말씀을 드렸던 것 같습니다. 그분은 좀 무안하셨던지 "글 솜씨가 참 좋네요"라고 답장해주셨습니다. 이렇게 시작된 '다윈의 식탁'은 2004년 2월까지 총 다섯 번의 연재로 이어졌습니다.

　같은 제목의 이 책은 그때 쓴 원고를 기초로 하여 다시 쓴 것입니다. 당시의 지면 사정으로 다 풀어내지 못했던 내용들을 보태고 새로 다듬었습니다. 아예 새로 쓴 장(셋째 날)도 있고, 더 깊은 지식을 원하는 독자들을 위해 두 편의 논문도 뒤에 첨부했습니다. 그러다 보니 연재한 원고 분량의 다섯 배가 훌쩍 넘었고, '다윈의 식탁'은 새로운 모습으로 진화했습니다.

물론 몇 년 씩이나 이 원고들을 묵혀둘 생각은 없었습니다. 마음만 굳게 먹었었다면 틀림없이 당시에 책을 어딘가에서 낼 수 있었을 것입니다. 하지만 더 급한 다른 일들을 핑계로 그렇게 하지 못했습니다. 그 점에 대해서는 지금도 후회하지는 않습니다. 사실, 최근 10여 년 동안 생물학 관련 서적들이 봇물처럼 쏟아져 나왔다지만, 불과 몇 년 전만 해도 국내 저자가 쓴 변변한 진화론 개론서조차 없을 만큼 토양은 척박했습니다.

하지만 사정이 점점 나아지고 있습니다. 역량 있는 국내 저자가 쓴 진화 관련 도서들이 하나둘 나오기 시작했고, 무엇보다도 경쟁적으로 무분별하게 번역·출간되던 진화 관련 외서들이 국내 독자들 사이에서 어느새 제 자리를 찾아가고 있습니다. 이제 우리 사회에도 진화론과 관련하여 개론이나 원론 수준을 넘어설 만한 지적 토대가 형성되고 있다고 해야 할 것입니다. 이런 맥락에서 《다윈의 식탁》은 진화론의 '각론'을 보여주는 책이라 할 수 있습니다.

진화론의 '각론'이란 무엇입니까? 그것은 진화가 교과서 밖으로 튀어나오는 것을 의미합니다. 교과서의 내용이 일차 학습자에게 큰 도움이 되는 것은 사실이지만, 그것은 대개 화석화된 지식일 때가 많습니다. 현재진행형 논쟁은 화석으로 남지 않지요. 이런 의미에서 '각론'은 진화를 둘러싼 전문가들의 피 튀는 논쟁의 현장을 뜻합니다. 그 현장에는 진화를 둘러싼 이종격투기가 한창입니다.

　과학 이론들이 다 그렇지만 진화론도 논쟁을 달고 태어났습니다. 《종의 기원》이 50돌을 맞은 시점(1909년)에도 논쟁은 사그라지지 않았고, 진화론에 '종합synthesis'이 일어났다고 떠들던 시점(1940년대)에도 불평분자는 존재했으며, 심지어 1970년대부터는 크게 두 패로 갈라져 극한 대립 양상을 보였습니다. 하지만 이런 혹독한 과정을 통해 진화론은 지난 150년 동안 끊임없이 진화했습니다. 이것이 바로 교과서 밖에서 약동하는 진화론의 민낯입니다.

식탁하다Tablize

저는 이 《다윈의 식탁》에서 지난 반세기 동안에 진화 무림의 고수들이 펼쳤던 용쟁호투를 좀 더 생생하게 그려내고 싶었습니다. '논쟁으로 배우는 진화론'이라고나 할까요?

　그런데 왜 '식탁'일까요?

　'식탁'은 영어로 '테이블table'입니다. 밥 먹는 식탁, 커피 마시는 탁자, 회의하는 탁자 모두 '테이블'입니다. 이 모든 테이블의 공통점은 중요한 무엇인가를 교환하는 공간이라는 점입니다. 가령 우리는 중요한 이야기를 누군가와 나누고 싶을 때 식탁을 찾습니다. 그리고 식탁에 앉은 우리는 대개 목욕탕에서 벌거벗고 만난 사람들처럼 진솔해집니다. 식탁에 둘러앉아 함께 밥을 먹으면서 거짓말을 하기란 그리 쉽지 않습니다. 따뜻한 대화가 아니라 심지어 논쟁이 붙을 때에도 그 식탁의 반찬은 진실일 때가 많습니다(그래서 "밥 한번 먹자"가 가장 친밀한 제안이면서도 가장 지키기 힘든 약속인 것이지요). 그래서 식탁은 늘 생기가 넘칩니다. 저는 식탁보다 더 좋은 소통의 공간을 지상에서는 아직 발견하지 못했습니다.

가끔 엉뚱한 추론을 해봅니다. '인간의 언어가 식탁 때문에 진화한 것은 아닐까'라고요. 개미도 먹이를 공유하긴 하지만 식탁을 만들지는 않았습니다. 침팬지도 모여서 먹긴 하지만 그냥 서열대로 조용히 먹다가 흩어지기 일쑤입니다. 하지만 인간의 식탁을 보세요. 우리를 수다쟁이로 만드는 마법의 장소가 바로 그곳입니다. 인류가 (아주 원시적인) 식탁을 발명한 후에 언어가 진화했는지, 아니면 언어가 진화한 후에 식탁이 발명되었는지, 아니면 이 둘이 함께 시작되었는지는 잘 모르겠습니다. 그런데 만일 외계인 행동생태학자가 제3자의 눈으로 호모 사피엔스의 식탁 풍경을 관찰한 후에 보고서를 썼다면, '인간에게 식탁의 의미는 소통'이라고 하지 않았을까요?

식탁은 대개 밥과 함께 하지만 그것을 넘어섭니다. 밥을 혼자 먹는 사람들은 대개 너무 바쁘거나 다소 외로운 사람들이지요. 하지만 그들은 혼자 밥을 먹으면서도 자기 자신에게 말을 겁니다. 자신과 커뮤니케이션을 하고 있는 것입니다. 좀 거창하게 들릴지 모르지만, 이것이 저의 어설픈 '식탁론'입니다. '논쟁'이라는 다소 딱딱하고 공격적인 용어 대신에 '식탁'이라는 정겹고도 생생한 용어를 쓴 이유가 바로 여기에 있습니다. 기왕 쓴 김에 '식탁하다tablize'라는 동사도 만들어보지요. 그렇다면《다윈의 식탁》에서는 서른 명 정도의 진화학자들이 한 자리에 모여 진화론의 세계를 '식탁하고' 있는 셈입니다.

첫《다윈의 식탁》이 차려지기까지

2003년에 쓴 '다윈의 식탁' 연재 원고는 몇 가지 흥미로운 개인적 경험들로부터 출발했습니다. 2001년 봄, 저는 영국 외무성이 파견하는 방문학생 자격으로 런던정경대학의 '다윈 세미나'에 한 학기 동안 정기적으로 참여할 수 있는 특권을 누렸습니다. '특권'이라고밖에 할 수 없는 이유가 있습니다.《다윈의 식탁》의 주인공인 리처드 도킨스나 존 메이너드 스미스 같은 당대 최고의 다윈쟁이들이 모여 자신의 생각을 토론하던 본부가 바로 그 세미나였기 때문이죠. 순진했던 저는 당시에 굴드나 르원틴 같은 위대한 진화생물학자들도 당연히 그 세미나에서 환영받는 인물인 줄 알았습니다.

단언컨대! 전혀 그렇지 않았습니다. 말하자면, 다윈 세미나는

《다윈의 식탁》도킨스 팀의 아지트일 뿐이었습니다. 가령, 거기서는 반적응주의나 집단 선택론 같은 말을 언급하는 행위조차 경계의 대상이 되었습니다. 한번은 소버의 다수준 선택론에 대해 이야기를 꺼냈다가 벌떼 같은 공격에 뼈도 못 추릴 뻔한 적도 있었죠. 반면 당시 런던정경대학에 방문교수로 와 있었던 몇몇 생물철학자들(엘리엇 소버와 리사 로이드)은 다윈 세미나를 편파적 모임이라며 거들떠보지도 않았습니다. 이런 기이한 경험을 통해 저는 비로소 다윈주의자들 사이에 실제로 존재하는 긴장과 간극을 생생하게 느낄 수 있었습니다.

그런 와중에 생물철학자 킴 스티렐니가 쓴《유전자와 생명의 역사Dawkins vs. Gould》라는 얇은 책을 런던의 한 서점에서 읽게 되었고, 급기야 한 출판사의 권유로 이듬해에 번역 출간까지 하게 되었습니다. (현재는 일시 절판 상태지만) 이 책은 진화의 거의 모든 측면에서 도킨스와 굴드가 왜 어떻게 다른지를 일목요연하게 정리해준 고급 안내서로,《다윈의 식탁》을 기획하는 데 큰 영감을 줬습니다. 하지만 국내 일반 독자들이 읽고 소화하기에는 너무 간략하고 어려운 측면이 있었습니다.

그러고서 2년이 흐른 2003년 여름, 다른 일로 당시 박경리 선생님(2008년 작고)께서 운영하고 계시던 원주의 토지문화관에 두 주 동안 기거한 적이 있었습니다. 거기서 저는 소설가 박완서 선생님(2011년 작고)과 극작가 김민기 선생님 등과 매 끼 식탁을 함께하는, 제 평생의 잊지 못할 추억을 쌓았습니다(물론 그분들은 저에 대한 기억조차 없을 것입니다). '앞으로도 이런 문인들과 이렇게 오랫동안 함께 식사할 기회는 오지 않을 것'이란 생각에 저는 열심히 그들의 문학적 상상력을 귀동냥했습니다. 이제 와서 하는 고백이지만, 그때 침대에 누워 비몽사몽간에 상상해낸 스토리가 바로《다윈의 식탁》입니다. 혹시라도 이 책에 조금이라도 소설적인 재미가 있다면 그건 모두 그때의 황홀한 경험 덕분일 것입니다.

하지만《다윈의 식탁》이 상상의 산물만은 아닙니다. 정확히 말해 이것은 일종의 '팩션faction'입니다. 여기서 저는 진화생물학자 윌리엄 해밀턴의 죽음(2000년 3월 7일)에서 시작해서 굴드의 죽음(2002년 5월 20일)으로 끝을 맺었습니다(이 책 첫머리에는 해밀턴의 사망일이 2002년 5월 20일로 나와 있어서 일견 이상해보이지만, 이런 불일치는 제 이야기가 굴드의 사망일에 꾼 꿈에서 시작되기 때문에 구성상 어쩔 수 없는 것이었습니다. 또한 토론에 등장하는 전설적 진화생물학자 메이너드 스미스(2004년 사망, 85세)와 마이어(2005년 사망, 102세)는《다윈의 식탁》이 숙성되는 동안 다윈 곁으로 갔습니다.) 저는 이 두 명의 걸출한 진화생물학자의 죽음을 모티브 삼아 실제로 일어나진 않은 토론회를 상상으로 기획했습니다. 하지만 토론회에서 오간 논쟁들은 대개 식탁에 참여한 손님들이 언젠가, 그리고 어딘가에서 실제로 했던 진술들의 재구성이라 할 수 있습니다(몇몇 진술들의 경우에는 본문과 참고문헌에서 어느 정도는 그 출처를 밝히긴 했지만, 이 글이 기본적으로 팩션이기 때문에 모든 진술에 그렇게 할 수는 없었습니다). 실제로 그들 중 적어도 반 정도는 그동안 제가 여기저기서 직접 만나고 교류했던 학자들입니다. 저는 이런 직간접적인 제 경험치를 그들의 실제 진술들에 입히는 방식으로 토론자들을 등장시켰습니다.

물론 저의 묘사가 등장인물의 캐리커처적 이미지와 진짜 모습 사이에서 어느 쪽에 더 가까운지는 확신할 수 없습니다. 게다가 지식인들의 관계라는 것이 고정된 무엇이 아니라 그 자체가 역동적으로 진화하는 것이기에 그 누구도 이 문제에 대해 정답을 이야기할 수는 없을 것입니다. 하지만 혹시라도 이 책이 영미권에서 번역·출간된다면 식탁의 초대 손님들로부터 명예 훼손으로 소송을 당할 수도 있지 않을까요? 그러니 스토리가 꿈으로 끝난다는 게 얼마나 다행입니까!

2008년 11월

• Dessert •

도킨스·굴드·윌슨
깊이 읽기

도킨스 깊이 읽기*

복제자, 행위자, 그리고 수혜자

"우리는 생존 기계, 즉 유전자라고 알려진 이기적 분자를
보존하기 위해 맹목적으로 프로그램된 로봇 운반자이다.
이것은 여전히 나를 놀라게 만드는 진리이다."

《이기적 유전자》(1976) 서문에서

왜 도킨스인가?

인지철학자 대니얼 데닛은 지난 2006년 진화생물학자 도킨스의
《이기적 유전자》 출간 30주년 기념식장에서 흥미로운 고백을
하나 했다. "이 책은 내 인생을 바꿨습니다."[1] 철학의 대가가 자
신의 학문적 인생을 바꿔놓은 책을 선뜻 이야기하는 경우도 흔
치 않지만, 그 대가의 인생을 바꿔놓은 책의 저자가 다름 아닌
과학자라는 사실도 이례적이다.

데닛만이 아니다. 언어철학자로 출발하여 지금은 《생물학과 철학》이라는 학술지의 편집장까지 맡고 있는 스티렐니는 과학철학자 피터 고드프리 스미스Peter Godfrey-Smith의 강권에 못 이겨 도킨스의 《확장된 표현형》을 읽고는 진화생물학에 푹 빠졌으며 결국에는 전공마저 생물철학으로 바꿨다고 고백한다. 도킨스의 책을 진지하게 읽어본 인문학자라면 이런 체험은 결코 낯설게 느껴지지 않을 것이다. 물론 반응은 대개 열광과 혹평으로 명확히 갈라진다. 하지만 생물학과 철학의 만남을 꿈꾸는 이들에게 그의 저서들은 늘 광장의 입구이다.

자신의 텃밭인 생물학계에서 차지하는 도킨스의 비중은 더욱 크다. 생물학자들 사이에서 그는 메이너드 스미스, 윌리엄스, 해밀턴, 트리버스 등의 이론생물학 계보를 잇는 일급 학자로 존경받고 있다. 하버드 대학교의 진화생물학자 르원틴이나 굴드와 오랫동안 뚜렷한 대립각을 형성해왔던 것만 보아도 그가 생물학계에서 얼마나 중요한 인물인지를 쉽게 알 수 있다. 특히 지난 30여 년 동안 펼쳐졌던 그와 굴드 사이의 대논쟁은 생물학계에서는 차라리 하나의 전설이다.

그런데 그의 무대가 학계만은 아니다. 2005년 영국의 정치평론지 《프로스펙트》와 미국의 외교전문지 《포린 폴리시》는 공동으로, 세계를 이끄는 대중적 지식인 100인을 뽑는 투표를 실시한 적이 있다. 거기서 도킨스는 촘스키와 움베르토 에코Umberto Eco에 이어 3위에 올랐는데, 이는 그가 현재 옥스퍼드 대학교의

'과학의 대중적 이해'를 전담하는 석좌교수라는 사실과 무관하지 않다.[2]

그것도 모자랐는지 그는 몇 해 전부터 새로운 도발을 시작했다. 이름하여 '과학의 메스로 종교 해부하기'다. 2006년에 출간된 《만들어진 신The God delusion》은 그 대수술의 매뉴얼이다. 그는 한 손에 이 책을 들고 대대적인 '현대 무신론 운동'을 이끌고 있다. 생물학계를 주도한 과학자에서 인문학계를 도발한 문제의 지식인으로, 그리고 대중들의 눈높이로 내려온 과학 커뮤니케이터에서 대중을 선도하는 운동가로, 도킨스의 진화는 경이롭기까지 하다.

그렇다면 도대체 이런 진화를 추동한 지적 엔진은 무엇인가? 이 글의 목적은 도킨스 주요 저서들에 대한 철학적 독해를 통해 그 엔진의 핵심 부품이 무엇인지를 밝히는 것이다.[3] 이를 위해 나는 우선 도킨스의 '삼부작trilogy'이라 할 수 있는 《이기적 유전자》, 《확장된 표현형》, 《눈먼 시계공》의 배경과 주장, 의의를 핵심적으로 정리할 것이다. 그리고 가장 최근에 출간되어 큰 논란을 일으키고 있는 《만들어진 신》을 검토할 것이다. 이 책은 도킨스가 종교 현상을 이해하기 위해(그리고 종교인을 계몽하기 위해) 자신의 기존 이론들을 적용한 사례다.

이 모든 저작에서 우리는 도킨스의 핵심어(유전자, 밈, 복제자, 확장된 표현형 등)를 만나게 된다. 이 핵심어에 근거한 그의 과학 사상은 세계를 이해하는 새로운 창을 제공한다. 그것을 우리는

'복제자 관점replicator's eye view'이라 부를 수 있을 것이다. 이 복제자 관점은 '행위자agent'와 '수혜자beneficiary'에 대한 전통적 견해에 도전하고, 지향성intentionality과 같은 철학적 주제를 더욱 흥미롭게 만든다. 하지만 복제자 이론의 관점에서 도킨스의 확장된 표현형 개념과 밈 개념은 현재 긴장 상태에 있다. 이 글은 도킨스가 창조한 매력적인 밈meme들에 대한 하나의 철학적 리뷰다.

도킨스의 '삼부작': 유전자와 자연선택의 힘

도킨스는 지금껏 총 아홉 권의 저서를 집필했다.[4] 그중 《이기적 유전자》《확장된 표현형》《눈먼 시계공》은 도킨스의 '삼부작'이라 불릴 수 있을 만큼 수작이며 문제작이다. 따라서 이 책들의 내용, 배경, 의의를 짚지 않고 그의 과학사상을 온전히 이해하기란 사실상 불가능하다. 차례로 살펴보자.

《이기적 유전자》

영국의 시인 테니슨이 읊조렸듯이 자연은 '피범벅이 된 이빨과 발톱'들로 가득하다. 하지만 이러한 경쟁 또는 갈등의 빈도만큼은 아닐지라도, 동물들의 협동 행동도 자연계에 꽤나 널리 퍼져 있는 현상이다. 생명은 어떻게 배신의 유혹을 뿌리치고 이타적 행동을 하게 되었을까? 이 문제는 다윈 자신을 곤혹스럽게 했던 난제였을 뿐만 아니라 그 이후로 한 세기 동안이나 풀리지 않는 퍼즐로 남아 있었다.

《이기적 유전자》는 바로 이런 수수께끼를 풀기 위해 쓴 책이다. 그는 1960년대까지의 집단 선택론(이타적 행동은 집단의 이득을 위해 개인이 희생하는 과정을 통해 진화한다는 이론)을 강하게 비판하면서 자연선택이 집단과 개체보다는 오히려 유전자에 작용한다고 주장했다. 즉 동물의 협동 행동은 집단이나 개체의 이득이 아니라 유전자의 이득(자기 자신의 복사본을 더 많이 퍼뜨리는 것)을 위해 진화해왔다는 것이다. 이것은 이타적 행동이 유전자 수준에서는 이기적이라는 주장이다. 언뜻 생각해보면 엉뚱한 발상처럼 보이지만 이는 자연을 개체나 집단의 관점에서가 아니라 가장 아래 단계의 유전자의 시각에서 보기 시작한 획기적 전환이다. 유전자의 눈높이에서 보면 그의 말대로 '인간은 유전자의 생존 기계이며 운반자'다. 주체가 인간 개체에서 유전자로 바뀐 것이다. 일종의 코페르니쿠스적 발상이다.

도킨스의 이기적 유전자 이론은 이타적 행동의 진화만을 설명하기 위해 고안된 개념적 장치에 머무르지 않는다. 그는 공격 행동, 양육 행동, 부모 자식 간 갈등, 그리고 이성 간 대립을 비롯한 동물의 다양한 사회 행동에 대한 하나의 포괄적 설명체계로서 그 이론을 활용하고 있다. 따라서 그의 이론을 제대로 이해하기 위해서는 적어도 두 가지 항목에 대한 정확한 이해가 선행되어야 한다. 하나는 '유전자'가 도대체 무엇인가 하는 것이고 다른 하나는 그 유전자가 '이기적'이라는 말이 도대체 무슨 뜻인가 하는 점이다.

도킨스에게 이 두 문제는 밀접히 연관되어 있다. 그는 다음 세대에 다른 DNA 서열로 대체될 수 있는 DNA 단편을 유전자라고 부른다. 좀 더 정확히 인용하면, 그는 "염색체상에 임의로 어떤 DNA 단편(시작과 끝점을 가진)이 선택된다면 그 단편은 동일한 좌위의 대립유전자들과 경쟁하는 것으로 간주될 수 있다"고 말한다. 하지만 또 다른 요구사항이 있다. 예컨대 그는 복제자를 크게 '막다른 복제자dead-end replicators'와 '생식선 복제자germ-line replicators'로 구분한 후, 복제본을 무수히 만들 수 있는 잠재력이 없는 막다른 복제자, 즉 분리된 생식선을 가진 동물의 체세포 속에 들어 있는 유전자는 진정한 의미에서 유전자가 아니라고 주장한다. 한편 그는 '생식선 복제자'를 다시 복제자 자신의 본성이 복제 확률에 모종의 영향을 주는 '능동적 복제자'와 '수동적 복제자'로 나눈다.

이런 구분에 따르면, 어떤 서열이 능동적 복제자가 된다는 것은 그것이 다음 세대에 더 많은 복제본을 남기기 위해 다른 서열들과 경쟁해야 한다는 것을 의미한다. 복제자들끼리 '이기적' 경쟁이 발생하는 것이다. 어떤 DNA 서열을 동일한 길이의 다른 서열로 대체시키면 그 서열을 담고 있는 유기체의 적합도가 변화되거나 그 서열이 다른 서열들과 직접적으로 경쟁하는 경우

(예컨대 '감수분열 분리비틀림meiotic drive'과 같은 경우)에 그 DNA 서열은 유전자가 된다. 이런 맥락에서 유전자가 '이기적'이라는 말은 의미가 좀 더 명확해진다. 그것은 복제자의 일차적인 목표가 자기 자신의 사본을 더 많이 남기는 일이라는 것이다. 일부 비판자들의 주장처럼 유전자가 어떤 의도나 의식을 갖고서 그런 일을 한다는 뜻은 내포되어 있지 않다. 오히려 도킨스는 그런 오해를 방지하기 위해 '이기성selfishness'이라는 단어가 (분자들의) 행동적 차원이지 심리적 차원이 아님을 명확히 밝혔다.[5]

생물철학자 킴 스티렐니와 필립 키처도 도킨스의 것과 유사한 유전자 개념을 제시한 바 있다. 그들은 유전자 선택론의 타당성이 비판받는 상황을 타개하기 위해, 유전자는 차이 제조자 difference maker이며 그것이 만드는 차이들 덕분에 유전자는 선택에 노출될 수밖에 없다고 주장한다. 예를 들어 어떤 대립유전자를 갖고 있음으로 인해 표준적 환경에서 푸른색 눈보다는 갈색 눈이 나올 개연성이 더 높아진다면 그 대립유전자는 '갈색 눈을 위한 대립유전자'로 불릴 수 있다. 이것이 차이를 만드는 자원으로서의 유전자 개념이다. 도킨스는 유전자가 만드는 이런 차이 때문에 자연선택으로 인해 궁극적으로 영향을 받는 대상이 유전자일 수밖에 없다고 주장한다. 도킨스는 이런 개념을 염두에 두고 그의 《확장된 표현형》에서 심지어 '독서 유전자'도 존재할 수 있다고 말한다. 물론 이 유전자는 책을 읽게 '만드는' 유전자는 아니다. 하지만 인간의 염색체 상에 그 서열의 존

283

재 여부가 읽기 능력의 차이를 불러일으킨다면, 도킨스는 그것을 '독서 유전자'라고 불러도 된다고 말한다. 그 유전자가 독서에 대해 표현형적 능력을 지니기 때문이다.

도킨스에게 이기적 유전자는 '불멸의 코일'이다. 자연선택을 통해서 궁극적으로 남는 것은 유전자뿐이기 때문이다. 개체나 집단은 유전자에 비하면 구름과 같은 존재에 불과하다. 그 실체가 지속될 수 없는 한시적 존재라는 뜻이다. 그는 유전자는 복제의 단위이면서 동시에 진정한 선택의 단위라고 주장한다. 그리고 개체나 집단은 기껏해야 그 유전자를 운반하는 '운반자vehicle'에 불과하다고 말한다. 혹자는 이 대목에서 이기적 유전자 이론이 유전자 결정론genetic determinism에 빠져 있다고 비판할지 모르겠다. 하지만 그가 요구하는 바는 유전자의 표현형적 효과가 어느 정도의 일관성을 보여주어야 한다는 정도이지, 그 이상은 아니다. 도킨스는 그 어디에서도 특정 유전자(들)가 특정한 표현형을 결정한다고 말하고 있지 않다.

《이기적 유전자》는 유전자의 눈높이에서 바라보는 세상이 과연 어떤 모습인지를 처음으로 체계적인 방식으로 보여준 고전이다. 하지만 어떤 독자들은 틀림없이 그 책 대부분이 주로 (인간을 제외한) 동물들에 관한 이야기임을 강조하며 도킨스가 정작 인간에 대해서는 별다른 논의를 하지 못했다고 불평할 것이다. 이 책 11장에 등장하는 '밈meme'은 그런 불평을 예상하고 인간의 특이성을 설명하기 위해 제안한 새로운 개념이다. 그리고《이기적 유전자》의 1976년 초판은 "이 지구상에서 오직 우리 인간만이 이기적인 자기 복제자들의 독재에 항거할 수 있다"는 멋진 말로 끝을 맺는다. 하지만 이것은 오히려 '밈학memetics'에 대한 깊은 여운을 남겼다.[6]

초판 이후로 《이기적 유전자》의 진화는 그리 큰 스케일로 일어나지는 않았다. 가령 1989년의 증보판은 진화게임 이론과 확장된 표현형 개념이 두 장에 걸쳐 증보되었고, 초판의 비판들에 대한 저자의 대응이 수록된 정도이다. 그리고 2006년의 30주년 기념판에는 새로운 서문과 초판에 대한 몇몇 서평, 그리고 1989년 증보판에서 빠졌던 추천사 한 편이 추가로 수록되었다.

《확장된 표현형》

불과 서른다섯의 나이에 터뜨린 《이기적 유전자》라는 대박은 당대 최고 생물학자들의 독창적 생각들을 창조적으로 정리한 측면이 강하다. 하지만 도킨스는 불과 5년 후에 자신만의 독창적 생각을 숙성시켜 《확장된 표현형》을 내 놓는다.[7] 그것은 《이기적 유전자》의 기본 논리를 끝까지 밀고 나간 덕분이었다. 그리고 그 끝은 그동안 누구도 가보지 않은 새로운 세계였다. 《이기적 유전자》에서 '인간은 유전자의 생존 기계 혹은 운반자일 뿐'이라는 주장으로 우리를 당혹스럽게 만들더니, 이번에는 '확장된 표현형'이라는 개념을 들고 나와 우리를 또 한 번 고민에 빠뜨린 격이다. 왜냐하면 "유전자가 그 자신의 복제본을 더 많이 퍼뜨리기 위해 개체(운반자)를 고안했다"는 주장을 넘어서 "그 유전자가 자신의 목적을 위해 '다른' 개체들마저도 자신의 운반자로 만들어버릴 수 있다"고 주장하기 때문이다.[8] 너무 과한 주장 아닌가?

하지만 놀랍게도 이 확장된 표현형의 사례들은 적지 않다. 그 중에는 기상천외한 것들도 있다. 예컨대 숙주인 게에 딱 달라붙어서 자기 자신을 단세포 상태로 변형을 시킨 다음 그 게 속에 잠입하는 조개삿갓의 경우를 보자. 기생자인 조개삿갓은(만약 숙주가 수컷이라면) 게를 생화학적으로 거세하고 암컷화한 다음 숙주가 기생자인 자신의 알을 돌보는 존재가 되도록 만들어버린다. 기생자가 자신의 유전자를 더 많이 퍼뜨리기 위해 숙주에게까지 마수를 뻗치고 있는 광경이다. 어이없이 당하는 숙주의 모습은 기생자 유전자의 확장된 표현형인 셈이다.

이보다는 덜 극적이긴 하지만 친숙한 사례들도 있다. 가령 날도래 유충은 개울의 하류에서 잡다한 잔해들로 보금자리를 만들어 자신을 보호한다. 이는 마치 대합조개의 내용물이 그 조개의 껍데기에 의해 보호받는 것과 같다. 단지 그 보금자리가 날도래의 몸의 일부가 아니라는 점에서 다를 뿐이다. 날도래 유충의 집은 이런 의미에서 확장된 표현형이다. 또한 비버는 강 속에서 안전하게 이동하려고 주위의 나무를 잘라 댐을 만드는데 도킨스는 이 비버의 댐도 확장된 표현형이라고 말한다. 이런 맥락에서 거미줄, 흰개미집, 새의 둥지와 같이 동물들이 만들어낸 인공물들은 모두 자신의 유전자를 더 효율적으로 퍼뜨리기 위한 확장된 표현형이다.

사실 우리는 개체가 집단을 위해 존재한다는 집단주의에도 거부감을 느끼지만 개체가 유전자의 통제를 받는다는 생각에도 불편함을 느낀다. 《이기적 유전자》는 그래서 '불편한 진실'에 관한 것이었다. 그런데 《확장된 표현형》은 그 '불편함'을 넘어 '불쾌한' 이야기를 우리에게 들려준다. 사람들은 대개 문명을 만든 건 집단도 유전자도 아닌 우리 자신, 즉 개체라고 믿는데, 그의 논리를 인간에까지 적용해보면 우리의 문화와 문명도 결국 유전자의 '확장된 표현형'일 수 있기 때문이다. 댐이 비버 유전자의 확장된 표현형이듯 말이다.[9]

하지만 최근에 몇몇 논자들은 도킨스의 확장된 표현형 이론이 유전자, 유기체, 환경 간의 복잡한 피드백 관계를 왜곡시키고 있다고 비판해왔다. 그들은 자신들의 입장에 '니치 구성론niche constructionism'이라는 이름을 붙였는데, 그 이론에 따르면 니치 구성의 진화적 귀결을 적합도로 모형화하는 표준적인 견해에는 큰 문제가 있다. 우선 그 견해(대표적으로 도킨스의 견해)는 인과 스토리를 부분적으로 왜곡시키고 있다. 예컨대 비버가 댐을 만들면 그 댐은 댐을 만드는 유전자들의 전달에 영향을 줄 뿐만 아니라 비버의 다른 형질들에 작용하는 선택압도 변화시킨다. 둘째, 유기체가 변화시킨 환경 중 일부는 유산처럼 남아 있어 후속 세대의 자연선택에도 영향을 준다. 즉 생태적 대물림ecological inheritance이 일어날 수 있는 것이다. 예컨대 지금의 지렁이는 이전 지렁이들이 구성해놓은 토양 환경에 적응할 수밖에 없다.

이와 유사한 의미에서 니치 구성론의 효시 격인 르원틴은 기존 진화론이 다음과 같은 한 쌍의 미분 방정식으로 요약될 수 있다고 말한다. $O' = f(O, E)$, $E' = g(E)$. 여기서 O는 유기체, E는 환경 변수를 의미하고, 유기체의 미분값 O'(진화)은 O와 E의 함수(f)이다. 한편 환경의 미분값 E'은 E만의 함수이다. 그런데 르원틴은 위 식을 다음처럼 수정해야 한다고 주장한다. $O' = f(O, E)$, $E' = g(O, E)$. 다시 말해 환경의 미분값 E'이 E만의 함수가 아니라 E와 O의 함수(g)라는 것. 즉 개체가 환경에 주는 영향도 진화의 원인이 될 수 있다는 뜻이다. 같은 맥락에서 니치 구성론자들은 기존 진화론이 환경과 유전자의 관계를 일방적인 것(인과의 화살이 환경→유기체→유전자로 일방적으로 날아간다는 의미)으로 잘못 보았다고 지적하면서, 니치 구성론은 유전자와 환경의 관계를 기본적으로 피드백 관계(인과의 화살이 환경→유기체→유전자→다시 유기체→다시 환경으로 순환적으로 날아간다는 의미)로 본다고 주장한다.

요약하면, 니치 구성론자들은 인과의 화살이 유전자에서 출발하여 '환경 변화'라는 과녁에 꽂히고 끝나버린 게 아니라 그 화살이 다시 유기체를 거쳐 유전자에게로 되돌아와 '유전자 변화'라는 과녁에서 멈춘다고 말한다. 이런 그림이 바로 그들이 주장하는 피드백 진화이다. 구체적 사례를 위해 그들은 인류에게 어떻게 젖당 내성lactose tolerance이 점점 증가했는지를 추적한다. 우선 젖소의 가축화가 먼저 있었다. 이 가축화가 충분한 세대를 거치면서 결과적으로 우유와 유제품이 인류의 먹을거리가 되었다. 그리고 이것은 젖당 내성을 더 강화시키는 유전자의 빈도를 증가시켰다. 이 사례는 인간의 행동이 환경을 바꾸고 그 환경이 다시 인간의 신체 조건을 변화시키는 피드백 진화의 실체를 잘 보여준다. 이 사례를 확장하면, 문화 과정은 인간의 유전적 진화의 산물만이 아니라 그 진화의 원인이 될 수도 있다.

그렇다면 이런 사례는 우리에게 새로운 진화론을 요청하는가? 그렇지 않아 보인다. 우선 니치 구성론을 지지하는 사례들은 모두 환경 요인을 진지하게 고려하는 기존의 진화론으로도 설명 가능하다. 실제로 니치 구성론자들이 발전시킨 모형들은 유기체와 환경의 피드백 효과를 다루도록 설계된 기존의 진화 모형과 별반 다르지 않다. 물론 니치 구성의 다양한 결과들을 모두 포괄할 수 있는 확장된 진화론을 발전시키는 일은 그들이나 기존 진화론자들에게 공히 매우 어려운 작업이다. 따라서 니치 구성론자들이 유기체가 환경을 변화시키고 그로 인해 선택압이 바뀌는 여러 방식들을 자세히 추적해줬다는 점은 높이 살 만하지만, 그렇다고 해서 그들의 수사처럼 기존 진화론이 틀렸다거나 새로운 진화론이 요청된다는 식으로 과장되어서는 곤란하다.

실제로 도킨스는 니치 구성론자들의 반론에 대해 그들이 '니치 구성construction'과 '니치 변화change'의 차이를 구분하지 못하고 있다고 비판한다. 여기서 '니치 변화'란 환경에 대한 유기체의 개입으로 인해 생긴 부산물byproduct이다. 하지만 '니치 구성'은 부산물이 아니라 적응이다. 도킨스는 그것을 환경에 대한 개체의 '엔지니어링engineering'이라고 표현한다. 예컨대 비버는 댐을 엔지니어링한다. 그 엔지니어링으로 인해 엔지니어 유전자의 복제 및 전달이 더 용이하기 때문이다. 즉 비버의 댐 만들기 행동은 자연선택의 산물이다. 댐 건설construction로 인해 환경의 선택압이 세부 항목들에 이르기까지 그전과는 달라졌다change 해도, 결국 최종 수혜자는 댐 만들기와 관련된 유전자이기 때문이다. 도킨스의 이런 해명은 니치 구성을 적응과 다른 개념인 양 애써 분리시키려는 니치 구성론자들에게 가장 강력한 반론일 것이다. 도킨스는 '왜' 유기체들이 힘들게 니치를 구성하는지, 그 이유를 설명하고 있는 것이다.

《눈먼 시계공》

앞의 두 책이 복제자의 힘을 다뤘다면《눈먼 시계공》은 그런 복제자 중에서 어떤 것이 살아남는지를 본격적으로 다룬 책이다. 다음과 같은 상황을 상상해보자. 부시맨이 사막을 지나다가 우연히 낯선 물건 하나를 발견한다. 마을에 돌아온 그는 조심스럽게 들고 온 그 물건을 추장에게 보여주었다. 원로들의 비밀회의가 급히 소집되었고 몇 시간이 흐르자 초조하게 결과를 기다리던 이들에게 추장은 그것이 암탉처럼 때를 알려주는 장치일 뿐 위험한 물건이 아니라고 공표한다. 모두들 환호성을 지르는 순간, 어디선가 들려오는 목소리. "그러면 누가 그것을 만들어 우리에게 보냈을까요?" 아마도 또 한 번의 심각한 비밀회의가 열렸을 것이다. 과연 어떤 결론이 나왔을까? 영화 〈부시맨〉에서 나 나올 법한 가상 사건이긴 하지만, 정교하고 복잡한 기능들로 무장된 생명의 세계를 보고 있노라면 우리도 곧 부시맨이 된다. "도대체 이렇게 복잡한 기능들이 어떻게 해서 생겨났을까?"

적어도 서양에서는 거의 2세기 전에 이 물음에 대한 세련된 대답이 마련되어 있었다. 뛰어난 신학자이면서 생물학에도 조예가 깊었던 윌리엄 페일리는 《자연신학》이라는 책에서, 인간의 눈과 같은 복잡한 기관들이 자연적인 과정만으로는 도저히 생겨날 수 없기 때문에 지적인 설계자intelligent designer가 필요하다고 논증했다. 이것은 마치 놀라운(?) 기능을 하는 시계를 처음 보고 그것의 창조자, 혹은 설계자를 떠올리는 부시맨의 추리와도 동일하다.

도킨스는 바로 그 추리가 오류임을 밝히기 위해 《눈먼 시계공》을 썼다. 그의 주장은 생물계의 복잡한 기능들이 자연선택을 통해 진화할 수 있기 때문에 지적인 설계자가 필요하지 않다는 것이다. 그에 의하면 1859년에 《종의 기원》을 출간했던 찰스 다윈이야말로 페일리 식의 설계 논증을 혁파한 최초의 인물이며 자신은 그의 발자취를 따라 자연선택의 창조적인 과정을 현대적인 관점에서 쉽게 설명해준 해설가일 뿐이다. 그는 과학과 신앙 사이에서 괴로워했던 다윈보다 한 발 더 나아가 다음과 같은 용감한 결론을 내린다. "우리는 다윈으로 인해 지적으로 충실한 무신론자가 되었다."

자연선택이 도대체 뭐기에 창조자로서의 신의 자리마저 대신할 수 있단 말인가? 도킨스는 자연선택을 시계공에 비유한다. 여기까지는 페일리와 똑같다. 하지만 그 시계공이 장님이란다. 즉 생물의 진화 과정은 시계공이 설계도에 따라 부품들을 조립하듯 진행되지 않고 오히려 설계도도 볼 수 없는 장님이 손을 더듬으며 부속을 이리저리 끼워 맞추는 식으로 진행된다는 것이다. 그에 따르면, 자연선택의 결과인 생명체들을 보면 마치 숙련된 시계공이 있어서 그가 설계하고 고안한 것 같은 인상을 주나, 그것은 어디까지나 인상일 뿐 실제의 자연선택은 앞을 내다보지도 못하고 절차를 계획하지도 않으며 목적을 드러내지도 않는 그런 과정이다. 그렇다면 그런 눈먼 시계공이 과연 인간의 복잡한 눈 구조를 만들어낼 수 있을까? 도플러 효과를 이용해 물체의 위치를 파악하는 박쥐의 반향 위치 결정 능력이 과연 그런 미덥지 않은 과정으로 진화할 수 있을까?

이런 의문에 대해 도킨스는 아무렇게나 자판을 두들겨 특정한 문장을 만들 개연성을 실제로 계산해보는 방식으로 답을 한다. 이때 중요한 전제 중 하나는 우연히 맞춘 알파벳은 보존해야 한다는 것이다. 그는 이런 식의 누적적이고 점진적인 과정이 단지 몇십 번만 반복되어도 특정한 뜻이 담긴 문장이 만들어질 수 있음을 매우 설득력 있게 보여주었다. 그는 복잡한 기능의 생명체가 진화할 확률이 '마치 고철더미 위에 태풍이 분 후에 보잉 747이 만들어질 확률과 비슷하며 그것은 명백히 0'이라는 창조론자들의 해묵은 비판에 맞서 자연선택에 의한 진화가 결코 그런 식으로 일어나지 않는다고 논박하고 있는 셈이다. 그에 의하면 자연선택 과정이 무작위적이라는 주장은 오해일 뿐이다. 그 과정은 오히려 무작위적인 변이 생성을 추려주는 누적적이고 창조적인 과정이다. 따라서 그의 논리대로라면 자연계에 만연해 있는 놀라운 적응 형질들도 충분한 시간만 주어지면 자연선택에 의해 얼마든지 진화가 가능하다.

이 책의 전반부가 이렇게 창조론자들에 대한 맞대응이었다면 후반부는 진화론자 진영에서 저자의 반대편에 서 있는 이른바 단속평형론자들에 대한 직접적인 반론이다. 몇 년 전에 작고한 하버드 대학교의 고생물학자 굴드가 대표적인 단속평형론자인데, 도킨스와는 오랜 경쟁자였다. 지난 30여 년 동안 굴드는 대부분의 진화가 도킨스의 주장과 같이 점진적으로 일어나기보다는 오히려 매우 긴 안정 상태stasis를 거치다 갑작스레 도약하는 식으로 진행된다고 주장해왔다. 물론 그의 증거물은 땅 속에 묻혀 있던 화석기록들이다. 한때 굴드는 "새롭고 일반적인 진화 이론이 떠오르고 있다"는 식으로 마치 자신의 이론을 정통 다윈주의의 대안인 양 대비시키기도 했다.

다윈의 수호자인 도킨스가 이를 가만히 보고만 있지는 않았을 게다. 그는 굴드의 단속평형론을 비판하기 위해 9장을 서술했는데, 엉뚱하게도 가상의 역사학자 이야기로 시작한다. 구약성서의 《출애굽기》는 이스라엘인들이 약속의 땅인 가나안에 입성하기까지 40년간의 광야 생활을 이야기한다. 그런데 그 40년간의 여정을 다음과 같이 해석하는 역사학자가 있다고 해보자. '이스라엘인들은 매일 한 시간에 2.7미터 정도로 40년 동안 가나안을 향해 꾸준히 이동했다. 왜냐하면 이집트에서 가나안까지의 직선거리가 대략 320킬로미터 정도이고, 동일한 속도로 이동하다 밤에 멈추는 식으로 했을 테니까 말이다.' 이 역사학자의 해석이 사실이라면, 그 이스라엘인들은 아침에 텐트를 걷고 동북동 방향으로 22미터씩 이동한 후에 다시 텐트를 치고 잠을 자는 생활을 40년간 반복한 꼴이 된다.

물론 다른 해석도 가능하다. 도킨스가 끌어들인 또 다른 가상의 역사학자는 다음과 같이 해석한다. '이스라엘인들이 320킬로미터 떨어진 가나안에 도달하는 데 40년이라는 세월이 걸린 이유는 광야의 삶이 역동적이었기 때문이다. 즉, 그들은 실제로 한 장소에 머물면서 수년간 공동생활을 하다가 어느 시점에 새로운 지역으로 빠르게 이동한 후 다시 그곳에서 정착했다. 이런 생활을 반복하다가 40년이나 걸린 것이다.' 즉 약속의 땅을 향한 이스라엘인들의 이동이 점진적이거나 연속적이지 않았으며 오히려 불규칙하고 변덕스러웠다는 해석이다.

도킨스는 이 두 역사학자의 해석을 제시한 후에 독자들에게 '어떤 해석이 더 그럴듯한지'를 묻는다. 물론 대부분은 첫 번째 해석을 어이없다고 여길 것이다. 매일 등속도로 광야를 이동했다는 주장은 비현실적이기 때문이다. 두 번째 해석이 훨씬 더 사실에 부합한다. 흥미롭게도 이 대목에서 도킨스는 굴드와 엘드리지가 두 번째 해석의 선봉에 서 있는 사람이라고 말한다. 그렇다면 그가 지금 진화의 속도 문제에 대해 굴드의 손을 들어주고 있단 말인가? 물론 그럴 리 없다. 도킨스의 노림수는 단속평형설을 옹호하기 위해 짜놓은 굴드의 판 자체를 뒤엎어버리려는 것이다. 즉 굴드가 자신의 단속평형설을 돋보이게 하려고 '등속설same speedism'이라는 허수아비(첫 번째 해석)를 세워놓은 후 사람들에게 양자택일을 강요하고 있다는 사실을 만천하에 알리려는 것이다.

도킨스는 한 걸음 더 나아가 다윈이 등속론자는 아니며 심지어 극단적 점진주의자들도 진화의 등속을 주장하지는 않는다고 논박했다. 그가 여기서 정말 하고 싶은 이야기는 이것이다. 다윈의 점진론은 폭이 매우 넓어서 느린 등속 템포에서부터 굴드 식의 단속평형 템포까지 모두를 포괄한다는 것이다. 그러니 도킨스가 보기에 굴드는 혁명가인 척하는 사람일 뿐이다. 이런 맥락에서 《눈먼 시계공》은 현대진화론자들을 편 가르는 데 적지 않은 공헌을 한 책이다. 그리고 다윈보다 더 다윈스럽게 자연선택의 강력함을 논증한 책이다.

《만들어진 신》과 믿의 힘

도킨스가 가장 최근에 출간한 《만들어진 신》은 출간 직후부터 현재까지 각종 베스트셀러 목록에 계속해서 올라와 있을 정도로 전 세계의 출판계를 흔들어놓았다. 이런 추세라면 적어도 판매 부수 면에서는 《이기적 유전자》를 능가하는 것은 시간 문제인 듯하다. 이 책의 주장은 한마디로 '신은 망상일 뿐'이라는 것이다. 그에 따르면, 신은 요정, 도깨비, 유니콘, 포켓몬스터처럼 상상 속의 존재일 뿐인데 많은 이들이 신은 마치 실재하는 양 착각하고 있다고 생각한다. 그는 이 망상이 일종의 '정신 바이러스'라고 주장한다. 그리고 이 망상에서 빨리 깨어나야 종교 전쟁으로 인한 인류의 파멸을 막을 수 있다고 진단한다.[10]

《만들어진 신》은 '신이 존재한다는 가설God hypothesis'이 왜 설득력이 없는지를 논증하고 있다. 가령, 무언가를 설계할 정도로 충분한 복잡성을 지닌 창조적 지성은 점진적 진화 과정의 최종 산물일 수밖에 없기 때문에, 신 존재 가설은 참일 개연성이 '0'에 가깝다는 것이다. 그리고 그는 신의 존재를 인정해야만 의미 있다고 여겨지는 것들, 가령 인생의 의미, 도덕성, 사랑, 책임감 등이 어떻게 자연적 과정을 통해 진화해왔는지를 보여주고 있다.

사실 이런 주장은 그동안 무신론적 진화론자(진화론은 무신론일 수밖에 없다고 주장하는 사람)들의 단골 메뉴였다. 그런데 그의 책에는 새로운 이야기도 있다. 그는 부모의 절대적 영향 아래 있는 아이들에게 부모의 종교에 따라 '무슬림 아이들' '그리스도교

아이들'과 같은 꼬리표를 달아줘서는 안 된다고 주장한다. 왜냐
하면 그것은 종교에 관해 적절한 판단을 할 수 없는 아이들을
더 큰 혼돈에 빠뜨리는 일종의 '아동 학대'이기 때문이라는 것
이다. '마르크스주의 아이들'이나 '자유주의 아이들'이 얼마나
어색하냐는 것이다.

　도킨스가 재단까지 설립해가며 이런 도발적인 주장들을 펼치
는 이유는 무엇일까? 그는 지금 일종의 '무신론 운동'을 하고 있
다. 그는 '종교는 감히 비판해서는 안 될 무엇'이 절대 아니라는
점을 사람들에게 일깨워주려는 것이다. 흥미롭게도 철학자 데
닛은 도킨스의 운동을 오프라 윈프리의 그것에 비유한다. 오프
라는 한때 〈오프라 윈프리 쇼〉에서 미국 가정의 매 맞는 여성에
관한 심각한 문제를 전국적으로 일깨운 적이 있다. 데닛은 도킨
스의 책과 활동도 종교에 관한 심각한 문제를 부각시키려는 캠
페인이라고 평가하고 있다.

　그렇다면 그의 종교관은 그의 선행 이론들과 무슨 관련을 맺
고 있는 것일까? 이를 이해하기 위해서는 최근에 봇물처럼 쏟아
져 나오고 있는 '종교의 진화심리학evolutionary psychology of religion'
에 관해 정리해볼 필요가 있다. 그것은 크게 세 진영으로 나뉜
다. 하나는 종교를 인간 마음의 적응adaptation으로 보는 적응주의
adaptationism이고, 다른 하나는 종교가 다른 인지 적응들의 부산물
byproduct이라는 견해이다.[11] 그리고 나머지 하나는 종교 현상을
밈meme의 역학으로 보는 견해다.[12] 우선 적응주의부터 살펴보자.

에드워드 윌슨은 종교에 대한 진화론적 이해의 가능성을 현대적 의미에서 거의 처음으로 제기한 학자다. 그에 따르면, 인간의 마음은 신과 같은 초월자를 믿게끔 진화했다. 예컨대, 그는 동물 집단에서 나타나는 서열 행동(열위자가 우위자에게 복종하는 행동)이 종교와 권위에 순종하는 인간의 행동과 매우 유사하다고 말한다. 그리고 그는 동물들이 서열 행동을 통해 각자의 적응적 이득을 높이듯이, 인간도 종교적 행위들을 통해 자신의 번식 성공도reproductive success를 높였을 것이라고 주장한다. 즉 종교 행동 자체가 하나의 적응이라는 입장인 셈이다.

윌슨처럼 종교의 적응적 이득을 주장하는 이들은 종교가 사람을 기분 좋게 만들고 사후에 대한 두려움을 덜어주며 불확실한 상황에서 판단을 도와주기 때문에 진화했다고 말한다. 즉 초월자를 믿는 것이 그렇지 않은 것보다 개인의 생존과 번식에 도움이 된다는 것이다. 이런 개체 차원의 적응 말고도 종교를 집단 차원의 적응으로 간주하는 이들도 있다. 예컨대 데이비드 윌슨은 종교 집단이 비종교 집단에 비해 더 응집적이고 자원을 공유하거나 전쟁을 치르는 데 있어서 더 협조적이기 때문에 종교는 개체 수준이 아닌 집단 수준에서의 적응일 수 있다고 주장한다.

하지만 개체 수준이든 집단 수준이든 종교의 적응주의자들은 종교를 가짐으로써 생기는 이득뿐만이 아니라 그로 인해 생기는 비용도 계산해 넣어야 한다. 예컨대 비현실적인 초자연성을 계속 믿고 따르다가 손해 볼 수 있는 상황은 얼마든지 가능하기 때문이다. 즉 적응주의자들은 종교가 어떤 측면에서 어느 정도로 개인 혹은 집단에 이득과 손해를 안겨줄 수 있는지를 정확히 모형화할 수 있어야 할 것이다.

한편 집단 적응주의는 집단 내 배신자들의 창궐이 저지되는 메커니즘을 제시해야만 한다. 가령 극단적으로 한 사람만 빼고 집단 내 모든 구성원이 종교적 성향을 발휘한다고 해보자. 그렇더라도 그 집단에서 가장 큰 이득을 보는 사람은 그 한 사람이기 때문에 장기적으로 그 집단은 내부에서부터 붕괴할 수밖에 없고, 따라서 종교성은 진화할 수 없다. 사실 이것은 선택의 수준 논쟁에서 늘 언급되는 이른바 '배신의 문제'로 집단 선택론자group selectionist들이 해결해야 할 과제이기도 하다.[13]

하지만 종교 적응주의의 가장 심각한 문제점은 그것이 종교의 진화와 이념(또는 가치)의 진화를 구분해주지 못한다는 점이다. 종교 진화론이 풀어야 할 과제는 초자연적인 존재자를 상정하는 반직관적이고 반사실적인 믿음들이 어떻게 진화할 수 있는가이다. 따라서 초자연적이지 않은 이념이나 가치들이 개체나 집단에 적응적 이득을 안겨줄 수 있는 진화 경로를 밝혔다고 해서, 그것이 곧바로 종교의 진화론에 적용될 수는 없다.

종교 진화심리학의 두 번째 진영은 종교를 이른바 다른 인지 적응들cognitive adaptations의 '부산물' 혹은 '스팬드럴'로 간주한다. 즉, 종교는 그 자체로 진화적 기능을 가지고 있지는 않으며, 다른 목적 때문에 진화된 인지체계의 일부가 작동하는 과정에서 생긴 부산물이라고 주장한다. 그렇다면 도대체 종교는 무엇(들)의 부산물이요 스팬드럴이란 말인가?

진화사의 관점에서 인류는 99.9퍼센트의 시기 동안 수렵채집을 하며 매우 어려운 삶을 살았다. 이 시기에 인류를 계속 옥죄던 '적응 문제'들을 해결하기 위해, 우리는 포식자의 존재를 탐지하고 추론하는 능력, 자연적 사건에 대한 인과적 추론과 설명 능력, 다른 사람의 마음을 읽는 능력 등을 진화시켜야 했다. 진화심리학자들은 이것들을 차례로 행위자 탐지agent detection, 인과 추론causal reasoning, 마음 이론theory of mind 능력이라 부른다. 종교 부산물주의자들은 종교가 이런 인지 적응들의 스팬드럴이라고 본다. 다시 말해 종교는 이런 적응들 때문에 생긴 부산물이다.

예컨대 행위자 탐지 능력은 그 행위자가 심지어 초자연적supernatural 대상인 경우에도 작동하기 쉽다. 그리고 '우연적' 사건에 만족하지 못하고 인과적 스토리를 원하는 인간의 인과 추론 본능은 초자연적 존재자를 최종 원인으로 두는 행위를 부추긴다. 마지막으로 상대방의 마음을 읽을 수 있는 능력을 가진 정상인은 '나의 정신 상태를 정확하게 꿰뚫고 있는' 초월자의 (보이지 않는) 마음까지 창조해낼 수 있다.

하지만 종교 부산물론은 종교적 믿음과 행위가 다른 적응적 인지체계에 업혀 있는 정도를 넘어서 마치 자율적으로 '자신의 이득'을 위해 진행되는 것처럼 보이는 상황을 잘 설명하지 못한다. 예컨대 종교 현상 중에는 마치 고삐가 풀려 제 멋대로 행동하는 듯이 보이는 광신적 행태들이 무시할 수 없을 정도로 빈번히 발생해왔다. 이런 종교 행위는 다른 세포의 운명에는 아랑곳하지 않고 오로지 자기 자신의 복제만을 수행하고 있는 암세포에 비유될 수 있을 것이다.

종교 진화심리학의 세 번째 진영은 종교를 하나의 밈으로 이해함으로써 그러한 종교의 자율성을 잘 설명한다. 여기서 '밈'이란《이기적 유전자》에서 저자인 도킨스가 인간의 문화 현상을 설명하기 위해 사용한 용어로서 기억memory이나 모방imitation의 'm'과 유전자gene에서 따온 'eme'의 합성어이며, '대물림 가능한 정보의 기본 단위', 혹은 '문화와 관련된 복제의 기본 단위'라는 의미를 갖는다.[14] 도킨스와 데닛은 밈이 유전자와 마찬가지로 복제자의 한 예시라고 말한다.

그렇다면 왜 밈에 대한 이런 견해가 종교 진화론에 중요한가? 그것은 밈이 유전자와 '동일한 방식'으로 행동할 수 있기 때문이다. 그런데 여기서 종교 진화론의 대다수 논자는 이 '동일한 방식'이라는 문구를, 밈의 행동을 유전자의 행동에 '유비하는 방식'으로만 이해해왔다. 그리고 유비가 만족스럽게 이뤄지지 않는 부분들 때문에 곤란을 겪었다.

하지만 다행히도 그 '동일한 방식'을 다르게 해석할 여지가 있다. 데닛의 '지향적 자세intentional stance'가 바로 그 대안이다. 지향적 자세란 무엇인가? 박찬호가 메이저리그에서 공을 던진다고 해보자. 그가 던진 공의 움직임을 이해하기 위해 그 공이 마치 믿음과 욕구를 가진 양 생각할 이유는 전혀 없다. 물리법칙만 잘 알고 있으면 된다('물리적 자세'). 또한 매일 아침에 울려대는 알람시계의 작동을 이해하기 위해 시계의 마음을 읽으려할 필요가 없다. 어떻게 설계되었는지를 알면 그만이다('설계적 자세'). 하지만 우리 집 강아지가 갑자기 껑충껑충 뛰는 행동, 옆집 아기가 자지러지게 우는 행동을 이해하기 위해서는 다른 자세가 필요해 보인다. 물리법칙 혹은 설계원리만을 들이댄다고해서 이해되는 행동이 아니기 때문이다. 데닛은 바로 이 대목에서 '지향적 자세'가 필요하다고 주장한다. 마치 행위자가 어떤 믿음과 욕구를 가지며 그에 따라 행동한다고 보는 그런 자세 말이다. 데닛의 용법으로는, 유전자와 밈은 지향체계intentional system이고 우리는 지향적 자세로 그것들의 행동을 예측할 수 있다. 더 이상 유전자와 밈의 비유비적disanalogical 요소 때문에 걱정할 필요가 없다.

이 지향성 이론을 종교 현상을 이해하는데 사용해보면 어떤 결과가 나올까? 이런 접근에는 크게 두 견해가 있다. 하나는 종교를 '정신 바이러스virus of mind'로 이해하는 도킨스의 견해와 다른 하나는 종교를 '길들여진 밈domesticated meme'으로 해석하는 데닛의 견해다.

종교가 정신 바이러스의 일종이라는 도킨스의 도발적인 주장부터 살펴보자. 바이러스는 어떤 존재인가? 생물계에서 바이러스는 자신을 복제하는 데 필요한 핵산(DNA 또는 RNA)과 같은 유전 물질만 갖고 있어서 다른 세포들에 기생해서만 대사와 증식 활동을 한다. 인공물의 세계에도 바이러스가 있다. '트로이목마' '웜'과 같은 컴퓨터 바이러스는 세포가 아니라 컴퓨터 운영체계나 프로그램, 또는 메모리 내부를 감염시켜 특정한 코드를 복제하게 하는 등의 방식으로 다른 파일들에게까지 자신을 퍼뜨린다.

도킨스는 정신 바이러스도 작동 원리는 동일하다고 말한다. 그것은 세포나 컴퓨터가 아니라 인간의 정신을 감염시켜 자신의 정보를 복제하는 기생자이다. 바이러스에 감염된 세포나 프로그램이 본래의 기능을 멈추고 그 바이러스의 명령에 따라 엉뚱한 행동을 하듯, 정신 바이러스에 감염된 인간은 자신의 이득이 아닌 그 바이러스의 이득을 극대화하게끔 자신의 정신과 행동을 조종당하게 된다. 이것은 단지 비유가 아니다. 컴퓨터 바이러스가 단지 생물 바이러스의 비유물이 아니듯이 말이다. 인지주의자들이 믿고 있듯이 인간도 컴퓨터와 마찬가지로 정보처리 장치라고 한다면 정신 바이러스의 실체는 더욱 그럴 듯해진다.

그렇다면 왜 도킨스는 종교가 정신 바이러스라는 것일까? 종교적 세계관에 감염된 신앙인들이 엉뚱한 행동을 한다고 보기 때문일까? 물론 그는 그동안 종교라는 이름으로 자행된 온갖 비인도적 만행들을 또 한 번 들춰내기도 했다. 하지만 그의 논증은 조금 더 과학적이다. 우선 그는 부모로부터 자식에게 전달되는 수직적 믿음에 대해 주목한다. 아이는 어른의 말과 행동을 거의 의심 없이 받아들이는 존재다. 유아기 시절 부모의 지속적 보살핌을 오랫동안 받아야만 생존이 가능한 인간 종에게 있어서 부모의 말과 행동을 무작정 따라하고 배우는 능력은 진화적으로도 매우 유용한 형질이었을 것이다. 만일 혼자서는 아무것도 할 수 없는 이른 시기부터 어른들의 잔소리가 싫다며 반항을 하게 된다면 그 아이의 생존은 위협받을 수밖에 없다. 도킨스는 이런 상황에서 자연선택이 아이들의 뇌에 '어른이 하는 말은 무엇이든 믿을 것'이라는 지침을 장착했을 것이라고 말한다.

이렇게 어른의 말을 무조건 믿는 태도는 대개 적응적이다. 하지만 그런 태도가 장착되어 있기에 일생일대에 큰 손해를 보는 경우들도 있다. 모든 입력을 무작정 받아들이는 컴퓨터 프로그램이 그만큼 바이러스 감염에 노출되기 쉽다는 사실을 생각해보면 된다. 아이들의 뇌에는 "인간은 죄인이다"라든지, "신 없이는 살 수 없다" 등과 같은 코드들이 쉽게 기생할 수 있다. 도킨스는 이 정신 코드들이 대개 부모의 가르침에 의해 손쉽게 자식에게로 수직적으로 전달되고, 이를 통해 종교적 세계관이 집단 내로 전파되며, 그 코드들이 인간의 정신과 행동에 지대한 영향을 미치게 된다고 주장한다. 가령 서아시아에서 태어난 아이는 특별한 계기가 없는 한 이슬람 부모 밑에서 이슬람교인으로 성장하게 되는 것이다. 도킨스에게 종교가 바이러스인 이유는 바로 인간의 이러한 수직적 믿음 전달 메커니즘을 그것이 갈취하고 있기 때문이다. 진화론을 발판으로 삼아 무신론으로 도약하길 원하는 도킨스에게 종교는 현대 과학으로 치료받아야 할, 전염성이 강한 고등 미신이다.

　반면 데닛은 도킨스의 밈 이론의 가장 강력한 옹호자임에도 불구하고 도킨스의 정신 바이러스 이론이 밈의 무법자outlaw적 측면만을 지나치게 강조했다고 비판한다. 그리고 그는 종교밈religious meme을 '야생밈wild-type meme'과 '길들여진 밈'으로 구분하고 현대의 고등 종교는 후자에 해당한다고 분석했다. 즉 현대의 고등 종교는 경전, 신학교, 교리문답, 신학자 등과 같은 기구들이 없이는 존재할 수 없을 정도로 우리에게 길들여져 있는 밈이다. 그렇다면 종교를 이해하기 위해서는 종교밈의 작동, 확산, 대물림, 진화 메커니즘을 밝혀야 한다는 뜻이 된다. 바로 이 대목에서 그의 지향성 이론이 들어온다. 그에 따르면 종교밈은 유전자와 마찬가지로 일종의 복제자이기 때문에 복제자의 전달 및 진화 메커니즘에 따라 행동할 수밖에 없다. 하지만 그는 종교밈의 역학dynamics이 꼭 병리적이라고 전제할 필요는 없다고 본다. 이것은 유전자가 행동적 측면에서 '이기적'임에도 불구하고 상위 수준에서는 협동적이거나 이타적일 수 있는 이치와 동일하다. 특정 종교밈의 행동 자체는 '이기적'이지만 수많은 종교밈들로 구성된 상위 수준의 종교 현상은 다른 방식으로 작동할 수 있다. 이런 논의는 도킨스가 처음으로 제안한 밈 이론보다 더 발전된 형태의 논의이며, 오히려 도킨스의 이기적 유전자 이론과 더 일관적인 형태라고도 할 수 있다. 이런 이유에서 데닛은 도킨스와는 달리 종교의 병리성 문제는 경험적 질문이라고 열어놓고 있다.

하지만 종교밈 이론에도 문제는 있다. 그중 가장 심각한 것은 어떤 밈이 다른 밈들에 비해 더 선호되는 이유에 대해서는 종교밈 이론에 만족스런 설명이 없다는 점이다. 즉 밈의 자율성 측면을 더 잘 설명하려다 보니 밈의 제약성, 다시 말해 특정 유형의 밈을 선호하게 되는 인지적 편향cognitive bias은 제대로 설명하지 못하는 결과를 낳은 꼴이다. 앞서 살펴보았듯이 종교의 인지적 제약성은 부산물 이론에서 가장 잘 설명되었다. 이런 이유 때문에 종교 진화론을 제대로 발전시키기 위해서는 부산물 이론과 밈 이론을 동시에 포괄하는 새로운 통합이 필요할 수도 있을 것이다.

도킨스의 '철학을 위한 과학': 복제자, 행위자, 그리고 수혜자

나는 도킨스의 삼부작과 최신작에 대한 위의 리뷰에서 도킨스의 과학사상이 어떻게 자연과학의 울타리를 넘어 인문사회학의 핵심에 닿아 있는지를 간접적인 방식으로 보여주었다. 이 절에서는 그가 철학사상에 미친 영향이 무엇인지를 더 분명하게 밝히려 한다.

철학사상에 미친 도킨스의 첫 번째 공헌은 데닛이 '낯선 역추론strange inversion of reasoning'이라고 표현한, 자연주의적 사고방식이다. 낯선 역추론이란 간단히 말해, 더 복잡한 것이 덜 복잡한 것으로부터 진화한다는 발상이다. 가령 가장 복잡한 인간의 마음mind은 그보다 덜 복잡한 지능들에서부터 자연선택에 의해 진화해온 결과물이지, 어딘가에서 갑자기 부여받은 창조물도 아니며 본질적 속성essential property을 갖는 무엇도 아니다. 이런 발상은 앞서 살펴본《눈먼 시계공》과《만들어진 신》에서 두드러지게 드러난다.

우리가 인문학에서 인공지능, 지향성, 언어, 종교 등에 관해 논할 때 이런 발상은 문제 해결 방식에서 실질적인 차이를 불러일으킨다. 예컨대 인공지능이 과연 가능한가에 관해 논의할 때 좀 더 복잡한 것으로의 진화를 이야기하는 도킨스는 인공지능이 인간의 진짜 지능처럼 진화할 수 있음을 긍정할 수밖에 없다. 이와 유사하게 철학계에서 활발하게 논의되어온 지향성 문제에 관해서도 이 낯선 역추론은 전통적 견해에 도전한다. 지향성에 대한 전통적 견해란, 존 설John Searle이나 제리 포더Jerry Fodor 등이 고수하고 있는, '독창적 지향성original intentionality'과 '파생적 지향성derived intentionality'을 구분하는 입장을 뜻한다.

데닛은 도킨스의 '낯선 역추론'을 '크레인crane'에 비유하고 그것에 반대되는 사고방식을 '스카이훅Skyhook'이라고 대비시키면서 설과 포더가 스카이훅 방식의 낡은 철학을 하고 있다고 비판했다. 크레인의 관점에서 보면 '독창적 지향성'이란 애초부터 있을 수 없다. 왜냐하면 모든 것이 '반semi' 혹은 '유사quasi'한 상태에서 점진적으로 진화해온 것이기 때문이다. 이런 관점에서 보면 인간만이 갖고 있다고 하는 '독창적 지향성'도 엄밀히 말해 좀 덜한 지향성에서 '파생'된 것일 뿐이다. 이렇게 도킨스의 반본질주의anti-essentialism는 철학적으로 매우 중요한 함의를 갖고 있다.

하지만 나는 도킨스가 전해준 최고의 철학적 유산은 '복제자 관점'이라고 생각한다. 앞서 이미 검토했듯이, 도킨스의 가장 독창적인 아이디어는 이 세상의 행위자가 유기체organism만이 아니라는 생각이었다. 《이기적 유전자》는 행위자의 목록에 유전자가 당당히 낄 수 있음을 최초로 입증한 책이었고, 《확장된 표현형》은 그 행위자(유전자)가 어떻게 다른 유기체까지 조작manipulation하고 속일 수 있는지를 보여준 독창적 저서였다.

흔히 '의도intention'와 '욕구desire'라는 정신 상태를 갖는 대상만이 행위자가 될 수 있다고들 한다. 하지만 도킨스는 행동적 측면만을 고려한 행위자 이론을 펼침으로써 유전자와 밈이 어떻게 이기적일 수 있는지를 설명했다. 그에게 유전자와 밈은 모두 복제자이며 행위자이다. 그런데 여기서 주의할 것은 자연세계를 복제자의 시각에서 본다는 것은 단지 현상을 잘 구제하기 위한 도구만이 아니라는 점이다. 도킨스는 자신의 '의인화personification' 전략이 은유적 표현에 불과한 것은 아님을 여전히 강조한다. 그리고 데닛은 자신의 지향적 자세 개념이 도구주의가 아니며 지향계가 '진짜 패턴real pattern'을 가진다고 역설해왔다. 데닛은 이런 자신들의 입장을 '심리주의적 행동주의mentalistic behaviorism'라는 흥미로운 용어로 표현하기도 했다.

도킨스의 복제자 이론이 철학계에 던진 또 다른 화두는 이른바 '수혜자 질문cui bono question'이다. 이 질문이란 말 그대로 '결국 무엇이 이득을 얻는가?'라는 물음이다. 사람들은 대개 유기체 중심적 사고를 갖고 있어서 스스로 자기 자신의 이득을 위해 행동한다고 생각하는 경향이 강하다. 하지만 도킨스는 유전자가 자신의 복사본을 더 많이 퍼뜨리기 위해 운반자인 유기체를 만들어냈다는 진화의 사실을 드러내 보임으로써, 그리고 때로는 유전자 수준에서의 '욕구'와 개체 수준에서의 '욕구'가 충돌할 수 있음을 보임으로써, 수혜자 질문을 다시 철학의 테이블 위에 올려놓았다.

수혜자 질문이 대두되면서 얻어진 자연스런 귀결 중 하나는, 이제 사람들이 '집단의 응집력'이라는 것이 전에 생각했던 것보다 훨씬 더 깨지기 쉬운 것임을 알게 되었다는 사실이다. 소버와 윌슨처럼 몇몇 논자들이 새로운 유형의 집단 선택론을 들고 나와 집단의 응집성 조건을 탐구하고 있긴 하지만, 그 조건은 현실세계에서는 매우 드물게 만족된다.

그런데 수혜자 질문의 파괴력은 오히려 밈에 대한 논의에서 더 커진다. 왜냐하면 밈도 유전자와 마찬가지로 복제자이기에 유전자가 자신의 유전적 적합도를 높이는 방식으로 행동하는 것처럼 밈도 자신의 밈적 적합도memetic fitness를 높이는 방식으로 행동하기 때문이다. 이런 결론이 왜 도발적이란 말인가? 밈은 문화의 전달 단위이다. 가령 특정 단어, 아이디어, 인공물 등도 밈이 될 수 있다. 그런데 이 밈들이 자신의 적응도를 위해 행동한다고 해보자. 그렇다면 이 세상의 문화 현상들은 이런 밈들 간의 생존 경쟁의 결과로 이해될 수 있을 것이다. 이것은 문화에 대한 매우 새로운 접근일 수 있다.

하지만 아쉽게도 도킨스는 유전자에 대해 자신의 복제자 이론을 끝까지 밀고 나갔던 것과는 대조적으로 또 다른 복제자인 밈에 대해서만큼은 상당히 조심스런 입장을 취하고 있다. 나는 여기가 도킨스가 현재 머뭇거리고 있는 지점이며, 앞으로 어떤 형태로든 증보될 수 있는 개념적 여지라고 본다. 그는 왜 머뭇거리는 것일까. 어쩌면 (문화를 설명하는 자신의 또 하나의 개념인) '확장된 표현형' 이론과 밈 이론 사이에 존재하는 듯이 보이는 긴장감을 아직 해소하지 못해서가 아닐까.《이기적 유전자》증보판 마지막 장 제목이기도 한 '유전자의 긴 팔', 즉 확장된 표현형과 유전자를 떠난 밈. 나는 이 둘의 관계를 더 명확히 하는 작업이 좀 더 포괄적인 복제자 이론과 문화 진화론을 발전시키기 위한 실마리라 생각한다.

2006년 런던의 어느 날,《이기적 유전자》의 출간 30주년을 기념하기 위한 강연회장에 따끈따끈한 한 권의 책이 도착했다. 거기에는 여러 분야의 세계적 석학들이 도킨스의 사상을 입체적으로 조명하고 자신들에게 준 영향을 고백하는 내용이 담겨 있었다. 그리고 표지에는 이런 제목이 적혀 있었다.《리처드 도킨스: 우리의 사고를 바꾼 과학자Richard Dawkins: How a Scientist Changed the Way We Think》.

굴드 깊이 읽기
도약과 제약, 그리고 우발성과 다양성

"진화는 진보가 아니라 다양성의 증가다."

《풀하우스》(1996)

왜 굴드인가?

고생물학자 스티븐 제이 굴드(1941~2002)의 왕성한 생산력에 매료된 어떤 이가 그가 남긴 모든 저작물을 세어본 적이 있다. 총 22권의 저서, 101편의 서평, 497편의 과학 논문, 그리고 300편의 《자연사》에세이. 이것이 지식인으로 살다간 굴드의 화려한 성적표다(Shermer, 2002). 그의 글쓰기 스타일은 전방위적이었다. 언어(특히 프랑스어와 라틴어), 음악, 건축, 문학, 심지어 야구 통계까지 그가 과학 해설을 위해 동원한 지식 자원에는 경계가 없었다. 독자들은 그의 박식함과 화려한 필치에 넋을 잃곤 한다.

그래서 '탁월한 해설가' '현란한 글쟁이'라는 그의 꼬리표에 이견은 별로 없다. 하지만 '최고의 진화학자'라는 묘비명을 달지 말지에 대해서는 평가가 극명하게 엇갈린다. 왜냐하면 그는 평생 동안 주류 다윈주의자들로부터 공격을 받았기 때문이다.[1] 굴드의 화두는 다음과 같은 것들이었다. '진화는 정말로 점진적으로 일어났는가?' '자연선택이 정말 강력한가?' '우발성은 진화의 역사에서 얼마나 중요한가?' '진화는 진보인가?' '과학과 종교는 양립가능한가?' 이 질문들 앞에서 그는 늘 왼손잡이였다.

그렇다면 주류 진화학자들의 비판처럼, 그의 이론은 '과장'되거나 '왜곡'된 가설에 지나지 않는다고 할 수 있을까? 이 글에서 우리는 굴드의 주요 저작(책과 논문)을 대체로 시간순으로 따라가면서, 그가 기존 진화학계에 어떠한 화두를 왜 던져왔는지를 추적하고자 한다. 우리는 그의 도전들을 네 개의 '반론anti-ism'으로 분류하고 그 각각에 대해 최대한 공정한 평가를 내려볼 것이다. 이 과정에서 그를 둘러싼 오해와 진실은 조금 더 명확히 드러날 것이다.

반점진론 anti-gradualism

토머스 헉슬리는 다윈의 혁명적인 저서가 서점 진열대에 오르기 하루 전날인 1859년 11월 23일 다윈에게 애정 어린 충고를 보냈다. "당신은 '자연은 도약하지 않는다Natura non facit saltum'라는 말에 지나치게 사로잡혀서 괜한 어려움에 처해 있구려."[2] 실제로 다윈은 화석기록이 자신의 예상보다 훨씬 더 심하게 불연속적으로 보인다는 사실로 인해 곤경에 처해 있었다. 그는 결국 다음과 같은 궁여지책을 내놓는다.

"그러나 이러한 소멸의 과정이 거대한 스케일로 작용하는 것과 비례해, 이전에 지구상에 존재했던 중간적 변종들의 수 또한 실로 어마어마해야 한다. 그렇다면 왜 모든 지질학적 형성물이나 모든 지층은 그와 같은 중간 연결고리로 가득 차 있지 않는 것일까? 확실히 지질학은 그렇게 세심하게 이행된 유기체의 사슬을 전혀 보여주지 않는다. 그리고 이것은 아마도 내 이론에 맞서 제기될 수 있는 가장 명확하고 가장 심각한 반박일 것이다. 그에 대한 해명은 바로, 지질학적 기록이 극도로 불완전하다는 것에 있다고 나는 믿는다."(Darwin, 1859, p.280)

굴드와 엘드리지는 다윈이 사망한 지 100년 정도가 지난 1972년에 일견 대담해 보이는 가설을 제시했다. 흔히 '단속평형론punctuated equilibrium theory'이라고 불리는 이 가설에 따르면, 화석기록이 불연속적으로 보이는 이유는 그것의 불완전함 때문이기보다는 실제로 불연속적인 변화들, 다시 말해 격변들이 지질학적인 과거에 빈번히 발생했기 때문이다. 그들은 고생물학자들

다윈의 식탁

의 100년 노력이 헛된 것이 아니라면 다윈의 미봉책은 변명에 불과하다고 주장했다(Eldredge & Gould, 1972).

굴드와 엘드리지의 단속평형론은 적어도 다음의 두 주장으로 이루어져 있다. 첫째, 진화적 변화는 적어도 중요한 부분에 있어서 지질학적으로 짧은 기간 동안 급속하게 폭발적으로 일어난다. 둘째, 단속적인 폭발 이후에는 상대적으로 긴 안정 상태가 존재한다. 그렇다면 왜 상대적으로 아주 긴 안정 상태가 지속되다가 갑자기 그 상태가 깨지는 것일까? 도대체 안정 상태를 유지하게 해주는 메커니즘은 무엇이고, 그것을 깨뜨리는 메커니즘은 무엇인가? 그리고 그것들은 질적으로 서로 다른 것인가? 이런 물음들은 단속평형론에 관한 근본적인 질문들이다.

먼저 안정 상태를 깨는 메커니즘에 대해 이야기해보자. 초반기(1970년대)에 굴드와 엘드리지는 안정 상태를 깨뜨리는 급속한 종분화speciation 사건이 대체로 진화생물학자 에른스트 마이어가 이야기한 이소적 종분화allopatric speciation 과정에 의해 진행된다고 주장했다(Eldredge & Gould, 1972). 마이어에 의하면 이소적 종분화는 다음과 같이 발생한다. 동종의 두 개체군이 물리적 장벽 등에 의해 지리적으로 분리되면, 두 개체군 간에 유전자 교류gene flow가 줄어들게 되고 결국 두 개체군은 서로 분열하게 된다. 그런데 이런 분열은 서로 다른 국소적 환경에 적응한 결과일 수 있거나, 매우 작은 개체군의 경우에는 무작위적인 유전적 부동genetic drift의 결과일 수 있다. 그런 후에 두 개체군 모두 혹은 그

315

중 한 개체군이 점점 팽창하여 결국 서로 다시 만나도, 두 개체군이 이미 너무 달라져서 서로 교배가 불가능한 상태가 될 수 있다. 즉 번식적 격리reproductive isolation가 일어난 것이다. 바로 이런 과정이 이소적 종분화이다(Mayr, 1963).

그런데 이소적 종분화 개념에 대해 굴드와 엘드리지가 주목한 부분은 작은 규모의 개체군에서 발생하는 유전적 부동이 매우 빠른 속도의 종분화를 유발한다는 대목이다. 마이어는 이것을 '창시자 원리founder principle'라고 이름 붙였다. 창시자 원리는 모 개체군으로부터 지리적으로 격리된 작은 개체군(즉 창시자)의 유전자 빈도가 무작위적 우연에 의해 모 개체군의 그것과 상당히 달라져서 마침내 새로운 종을 탄생시킨다는 원리인데, 마이어는 자연선택에 의한 점진적인 진화와 이를 대비시키기 위해 그것을 '유전적 혁명에 의한 종분화'라고 불렀다(Mayr, 1963).

그 이후에 굴드는 급속한 종분화의 메커니즘으로서 골드슈미트의 거대돌연변이macromutation 가설을 한때 적극적으로 받아들인 적도 있었다(Gould, 1980). 골드슈미트는《진화의 물질적 기초 The Material Basis of Evolution》(1940)에서 새로운 종이 불연속적인 변이, 즉 거대돌연변이에 의해서 갑작스럽게 나타난다고 주장하면서 신다윈주의자들Neo Darwinians과 갈라선다. 그는 대부분의 거대돌연변이가 비참한 재앙으로 끝나긴 하지만 아주 드물게는 순전히 행운 때문에 특정 생물을 새로운 생활양식에 적합하도록 만든다고 주장했다. 그리고 이렇게 운 좋은 거대돌연변이를 그는 '희망의 괴물hopeful monster'이라고 불렀다. 이 가설에 따르면 종의 변화는 염색체의 재조합으로 인해 한 세대 혹은 몇 세대만에도 이루어질 수 있다(Goldschmidt, 1940).

그러나 엄청난 표현형적 효과를 가지는 거대돌연변이가 환경에 불리할 수밖에 없다는 사실이 더욱 확고해지면서 골드슈미트의 '희망의 괴물'은 역사 속으로 '당분간' 사라지게 되었다. 그러자 굴드도 더 이상 자신의 이론을 이 괴물과 연결시키지 않으려 했고, 1990년대에 들어와서는 종분화 메커니즘보다는 오히려 그 반대 현상, 즉 멸종에 대해서 더 많은 관심을 기울였다. '종 솎아내기species sorting'에 대한 그의 개념도 이때 등장하게 된다(Gould & Eldredge, 1993).

이 대목에 한 가지 흥미로운 사실이 숨어 있다. 지난 20여 년 동안 생물학계의 큰 통합 흐름 중에 진화를 발생학적 관점에서 파악하려는 '진화발생생물학evolutionary developmental biology'(줄여서 이보디보)이라는 분야가 급부상했다. 이보디보는 동물의 배 발생 과정을 결정하는 혹스 유전자Hox genes의 발현 메커니즘을 밝혀 냄으로써, 진화를 '유전자 빈도의 변화'가 아닌 '유전자 발현의 변화'로 이해할 수 있는 가능성을 제시했다. 또한 그동안 블랙박스로 남겨졌던 변이의 발생 메커니즘을 본격적으로 연구하기 시작하면서 '혁신적 변이'가 어떻게 출현하는가에 대한 새로운 이해를 제공했다. 이런 맥락에서 굴드가 포기한 골드슈미트의 '희망의 괴물' 가설은 이보디보의 부상과 함께 최근에 부활했다고도 할 수 있을 것이다. 그런데 흥미로운 사실은 굴드의 첫 전문 연구서 《개체발생과 계통발생》(1977)이 이보디보의 선구적 작업으로 평가받고 있다는 점이다(장대익, 2005). 정작 굴드 자신은 혁신적 변이에 관한 이보디보적 관점이나 연구 성과를 충분히 활용하지 못했다는 사실은, 이런 맥락에서 매우 역설적이다. 어쨌든 굴드는 급속한 종분화 메커니즘에 대한 만족스러운 설명을 끝내 제시하지 못했다.

굴드의(혹은 굴드가 불러일으킨) 또 다른 문제점은 점진론자들도 이소적 종분화 메커니즘으로 급속한 종분화가 가능하다는 사실을 모두 받아들인다는 데 있다. 다만 그 메커니즘이 자연선택을 포함하지 않는 방식으로, 즉 창시자 원리에 의해서 일어나는가, 아니면 자연선택에 의해서 진행되는가에 대해서만 의견이 갈릴 뿐이다. 물론 대부분의 점진론자는 후자를 받아들인다(Somit & Peterson, 1992).

그렇다면 안정 상태를 유지시키는 메커니즘은 무엇일까? 다시 말해, 수만 년 동안 변하지 않는 유전자형 또는 표현형이 어떻게 존재할 수 있는가? 사실 이런 항상성은 쉽게 이해되지 않는다. 왜냐하면 그 정도의 세월이라면 수없이 많은 변이가 발생하기에 충분히 긴 기간이며, 실제로 변이의 원천들은 곳곳에 널려 있기 때문이다. 실제로 돌연변이는 거의 일정한 비율로 발생할 수 있고 환경도 계속 변할 수 있다. 만일 단속평형을 주장하는 이들이 항상성을 잘 설명하지 못한다면 그들의 이론은 기껏해야 반쪽짜리로 끝나고 말 것이다.

흥미롭게도 굴드와 르원틴은 안정 상태와 종의 통합성integrity을 유지시키는 메커니즘으로 종의 내재적 특성을 강조하는 '제약constraint'이라는 발생 메커니즘을 제시했다. 이 '발생적 제약developmental constraints'은 어떤 개체의 발생 과정에서 특정한 변화를 원천적으로 봉쇄하거나 매우 작은 범위 안으로 제한하는 메커니즘이다. 이른바 '운하화canalization'는 일정 범위의 환경 변화와 유전적 변동에도 불구하고 동일한 표현형이 산출되는 현상으로 발생적 제약의 좋은 사례이다. 그들은 이 제약의 유전 메커니즘으로 마이어의 유전적 항상성 개념을 적극적으로 받아들였다. 이 개념에 따르면 종의 유전체genome가 공적응co-adapted되어 있기 때문에 한 상태에서 다른 상태로 변화하는 것은 매우 힘들고, 따라서 종은 중요한 진화적 변화에 저항하는 '완충 장치buffer'를 가지고 있다(Mayr, 1963).[3]

하지만 발생적 제약만으로는 안정 상태를 설명하는 데 한계가 있다는 지적들이 있어왔다(Williamson, 1986). 그 비판의 핵심은 종을 유지하고 변화시키는 데 있어서 가장 큰 힘은 자연선택이라는 생각이다. 이런 생각을 가진 이들은 환경의 역할을 강조하면서 '안정화 선택stabilizing selection'이라는 메커니즘을 제시했는데, 이것은 개체군의 평균값에서 이탈한 표현형들이 자연선택에 의해 계속 제거됨으로써 그런 표현형들을 산출하는 유전형들이 개체군에서 사라지도록 하는 과정을 뜻한다.

그렇다면 이런 과정이 실제로 일어나기 위해서는 어떤 조건이 필요할까? 가장 중요한 것은 자연선택이 안정적으로 작용할 수 있도록 환경의 변화가 어느 정도는 미미해야 한다는 점이다. 하지만 안정 상태가 수만 년 동안 지속될 수 있을 만큼 환경이 안정적일 수 있을지는 의심스럽다. 따라서 안정화 선택 메커니즘만으로 안정 상태를 다 설명할 수 있다고 주장하기는 힘들다. 대신 발생적 제약과 안정화 선택이 모두 작용하여 수만 년간의 안정 상태가 생겨날 수 있다는 제3의 주장도 가능하며 유력하다(Maynard Smith, 1980; Williamson, 1986).

지금까지 우리는 굴드와 엘드리지 같은 단속평형론자들이 '안정 상태' 및 '급격한 종분화' 메커니즘을 어떻게 구분하고 있는지를 간략히 살펴보았다. 여기서 중요한 질문은, 그렇다면 이들이 제시한 메커니즘들이 기존의 점진론적 진화론(신다윈주의)에 어떠한 도전이 되는가 하는 것이다. 이에 대해 굴드는 '신다윈주의는 사실상 끝났으며 자신의 단속평형론이 새롭고 더 일반적인 진화론'이라는 대담한 주장을 펼쳤다(Gould, 1980).

하지만 앞서 검토했듯이 굴드가 그동안 제시한 단속평형 메커니즘들은 마이어의 창시자 효과나 유전적 항상성의 경우처럼 점진론자들도 인정하는 것들이거나, 거대돌연변이의 경우처럼 설명이 부족한 채로 남겨졌다. 따라서 우리는 많은 이들이 굴드의 최대 공헌이라고 여기는 단속평형론을 과대평가해서는 곤란하다. 게다가 철학자 데닛이 집요하게 물고 늘어졌듯이, 10만 년 정도를 한 눈금으로 보는 고생물학자들에게 진화는 불연속으로 보일 수밖에 없다. 반면 그보다 훨씬 더 짧은 기간(수백~수천 년) 정도를 한 눈금으로 보면 진화의 패턴은 연속적으로 그릴 수 있다. 이렇게 어떤 눈금으로 재느냐에 따라 진화의 속도와 양상이 달리 보인다면, 진화가 그저 단속적으로 일어났다는 굴드의 주장은 틀린 것이 된다(Dennett, 1996). 그렇다면 이 부분에서 우리는 굴드가 과장된 주장을 했다기보다는 오히려 잘못된 주장을 했다고 평가해야 할 것이다.

진화의 패턴에 대한 굴드의 주장이 이렇게 잘못되었다면 그의 공헌은 모두 부정적이랄 수밖에 없는 것일까? 굴드의 이론에 대해 사사건건 반대를 해왔던 진화생물학자 메이너드 스미스는 굴드가 기존의 진화생물학계에 고생물학적 관심을 불러일으킨 주역이라는 사실만은 인정한다. 굴드 덕분에 진화학계는 진화의 '속도와 양상tempo and mode'이라는 주제를 다시 한 번 중요한 토론 쟁점으로 내놓을 수 있었기 때문이다. 70년대 초반의 진화학계는 그들의 이런 도전으로 한창 시끄러웠다.

반적응주의 anti-adaptationism

1970년대 후반에 굴드는 속도와 양상 문제와는 다른 주제로 기존의 진화학계에 강력히 도전했다.[4] 진화생물학계에 미친 굴드의 두 번째 영향은 '적응주의adaptationism'에 대한 그의 신랄한 비판과 관련되어 있다. 적응주의가 무엇인지를 알아보기 전에 우리는 '적응adaptation'이 무엇인가부터 논의해야 한다. 생물학적 적응에 대해서는 크게 두 가지 견해—역사적 관점과 비역사적 관점—가 있다(장대익, 2005). 굴드는 엘리자베스 브르바Elisabeth Vrba와 함께 역사적 관점을 취했는데, 이들에 따르면 적응이란 현재의 기능 때문에 과거에 선택되어 유지되어온 형질을 가리킨다. 적응을 이런 식으로 규정하면 적응의 외연이 상당히 좁아질 수밖에 없다. 왜냐하면 처음에 선택된 이유가 지금까지 지속되어야 하기 때문이다(Gould & Vrba, 1982). 가령 바닷속에서 음영 정도를 구분할 수 있어서 포식자를 피하는 데 도움을 준 시각 장치는 현재에도 비슷한 기능을 담당하고 있기 때문에 적응이라고 할 수 있다. 하지만 곤충의 날개는 처음에 체온 조절 기능 때문에 진화했다가 현재는 비행 기능 때문에 보존되는 경우이므로 적응이 아니다.

굴드와 브르바는 이런 경우를 적응과 구분 짓기 위해 '변용형질exaptation'이라는 새로운 용어를 만들어냈다. 여기서 '변용형질'이란 곤충의 날개처럼 과거에는 지금과는 다른 기능 때문에 선택되었다가 어느 시점에 현재의 기능으로 변용된 형질이다 (Gould & Vrba, 1982). 즉 변용형질은 기원 시점과 현재 사이에서 한 번 이상의 용도 변경이 일어났던 형질이다. 따라서 우리가 그들의 '적응과 변용형질' 구분을 채택하기 위해서는 적어도 (i)어떤 형질이 과거에 어떤 기능을 했는지 정확하게 추론할 수 있어야 하고, (ii)현재의 기능이 적응으로 간주될 만큼 과거의 기능과 충분히 유사한가도 결정해야 한다. 이것은 결코 쉬운 작업이 아니다. 왜냐하면 결국 연구자가 어떤 적응이 어느 시점에 어떠한 용도 변경이 일어났는가를 정확히 알아야 하기 때문이다.[5]

굴드가 제안한 이러한 까다로운 적응 규정은 적응의 외연을 좁히는 효과를 낳는다. 그의 구분에 따르면 곤충이나 새의 날개처럼 적응의 전형적 사례로 분류되었던 것들이 변용형질의 사례로 강등된다. 그는 대체 왜 이런 결과를 만들어내고자 했을까? 적응의 외연을 좁히고자하는 그의 의도를 읽으려면, 그가 1979년에 하버드 대학교의 동료 발생유전학자 리처드 르원틴과 함께 쓴 논문에 주목해야 한다.

〈산마르코 대성당의 스팬드럴과 팡글로스적 패러다임〉이라는 제목의 이 유명한 논문에서, 굴드와 르원틴은 적응을 손쉽게 양산하는 그 당시 진화 생물학의 풍조를 '적응주의 프로그램adaptationist program'이라 부르고 호된 비판을 가했다(Gould & Lewontin, 1979). 그들은 자연세계에 널리 퍼져 있는 것은 적응이 아니라 발생 경로에서 파생된 온갖 제약들이라고 반박했다.

그들이 말한 '제약'이란 무엇인가? 예를 들어보자. 척추동물의 계통에서 여러 번 독립적으로 나타난 '태생'은 조류에서는 결코 진화하지 않았다. 조류에게는 '난생'이 더 적응적이기 때문일까? 아니다. 조류가 파충류에서 진화하면서 파충류의 난생을 조류가 그대로 물려받았기 때문이다. 이처럼 어떤 형질의 존재는 자연선택의 산물일 수도 있지만 발생적 제약 때문일 수도 있다. 또는 자연선택과 발생적 제약의 동시 작용일 수도 있다. 굴드와 르원틴에 의하면, 적응주의자들은 자연선택의 힘을 너무나 당연시 한다. 반면 그들은 제약의 편재성이 더 중요하다고 주장한다. 이처럼 적응주의 논쟁은 선택과 제약의 상대적 경중에 관한 싸움이라 할 수 있다.

그들이 당시 적응주의자들의 태도를 비판하기 위해 들었던 건축구조 유비는 과학 논문이 얼마나 인문적이고 화려할 수 있는지를 보여주는 최고의 사례로 지금까지도 회자될 정도이다. 그들은 적응주의를 '스팬드럴spandrel'이라는 건축구조에 빗대었다. 스팬드럴(좀 더 정확히는 펜덴티브)은 대체로 역삼각형 모양인데 돔을 지탱하는 둥근 아치들 사이에서 형성된 구부러진 표면이다. 베네치아의 산마르코 대성당의 돔 밑에 있는 스팬드럴은 기독교 신학의 네 명의 사도를 그린 타일 모자이크로 장식되어 있다. 굴드와 르원틴은 적응주의자들이 그런 스팬드럴을 기독교적 상징을 표현하기 위한 적응으로 간주하게 될 것이라고 말한다. 그 스팬드럴은 아치 위에 있는 돔을 설치하는 과정에서 어쩔 수 없이 생긴 '부산물'일 뿐인데 말이다.

적응주의에 대한 고전적 비판 논의로 평가받는 이 논문에서 그들은 적응주의자들을 볼테르의 『캉디드』에 등장하는 팡글로스 선생에 비유했다. 그들에 따르면, 캉디드에 나오는 이 선생이

신은 최선의 세계를 우리에게 만들어주었다고 믿는 것과 같이 적응주의자들은 자연선택이 모든 형질을 가장 최선으로 만들었다고 믿는다(Gould & Lewontin, 1979). 그들의 비판을 다음과 같이 크게 네 갈래로 요약할 수 있다(장대익, 2005).

첫째, 적응주의자들은 유기체를 분리된 부분들의 집합으로 여긴다. 그리고 이때 각각의 부분들은 독립된 진화론적 설명을 가진다. 그들은 한 유기체가 딱딱 떨어지는 형질들로 나뉠 수 있으며 각 형질들은 개체의 환경에 최적화된다고 믿는다. (→ GL1)

둘째, 적응주의자들은 '적응적adaptive형질'과 '적응adaptation'을 구분하지 않는다. 하지만 현재는 유용성이 없으면서(비적응적이면서) 적응인 형질, 반대로 현재는 유용하지만(적응적이지만) 과거에는 분명히 선택되지 않았을 그런 형질들이 존재한다. (→ GL2)

셋째, 적응주의자들은 어떤 형질이 유지되는 현상에 대해 자연선택에 의한 설명 말고는 다른 대안적 설명들—유전적 제약, 발생적 제약, 계통적 제약 등—은 고려하지 않는 것 같다. (→ GL3)

넷째, 적응주의적 설명은 일반적으로 반증 불가능하다. '단지 그럴듯한 이야기just so story'만 할 뿐 시험 가능한 가설을 내놓지 못한다. (→ GL4)

위의 주장들은 여전히 적응주의에 대한 표준적 비판들로 활용된다. 그런데 과연 얼마나 근거가 있을까? 간단히 차례대로 검토해보자. 우선 GL1은 적응주의자들이 유기체를 '원자화'하고 있다는 지적이다. 예컨대 인간의 턱jaw에 대해서 생각해보자. 어떤 이들은 '강한' 턱이 남성의 유전적 품질을 나타내는 표지이기 때문에 적응적이라고 주장한다. 하지만 굴드와 르원틴은 인간의 턱은 적응이 아니라고 말한다. 왜냐하면 턱은 그 자신의 독립적 진화 역사를 갖지 못하는 형질이기 때문이다. 턱은 아래턱chin을 만드는 두 개의 뼈 구조 내에서 일어난 변화의 결과다. 이 구조들의 변화는 자연선택 때문일 수 있지만, 턱은 마치 스팬드럴처럼 이런 변화의 부산물일 뿐이다(Gould & Lewontin, 1979).

물론 적응처럼 보이나 부산물인 경우가 적지 않다. 하지만 굴드와 르원틴의 주장처럼 적응주의자들이 실제로 '거의 모든' 형질에 대해 각각의 독립적 진화 역사를 상정하고 있는지에 대해서는 다소 의심스럽다. 오히려 유기체의 전체적 표현형은 그 표현형의 모든 다른 측면에 관해 상충하는 요구들 사이의 타협이라며 전일론적 대안을 제시하는 르원틴과 굴드의 주장이 성급한 일반화처럼 여겨진다.

이제 GL2에 대해서 생각해보자. 굴드와 르원틴의 이런 비판을 볼 때, 그들은 아마도 모든 형질을 네 가지 유형으로 구분하려는 것 같다. 적응적 적응 형질adaptive adapation, 비적응적 적응 형질nonadaptive adaptation, 적응적이지만 적응이 아닌 형질adaptive nonadaptation, 적응적이지도 않고 적응도 아닌 형질nonadaptive nonadaptation이 그것이다. 예컨대 인간의 맹장과 같이 적응이면서 현재는 비적응적인 형질이 있는가 하면, 암컷 점박이 하이에나의 비대한 클리토리스와 같이 적응이 아니면서도 적응적인 형질도 존재한다.[6] 이런 식으로 적응을 적응 아닌 것과 나누는 방식은 앞서 언급했던 적응과 변용형질 구분과도 일맥상통한다. 즉 그들은 어떤 형질의 기원origin과 수정modification, 그리고 유지 maintenance의 이유들이 각각 다를 수 있음을 지적한다.

이런 비판에 대해 적응주의자들은 어떻게 대응할 수 있을까? 한 가지 대답은 기원, 수정, 유지의 이유가 다르다 해도 어쨌든 어떤 선택압이 더 크게 작용했느냐의 차이가 있었을 뿐 선택이 강하게 작용한 것은 사실이라고 말하는 것이다. 가령 곤충의 날개가 처음에는 온도조절 기능 때문에 진화했고 나중에는 비행을 위해 용도가 변경이 되었다 하더라도, 이 과정에서 가장 강하게 작용한 것은 자연선택이지 발생적 제약을 비롯한 각종 제약은 아니라는 것이다. 따라서 이런 경우에 대해 설령 적응주의자들이 어떤 형질의 적응 여부를 잘못 판단했다 하더라도 적응주의의 기본 정신—즉, 자연선택은 다른 힘들에 비할 바 없이 강하게 작용한다—에는 아무런 훼손이 일어나지 않는다.

그렇다면 GL3과 같은 비판에 대해서는 어떤 대응을 할 수 있을까? GL3은 기본적으로 제약이 진화에 있어서 매우 중요하다는 점을 전제한다. 예를 들어 사자는 왜 하필 사지를 가졌을까?

발이 세 쌍이면 더 불리해서인가? 계통 발생적 관점에서 보면 무척추동물에서 척추동물로 넘어오면서 사지가 처음 설계되었기 때문에 모든 척추동물은 사지를 가질 수밖에 없다. 이런 형질들은 자연선택이 아닌 계통 발생적 제약으로 설명되어야 한다(Amundson, 1994). 굴드와 르원틴에 따르면, 적응주의자들은 이러한 발생적 제약을 거의 고려하지 않는 사람들이다. 적응주의자들이 정말 그럴까?

그렇다면 관건은 적응과 제약을 어떻게 시험할 것이며 상대적 경중을 어떻게 결정할 수 있는가 하는 점일 것이다. 그리고 적응주의자들이 제약을 적절한 방식으로 잘 고려하고 있는가를 따져봐야 할 것이다. 우선 적응주의자들의 '적응 가설adaptive hypothesis'을 시험하는 데에는 두 가지 접근—질적 시험과 양적 시험—이 있다. 예컨대 형질의 복잡한 기능성에 주목하는 방법은 '질적 시험'에 속하는데, 정확한 시험을 위해서는 충분하지 않다. 기능성이 애매해지는 경우에는 또 다른 질적 방법으로 분류군을 비교하는 방식이 있다. 이 경우에 만일 동일한 또는 유사한 형질들이 여러 계통에서 독립적으로 발생하면 할수록 그 적응 가설은 더 큰 신빙성을 얻게 될 것이다. 둘째, '제약 가설constraints hypothesis'도 적응 가설이 추론되는 방식과 유사한 방식으로 추론된다. 우선 생화학적·생리학적·역학적 기능을 잘 알고 있어야 이 때문에 발생하는 제약을 포착해낼 수 있다. 계통 비교법을 통해 유사한 형질들이 단계통monophyletic 내에서 얼마나 많이 퍼져 있는지를 살펴봄으로써 계통 발생적 제약의 강도를 대략적으로 알 수 있기 때문이다(Lauder et al., 1993).

한편 적응과 제약을 '정량적으로' 시험해보는 시도들도 최근 몇십 년 동안 꾸준히 발전해 왔다. 그 시도들은 기본적으로 두 가지 유형—최적성 모형optimality model과 게임 이론 모형—이다. 먼저 상대적으로 간단한 최적성 모형을 집중적으로 살펴보자. 이 모형은 마치 공학자가 공학 문제를 분석하듯 진화 문제를 푼다. 이 모형에는 네 가지 요소들—적합도 측정, 유전성heritability 전제, 표현형 집합, 상태 방정식 집합—이 포함된다. 첫째, 적합도는 다양한 설계들의 성공으로 측정된다. 한 개체가 생산해내는 1대 자손 또는 2대 자손의 수로 판단하는 것이 이상적이다. 이 모형은 가장 효율적인 개체가 가장 많은 자손을 가진다는 것을 전제한다. 둘째, 유전성 전제는 자손이 부모의 설계를 얼마나 전달받는가를 명시한다. 셋째, 표현형 집합을 선택하는 작업은 단기간 진화보다는 장기간 진화의 경우가 더 판단하기 어렵다. 왜냐하면 여러 유형의 제약이 가해질 가능성이 더 크기 때문이다. 이런 제약들은 표현형 집합의 외연을 줄인다. 마지막으로 상태 방정식은 표현형과 환경의 관계에 관한 이론이다. 이 방정식은 물리·화학적 법칙 등에서 얻을 수 있으며 대안적 설계들에 따라 어떤 결과가 산출될 것인지를 예측한다. 모형이 완성되면 그것은 표현형 집합에서 어떤 구성원이 최적의 설계—즉 가장 높은 적합도 값을 보인 구성원—인가를 드러낼 것이다(Maynard

Smith, 1984; Parker & Maynard Smith, 1990).

그러나 최적성 모형의 경우에는 설계의 적합도가 개체와 환경 간의 관계에만 의존한다. 그러나 실제로는 개체들의 빈도에 의존적인 경우가 많다. 게임 이론 모형은 바로 이런 경우에 적절히 사용될 수 있는 정량적 모형이다. 최적성 모형과 비교해보면 게임 이론적 모형에서는 상태 방정식, 적합도, 그리고 표현형 대신에 차례대로 게임 행렬, 보상, 그리고 전략이 그 구성 요소들에 포함된다. 만일 선택이 빈도 의존적이라면 최적 전략은 있을 수 없다. 대신에 게임 이론 모형에서는 어떤 전략이 진화적으로 안정적인지(ESS, Evolutionarily Stable Strategy)를 나타낸다(Maynard Smith, 1982).

그렇다면 이 두 모형은 어떤 방식으로 시험받을 수 있을까? 모형의 예측 값과 실제 값을 비교하여 시험하면 된다. 그런데 불일치가 일어나면 어떻게 되는가? 모형이 반증되는가? 굴드와 르원틴은 이 대목에서 매우 회의적이다. 그들에 따르면, 적응주의자들은 자신들의 경험적 실패를 결코 받아들이지 않는다. 이런 비판은 바로 GL4와 밀접히 연관되어 있다.

굴드와 르원틴의 이런 지적은 정당한가? 문제는 그렇게 단순하지 않다. 진화 게임 이론의 창시자인 존 메이너드 스미스는 오히려 최적성 모형이 각종 제약의 존재를 밝혀줄 일종의 '발견 장치'라고 주장한다. 즉 불일치는 무언가를 드러낸다는 것이다. 왜냐하면 그것은 표현형에 명백하게 드러나지 않은 제약들,

그래서 다른 방도로는 정확히 알기 어려운 제약들을 드러내주기 때문이다. 그래서 적응 모형을 시험한다는 것은, 우리가 정한 표현형 집합, 유전성 전제, 적합도 측정 등과 같은 것을 미세하게 조정하면서 그 모형이 관찰된 표현형을 정확하게 예측하도록 그것을 정교화한다는 의미이다. 이 과정에서 적응에 대한 각종 제약은 결코 무시되지 않는다. 왜냐하면 그런 요인들은 적합도 측정과 표현형 집합을 통해 그 모형 속으로 들어오기 때문이다(Maynard Smith, 1984; 1987).

다른 한편으로 생물철학자 엘리엇 소버는 굴드와 르원틴의 GL4가 과학 이론이 시험받는 방식에 대한 지나치게 소박한 견해에 의존하고 있다고 지적했다. 그러면서 적응주의를 시험할 수 있는 간접적 방법도 제시했다. 그는 적응주의가 일종의 연구 프로그램('단일 이론이 아니라 연쇄적 이론 집합'을 뜻하는, 과학철학자 러커토시의 용어)이기 때문에 이에 대한 시험은 간접적일 수밖에 없다고 주장한다. 그리고 스티븐 오잭Steven Orzack과 함께 적응주의를 시험할 수 있는 방법을 제안한다(Orzack & Sober, 1994; Sober, 2000). 이를 위해 그들은 먼저 적응주의를 세 가지 유형으로 구분했다. 첫째, 대부분의 형질이 자연선택 아래 놓여 있다는 견해(적응이 편재한다는 견해), 둘째, 자연선택의 효과를 삭제하면 진화에 대한 예측이 크게 빗나간다는 견해(적응이 중요하다는 견해), 셋째, 자연선택을 제외한 다른 모든 진화적 메커니즘을 삭제해도 진화가 정확히 예측된다는 견해(적응이 최적이라는 견해)이다. 그들은 대부분의 생물학자가 자연선택이 편재하며 중요하다는 점에는 동의한다고 믿는다. 따라서 적응주의의 독특성은 적응이 최적이라는 견해에서 드러난다. 하지만 여기서 최적은 정확히 말해 국소적인 의미에서의 최적을 뜻한다(Orzack & Sober, 1994). 왜냐하면 앞서 언급한 최적성 모형에서 드러났듯이 여러 유형의 제약들이 그 모형에 산입되기 때문이다.

소버와 오잭에 따르면 만일 자연선택만 고려한 모형(최적화 모형)이 대부분의 자료를 정확하게 예측하거나 또는 그 전제들 몇 개만을 독립적으로 합당하게 조정하는 식으로 정확한 예측치를 얻어낸다면 그 적응주의는 진보적인 연구 프로그램이다. 반대로 계속 땜질만 해야 한다면 적응주의는 퇴행적이고 결국 포기되어야 한다. 하지만 그들은 적응주의가 퇴행적이라고는 생각하지 않는다(Orzack & Sober, 1994; 1996; Sober, 2000).[7]

우리는 지금까지 1972년 논문에 나타난 굴드와 르원틴의 반적응주의 논변을 비판적으로 검토해보았다. 그들의 글쓰기 스타일과 논증 방식은 화려하기 그지없고, 그들의 메시지 또한 당대의 성급한 적응주의자들을 일깨우는 측면이 있었지만, 그들의 논증은 적응주의자들의 기본 정신과 방법론, 그리고 그간의 성과들을 무력화시킬 만큼 강력하지 못했다.

한편, 굴드의 반적응주의적 진화론은 생명의 진화 역사에서 '역사적 우발성historical contingency'을 강조하는 그의 견해에서도 명확히 드러난다. 1972년 논문에서 자연선택의 힘에 '버금가는' 발생적 제약을 강조했던 그는,《생명, 그 경이로움에 관하여 Wonderful Life: The Burgess Shale and the Nature of History》(1989)에서는 한발 더 나아가 자연선택의 보수적 힘을 '무력화'시키는 역사적 우발성을 내세웠다.[8] 그는 이 책에서 이른바 '캄브리아기 대폭발 Cambrian explosion'에 대한 독특한 해석을 내놓는다. 일반적으로 캄브리아기 대폭발은 5억 7000만 년 전에서 5억 3000만 년 전 사이(주로 캄브리아기)에 벌어진 생명의 대분화를 일컫는데, 현재 살아 있는 거의 모든 동물의 계통들이 이 기간에 출현했다고 알려져 있다. 즉 동물계의 주요 '신체 형성 계획들body plans', 또는 문들phyla이 다 그때 생겨났다는 것이다.

그런데 그는 캄브리아기 대폭발 기간에 형성된 버지스 이판암Burgess Shale 화석들을 해석하면서, 형태적으로 매우 기이하게 생긴 그 시기의 동물 형태들이 현재의 문phylum으로 이어지지 않고 자취를 감춘 것들도 있다고 말한다. 다시 말해, 신체 형성 계획 측면에서 그때가 현재보다 더 다양했다는 주장이다. 그는 이것을 '다기성disparity, 多基性'이라는 개념으로 설명하려 했다. 다기성은 기본적 구조의 다양성을 뜻하는 것으로 중기 캄브리아기에 살았던 오파비니아Opabinia 같은 이질적 근본 구조들이 얼마나 많은지를 나타내는 지표라 할 수 있다. 화석의 재구성을 통해 우리는 오파비니아의 형태를 추측할 수 있는데, 이것은 다섯 개의 눈이 튀어나와 있고 길고 유연한 호스 같은 코를 가지고 있는 매우 기이한 동물이었다. 굴드는 이 화석에서 큰 영감을 받아 캄브리아기의 생명이 그 이후보다 얼마나 더 다양하고 실험적이었는지를 이야기하려고 《생명, 그 경이로움에 관하여》를 썼다.[9] 하지만 후속 연구들에서 오파비니아가 실패한 실험(멸절)이 아니라 절지동물의 선조로 이어졌다는 것이 밝혀졌다 (Budd, 1996).

그렇다면 왜 캄브리아기 동물들 중에서 어떤 것들은 멸절했고 다른 것들은 현생 동물들로 진화할 수 있었을까? 더 근본적으로, 캄브리아기에 왜 그렇게 이질적이고 기이한 동물들이 '갑자기' 대량으로 생기게 되었을까?[10] 이 질문들은 버지스 이판암 화석을 둘러싼 쟁점 중에서 가장 중요한 물음이다. 이에 대해 굴드는 역사적 우발성을 주장하는 사람답게 대멸종mass extinction에 대해 이야기한다. 그는 캄브리아기 직전에 발생한 대멸종으로 인해 새로운 생명체들이 점유할 수 있는 적응 공간이 갑자기

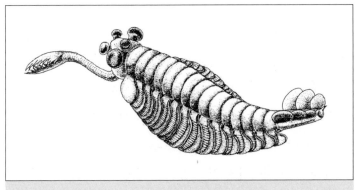

오파비니아 상상도

열리는 바람에 그런 대폭발이 일어났다고 주장했다(Gould, 1989).

환경의 우발적 격변이 생명의 진화에 미친 중대한 영향은 공룡들을 사라지게 만든 K-T 대멸종 사건[11]에서 가장 극적으로 드러난다. 공룡 멸종의 원인에 대한 논쟁이 한동안 뜨거웠지만, 6500만 년 전에 외계에서 날아와 지구와 충돌한 소행성이 그 주범이라는 주장이 현재는 정설로 자리 잡았다(Raup, 1991). 공룡 멸종은 포유류에게 진화의 문을 활짝 열어주었고 결국 현생 인류로 이어지는 진화 경로의 원인으로 작용했다. 굴드는 소행성 충돌과 같은 우발적 사건이 진화의 중대한 경로들을 결정해왔다고 주장한다. 캄브리아기 대폭발의 원인도 동일한 패턴을 따랐다는 것이 굴드의 해명이었다. 따라서 그가 보기에, 만일 백악기 말에 소행성이 지구를 약간 비껴갔더라면 지구 위의 생명체는 지금과는 매우 다른 모습이었을 것이고, 캄브리아기 이전에 모종의 우발적 사건들로 인해 대멸종이 일어나지 않았다면, 지금과는 완전히 다른 모습이었을 것이다.

고생물학자들은 캄브리아기 대폭발의 원인에 대한 굴드의 대답에 다들 동의할까? 결코 그렇지 않다. 예컨대 버지스 이판암을 해석하고 소개하는 역할을 주로 했던 굴드와는 달리, 그것들을 직접 연구한 고생물학자 사이먼 콘웨이 모리스는 일종의 수렴 진화convergent evolution를 주장하며 굴드를 비판한다(Conway Morris, 1997). 그는 이후에도 수렴 진화의 수많은 사례들을 근거로, 진화의 대안적 경로들이 있음에도 인류는 오늘날처럼 진화할 수밖에 없었다고 주장했다(Conway Morris, 2003). 즉 그는 진화에 있어서 '역사적 필연성'을 주장함으로써 역사적 우발성을 주장한 굴드와 정확히 반대 방향의 대척점에 선 셈이다. 이 맥락에서 굴드의 유명한 '진화의 테이프' 비유로 콘웨이 모리스의 견해를 표현하면 다음과 같이 된다. '진화의 테이프를 되감고 조건을 약간 달리한 후 다시 틀어도 캄브리아기 대폭발은 똑같이 일어났을 것이고, 인류도 오늘날처럼 진화했을 것이다.' 굴드에게 이 자연계는 굳이 이렇게 될 이유가 없었다면, 콘웨이 모리스에게 이 세계는 이렇게 되어야 할 모든 이유가 있었던 것이다.

물론 이런 양 극단 사이의 어딘가에서 캄브리아기 대폭발의 원인을 설명하려는 시도들도 있다. 예를 들어 어떤 이들은 혹스 유전자와 같은 발생 유전자들이 캄브리아기 바로 직전에 처음으로 생겨났다는 사실에 주목하여 복잡한 구조의 출현을 설명한다(de Rosa et al., 1999). 혹스 유전자는 발생을 통제하는 마스터 스위치 같은 기능을 하면서도 다른 유전자들과는 준독립적인 관계를 맺고 있는 일종의 레고 블록 같은 것이기 때문이다. 이 레고 블록의 종류가 다양해지고 양이 많아지면 생명의 세계는 새로운 구조물을 만들 수 있는 조합들이 엄청나게 늘어난다(장대익, 2005). 다른 이들은 이런 내부적 변화보다는 외부 환경의 변화에 초점을 맞춘다. 그들은 캄브리아기에 진입하기 이전의 약 7억 년 동안 계속된 산소량의 증가로 인해 생명체의 이동을 위한 연료가 풍부해졌다는 사실에 주목한다. 그들은 산소량의 이

런 증가가 더 복잡한 신체 구조의 진화를 촉진시켰다고 주장한
다(Catling et al., 2005).

이제까지 우리는 굴드가 적응주의를 비판하는 이유들을 살펴
보고 그것들이 얼마나 설득력이 있는지를 비판적으로 검토해보
았다. 물론 그는 다른 진화론자들처럼 자연선택의 작동 그 자체
에 대해서는 전혀 의심하지 않는다. 그런 의미에서 그도 다윈주
의자라 할 수 있다. 대신 그는 적응의 조건을 까다롭게 하고 발
생적 제약을 강조하며 역사적 우발성에 기대는 방식으로 적응
주의를 강하게 비판했다. 하지만 우리가 지금까지 검토한 바처
럼, 그는 적응주의를 배제할 만한 결정적 이유를 제시하지 못했
고, 오히려 여러 문제점을 노출했다. 적응주의는 여전히 건재하
다. 아니, 굴드 등의 비판에 대응하는 과정을 통해 더욱 세련되
고 강해졌다고 해야 할 것이다. 따라서 굴드가 그동안 사회생물
학이나 진화심리학에 대해 했던 많은 비판도 재평가되어야 할
상황이다. 왜냐하면 적응주의 프로그램은 사회생물학과 진화심
리학의 이론적 전제에 해당하기 때문이다.

반진보주의 anti-progressivism

'생명의 진화가 진보적인가?'라는 물음은 해묵은 것이다. 흔히

들 진화와 진보가 같은 뜻이 아님을 설득력 있게 주장한 대표적인 인물로 다윈을 들지만 정작 다윈 자신은 생명의 진보에 대해 매우 이중적인 태도를 취했다. 즉 어떤 경우에는 생명의 진보란 있을 수 없다고 말하면서도 다른 때에는 마치 생명의 진보가 필연적인 듯이 말했다(Darwin, 1859).

하지만 고생물학자 굴드만큼 진보라는 용어를 혐오한 생물학자도 드물 것이다. 그는 특히 《풀하우스》에서 생명이 복잡성이 증가하는 방향으로 진화해왔다는 생각은 단지 환상에 불과하며, 생명의 진화는 진보가 아니라 변이량(다양성)의 증가일 뿐이라고 단언한다(Gould, 1996).[12] 물론 그도 최초의 생명체가 막 시작되었던 38억 년 전보다 현재가 생물 종의 다양성 면에서 상대적으로 우위에 있다는 사실을 기꺼이 인정한다. 하지만 그런 종 다양성의 증가를 진화의 추세trend로 보기는 힘들다고 주장한다. 그의 주장을 핵심적으로 이해하는 데에는 다음의 '술꾼 모형'이 큰 도움이 된다.

술에 만취한 남자가 술집에서 비틀거리면서 나온다. 이 남자가 인도를 따라 오른쪽으로 가다 보면 도랑이 나온다. 그 도랑에 떨어지면 그는 정신을 잃고 이야기는 끝난다. 인도의 길이는 9미터이고, 이 남자는 이리저리 무작위로 비틀거리면서 걷는데 한 번에 1.5미터씩 비틀거린다고 하자. 단 그 남자는 술집 쪽이나 도랑 쪽으로만 비틀거리면서 움직인다고 하자. 만일 그 사람이 완전히 무작위로 비틀거리면서 움직인다면 결국 어떤 일이 벌어질까? 도랑에 빠지고 말 것이다. 그 이유를 생각해보자. 우선 도랑이나 술집 벽 쪽으로 비틀거릴 확률은 0.5로 서로 같다. 그리고 그 술꾼이 한쪽에 있는 술집 벽에 부딪히면 그냥 거기 있다가 도랑 쪽으로 다시 비틀거리게 될 것이다. 이렇게 되면 결국 그 남자는 도랑 쪽으로 갈 수밖에 없다.

위와 같이 이 모형은 매우 단순하다. 하지만 통계적으로는 큰 함의를 지닌다. 즉 구조적으로 한쪽이 벽으로 막혀 있는 선형 운동계에서는 어떤 대상이 방향성 없이 무작위로 이동한다 해도 결국에는 그 벽의 시작점에서 점점 멀어질 수밖에 없다는 이치이다. 술꾼은 늘 도랑에 빠질 수밖에 없지만 그는 그저 '방향 없이' 비틀거렸을 뿐이다. 일견 역설처럼 들리는 이런 현상을 가능하게 하는 중요한 요인은 바로 왼쪽 벽의 존재이다. 술꾼의 무작위적인 비틀거림이 오직 한 방향(오른쪽)으로만 누적되는 것은 그가 뚫을 수 없는 왼쪽 벽에서 시작했기 때문이다.

그렇다면 벽이 왼쪽이 아니라 오른쪽에 있는 경우에는 어떤 일이 벌어질까? 굴드는 미국의 메이저리그 타자 중에 '4할대의 타율을 자랑하는 선수가 왜 사라졌는가'를 오른쪽 벽의 역할에 기대어 설명한다. 야구광으로서 메이저리그 뉴욕 양키즈의 열렬한 팬이기도 했던 그는 메이저리그의 100년간의 통계들을 분석하면서 4할대 타자의 멸절 이유를 밝혀낸다. 결론을 미리 말하자면 역설적이게도 그 이유는 오늘날 훌륭한 타자들이 배출되지 않기 때문이 아니라, 오히려 선수들의 경기력이 전반적으로 꾸준히 상승했기 때문이다(Gould, 1996).

초창기 메이저리그 선수들의 평균 경기력은 인간의 오른쪽 한계에서 한참 멀리 있었다. 타자나 투수나 요즘 기준으로 보면 중간에도 못 미쳤다. 하지만 평균 타율은 2할 6푼 정도로 오늘날과 거의 유사하다. 초창기 타율의 변이는 2할 6푼을 중심으로 양쪽으로 넓게 뻗어 있었다. 왼쪽으로 변이가 퍼진 것은 얇은 선수층과 엉성한 체계가 타격 실력이 떨어지는 야수에게도 설 자리를 주었기 때문이고, 오른쪽으로 변이가 퍼진 것은 평균과 오른쪽 벽 사이의 차이가 워낙 컸기 때문이다. 이런 분포에서 뛰어난 재능을 가진 극소수의 선수들이 4할대의 타율을 갖게 된 것이다.

반면 현대 야구는 어떤가? 경기력이 모든 면에서 향상되었지만, 타격과 투구 사이의 균형은 거의 변하지 않았기에 평균 타율은 일정하게 유지된다. 따라서 전체적인 변이는 필연적으로 양쪽에서 대칭적으로 줄어들었으며 변함없는 평균값은 예전에 비해 오른쪽 벽에 훨씬 더 근접해 있다. 오늘날의 최고 선수들은 과거 4할대 타자들에 비해 떨어지는 선수들이 아니다. 오히려 그들보다 오른쪽 벽에 한두 발 정도 더 가까이 갔다고 해야 옳다. 하지만 이에 비해 보통의 선수들은 오른쪽 벽을 향해 몇십 발을 더 내딛었고, 평균 타율과 최고 타율의 차이가 줄면서 결국 4할 타율과 같이 높은 타율은 사라지게 된 것이다. 이런 분석에 따라 굴드는 4할 타자가 사라진 것은 퇴보가 아니라 역설

다윈의 식탁

적으로 경기력의 전반적 향상을 뜻한다고 결론짓는다.

술꾼 모형, 4할 타자가 사라진 이유, 왼쪽 벽, 오른쪽 벽…….
도대체 이런 이야기들이 진화에 추세가 있는지 없는지, 그 추세
가 복잡성의 증가인지 아닌지 등의 논의와 무슨 상관이 있단 말
인가? 우선 술꾼 모형을 다시 기억해보자. 그 남자는 그저 아무
렇게나 비틀거렸을 뿐인데 외견상으로는 도랑을 향해 이동하고
있는 것처럼 보였다. 왼쪽 벽이 결과적으로 이동의 방향을 정해
준 셈이다. 굴드는 이와 마찬가지로 생명의 진화가 복잡성을 증
가시키는 방향으로 진행된 듯이 보이지만, 생명이 가장 간단한
형태로 왼쪽 벽에서부터 시작했기 때문에 그렇게 보일 뿐이라
고 말한다. 이때 왼쪽 벽의 역할을 하는 것은 가장 간단한 형태
의 생명체를 가능하게는 물리화학적 제약이다. 그에 따르면 이
런 이유 때문에 술꾼이 도랑을 향해 이동했다고 말할 수 없는
것과 마찬가지로 생명이 더 높은 복잡성을 향해 변화했다고 말
할 수 없다. 물론 38억 년 전에 존재했던 가장 복잡한 생명체와
현재 존재하는 가장 복잡한 생명체(인간)를 비교하면 후자의 복
잡도는 훨씬 높다. 즉 복잡성에 있어서 최댓값이 과거에 비해
증가한 것은 사실이다. 하지만 굴드의 주장은 최댓값의 증가와
변이 폭의 확대가 곧바로 추세로 해석되어서는 곤란하다는 것
이다.

한편 4할 타자가 사라진 이유에 대한 설명은 오른쪽 벽의 역
할을 잘 드러내준다. 아무리 훌륭한 선수라도 인간 신체의 한계

는 어쩔 수 없다. 그는 오른쪽 벽에 손을 대고 그 자리에 서 있을 수밖에 없고, 그동안 평범한 선수들은 소리도 없이 그의 뒤를 따라와 여전히 훌륭한 그의 타율을 감소시킨 것이다. 요약하자면, 4할 타자가 사라진 이유는 경기력의 전반적 향상으로 인해 변이의 폭이 대칭적으로 축소되는 과정에서 생긴 부산물일 뿐이다. 굴드에 따르면 오늘날 복잡성의 최댓값이 과거에 비해 증가한 것은 특별한 이유(추세)가 있기 때문이라고 주장하는 것은, 타자들의 수준 저하 때문에 현재에는 4할 타자가 사라졌다고 말하는 것과 다를 바 없으며, 이런 주장들은 모두 명백한 오류이다.

생명의 진화가 복잡성을 증가시키는 방향으로 발전했다고 보는 견해를 반박하기 위한 굴드의 노력은 이쯤에서 끝나지 않는다. 굴드의 원군은 다름 아닌 박테리아다. 화석기록상 최초의 생명 형태는 모두 원핵생물, 대략적으로 말해 박테리아다. 사실 생명의 역사에서 절반 이상은 박테리아의 독무대였다. 화석기록으로 보존될 수 있었던 형태들만 고려한다면 박테리아는 최소 복잡성의 왼쪽 벽에 해당된다. 따라서 생명은 박테리아 형태로 시작되었다고 해도 크게 틀리지 않는다. 그런데 박테리아는 오늘날에도 여전히 같은 위치를 점하고 있다. 즉 박테리아는 태초부터 존재했고, 지금도 존재하고 있으며 어쩌면 영원히 존재할 것이다. 생명의 진화 역사에서 복잡성의 평균값은 증가했을 수 있지만, 그 값이 '중심 경향성'을 대변해주지 못한다. 이런 경우에는 오히려 최빈값이 더 적합한 척도가 될 것이고, 그 값에 해당하는 박테리아는 언제나 생명의 성공을 잘 대변해준다. 따라서 굴드는 분포 전체의 꼬리에 불과한 최댓값으로 분포 전체의 성질을 규정하려는 사고는 옳지 않다고 주장한다.[13]

그렇다면 진화의 추세가 복잡성의 증가라는 견해는 정말로 통계적 환상에 불과한 것일까? 도킨스는 반진보론을 강력하게 피력한 굴드의 《풀하우스》에 대한 전문 서평에서 진화에 대한 굴드의 견해가 심히 왜곡돼 있다고 비판했다. 흥미롭게도 그는 진화의 추세를 강하게 거부하는 굴드 자신이 진보를 복잡성의 측면에서만 바라봄으로써 오히려 '인간 우월주의human Chauvinism'적 시각을 버리지 못했다고 비판한다. 그리고 인간 우월주의적 시각이 탈색된 새로운 진보 개념을 추구해야 한다고 맞받아쳤다(Dawkins, 1997).

도킨스가 염두에 두고 있는 진보 개념은 크게 두 가지인데, 그중에서 '진화력의 진화evolution of evolvability'를 도입하여 진보론을 옹호하는 대목이 매우 인상적이다.[14] 그는 생명체의 발생 과정에서 생긴 주요한 혁신들이 새로운 진화 공간을 열어줬고 이로써 진정한 의미의 진보적 발전이 일어날 수 있게 되었다고 주장한다. 가령 염색체, 원핵세포, 감수분열과 성, 진핵세포, 그리고 다세포의 출현 등은 생명의 진화 역사에서 일어난 분수령과 같은 대사건이다. 그는 이런 대단한 사건들이 생명의 진화력을 몇 단계 상승시켰기 때문에 그것들에 '진보'라는 꼬리표를 달아주는 일은 전혀 어색하지 않다고 말한다(Dawkins, 1989; 1997). 그에 의하면 실제로 다세포 생명체 또는 체절을 가진 생명체가 지구에 처음 등장한 이후 진화는 그 이전과 똑같은 방식으로 일어나지는 않았다.

이런 견해는 진화의 대전환에 대해 메이너드 스미스와 서트마리가 주장한 부분과 정확히 일치한다(Maynard Smith & Szathmary, 1999). 그들은 몇 차례의 대사건이 생명의 진화에 비가역적인 대전환을 몰고 왔다는 도킨스의 견해에 전적으로 공감한다. 그리고 이런 생각은 거대 규모의 생명 진화에서도 방향성을 띤 모종의 진보가 일어난다는 견해이므로 굴드의 반진보주의와 충돌할 수밖에 없다.

그렇다면 대전환이 '가역적'이라는 것의 의미는 무엇일까? 예를 들어보자. 소나무나 은행나무와 같은 겉씨식물은 놀랍게도 유성생식에서 단성생식으로 바뀐 적이 없다. 이유는 간단하다. 유성생식에서 세포 내 소기관인 엽록체와 미토콘드리아는 한쪽 부모에게서만 물려받고, 겉씨식물에서 광합성 기관인 엽록체는 꽃가루를 통해서 전달되기 때문에 단성생식으로 생성된 씨는 엽록체가 없어서 생존할 수 없기 때문이다. 하지만 가끔씩은 유성생식 하는 종들이 단성생식 하는 자손을 낳기도 한다. 현화식물이나 도마뱀 같은 동물이 그 예이다. 그렇지만 다른 전환의 경우에 변화는 대부분 비가역적이다. 가령 다세포생물은 단세포 자손을 가질 수 없으며 진핵생물은 원핵생물 자손을 낳을 수 없다.

이제 굴드의 반진보주의에 대해 종합적 평가를 내려보자. 우선 그의 '술꾼 모형'을 다시 떠올려 보자. 우리는 이 모형의 전제들에 몇 가지 중요한 수정을 가할 수 있다. 가령 거기서 술꾼은 무작위로 비틀거리며 이동했다. 하지만 '비가역적 대전환' 개념을 받아들이면, 우리는 생명체가 전환 문턱을 넘기까지는 무작위로 비틀거릴 수 있으나, 그 문턱을 넘어 생명의 새로운 전기를 맡게 되면 그 전 과정으로 되돌아가기가 쉽지 않다고 결론 내릴 수 있다. 즉 생명은 몇 번의 대전환기를 거치며 비가역적 방식으로 진보하고 있는 것이다.[15] 굴드는 복잡성에 관하여 물리학과 화학에 의해 그어진 불변의 경계만을 주목하지만, 우리는 그 경계를 비가역적으로 전이시키는 과정이야말로 진정한 진화적 추세라고 주장할 수 있다.

우리는 지금까지 '생명이 특정한 추세를 보이며 진화해 왔는가?'라는 물음을 둘러싼 논쟁들을 간략하게 훑어보았다. 다윈 자신은 이 문제에 대해 다소 애매한 입장을 취했고, 다윈의 후예들은 주로 복잡성의 증가로 이 문제를 환원하여 설명하려 했다. 아직은 이 문제에 대한 합의된 견해란 없다. 이견 중에서 맨 왼쪽에는 복잡성의 증가가 통계적 환상에 근거해 있다고 비판한 굴드가 있는 반면, 맨 오른쪽에는 생명 진화의 분수령이 되었던 몇 번의 전환 과정에 기대고 있는 메이너드 스미스와 서트마리가 자리하고 있다. 따라서 '진화가 진보가 아님을 밝혔다'

는 것을 굴드의 큰 공헌이라고 한다면, 그것은 편향된 평가라
할 수 있다.

종교 반제거론 anti-eliminativism of religion

과학과 종교의 관계에 대해서는 크게 세 가지 입장이 있다(신재
식 외, 2009). 과학과 종교 중 양자택일을 해야 한다는 제거론, 과
학과 종교는 서로 다른 세계의 작업이라는 분리론, 그리고 그
둘을 융합해야 한다는 조화론이 그것이다. 여기에 굴드는 현대
적 분리론의 대표주자로 잘 알려져 있다(Gould, 1999). 분리론은
과학의 영역과 종교의 영역을 명확히 구분하고 이 두 영역 간에
는 아무런 겹침이 없다고 주장하는 입장이다. 이 관점에 따르면,
과학과 종교의 영역은 전혀 다른 차원의 것이기에 원리상 과학
이 종교를 도전하지도 종교가 과학을 규제할 수도 없다. 따라서
제거론적 관점이 과학과 종교의 '전쟁'을 나타낸다면, 분리론적
관점은 이런 의미에서 '영원한 평화'를 추구하는 방법이라 할
수 있다. 예컨대 "과학은 '사실'만을 다루는 반면 종교는 인간
사고와 행위에 관한 '평가'만을 다룬다"라고 말했던 아인슈타인
이나, "과학은 '어떻게'를 묻지만 종교는 '왜'를 묻는다"라고 믿
는 현대의 많은 신학자가 바로 여기에 해당된다(Murphy, 1997).
　주류 그리스도교 신학 중 하나인 신정통주의neo-orthodox에 따

르면 과학과 신학은 방법과 탐구 대상이 전혀 다르므로 과학자와 신학자는 서로의 간섭 없이 독립적으로 연구할 수 있다. 신정통주의자들은 과학이 인간의 관찰과 이성에 바탕을 두고 있지만 신학은 신의 계시에 근거해 있다고 말한다. 신정통주의는 문자주의적 성서 해석법을 받아들이지 않는다. 왜냐하면 성서의 기술 자체는 계시가 아니라 계시적 사건들을 증언한 인간의 기록이므로 오류가 있을 수 있기 때문이다. 대신 신의 역사는 성서의 기록 자체를 통해서가 아니라 사람들과 공동체의 삶을 통해 드러난다. 이런 관점에서 보면 창세기의 첫 부분은 신과 인간의 기본적 관계성에 대한 상징적 메시지로 해석되며 천문학이나 생물학과는 무관하다(Peters, 1996).

한편 언어철학자 루트비히 비트겐슈타인Ludwig Wittgenstein의 후기 철학은 과학과 종교의 분리론을 옹호하는 매우 강력한 무기다. 그는 언어가 게임처럼 규칙에 의해 규정되는 하나의 존재 양식이며 언어의 규칙이 어떻게 해석·적용되느냐는 언어 사용자의 삶의 형식에 의해 규정된다고 주장했다(Wittgenstein, 1953). 이런 철학에 따르면 과학은 자연 현상에 대한 제한된 범위의 질문을 던지며 주로 예측과 조건을 규정하는 언어를 사용하는 데비해, 종교 언어의 주요 기능은 삶에 대한 가치와 태도들을 이끌어내며 특정한 도덕 원칙들을 따르도록 격려하는 것이다. 종교 언어는 특정한 신을 숭배하는 공동체의 관습과 예배 의식에서 나온다. 쉽게 말하면 과학 언어는 과학자 공동체가 만들어내는 규칙을 따르며 종교 언어는 신앙 공동체의 관습을 통해 통용되는 규칙으로 작동한다. 따라서 둘은 사실상 다른 언어를 구사하고 있는 셈이다. 과학자와 종교인은 서로 다른 세계에서 다른 언어를 사용하고 있는 이방인이다.

굴드는 이 분리론을 적극적으로 발전시키고 옹호한 대표적 과학자다. 그는 과학과 종교의 바람직한 관계를 '중첩되지 않은 앎의 권역NOMA' 원리로 규정했다. 여기서 '앎의 권역'이란 권위를 갖고 가르칠 수 있는 영역을 의미한다. 굴드는 과학의 권역이 실험 영역에 걸쳐 있다고 주장한다. 즉 '우주가 무엇으로 구성돼 있는가(사실)'와 '왜 우주가 이런 식으로 움직이는가(이론)'라는 문제를 다룬다는 것이다. 반면 종교의 권역은 궁극적 의미와 도덕 가치를 다룬다고 설명한다. 그는 예술과 과학이 서로 충돌하거나 경쟁한다고 보지 않듯이, 종교와 과학의 관계도 마찬가지라고 말한다(Gould, 1999). 이 얼마나 점잖은 견해인가!

하지만 이런 분리론은 과학의 강력한 도전들 앞에서 '종교 구하기'에 나선 지식인들이 만들어낸 일종의 궁여지책일 수 있다. 즉 현대 과학의 맹위를 경험한 지식인들이 자신의 종교 전통을 보호하면서도 지적 활동의 정당성을 확보하려는 전략이라는 것이다. 정말로 과학과 종교가 쉽게 분리될 수 있는가? 20세기의 과학철학과 종교철학적 관점에서는 부정적으로 대답될 수밖에 없다. 종교적 세계관 속에는 사실의 영역에 대한 경험적 믿음들이 복잡하게 얽혀 있고, 과학적 이론망 속에도 형이상학적 요소가 자리하고 있다는 점은 이제 상식에 가깝다.[16] 여기서 바로 분리론의 문제점이 드러난다. 그것은 분리론자들이 주장하는 것처럼 과학과 종교가 그렇게 명확히 구분되는 것은 아니라는 사실이다. 따라서 영역의 분리를 통해 얻은 영원한 평화란 허상일 가능성이 높다.

하지만 이것은 과학과 종교가 똑같은 종류의 믿음체계라는 뜻은 아니다. 오히려 진화론적 세계관은 경험적 사실과 이론들, 그리고 무신론적 형이상학과 네트워크를 이룬 체계여서 비슷한 구성 요소를 가진 유신론적 세계관과도 맞닿는 지점(경험 영역)이 있을 수 있다는 뜻이다. 그리고 진화론이 무신론/유신론 중에 어떤 형이상학을 더 지지하는가에 대해서는 아직도 논쟁 중이다(Dennett & Plantinga, 2010). 하지만 어찌되었든 이것들은 굴드의 주장과는 반대로 종교와 과학 간에 '교권역'이 존재한다는 뜻이기도 하다.

진화학계의 마지막 4할 타자

지금까지 우리는 현대진화론의 여러 쟁점들에 대해 굴드가 취해온 견해들이 주류 진화학계의 관점에서 어떤 평가를 받고 있는지를 살펴보았다. 요약하면, 그는 1970년대 초반부에는 진화의 속도 문제, 1970년대 후반부에는 적응주의 문제, 1980년 전반부에는 사회생물학 문제, 1980년대 후반부에는 우발성 문제, 1990년대 중반부에는 진보 문제, 그리고 1990년대 후반에는 과학과 인문학(종교) 문제를 다루면서 주류 진화학계와는 정반대의 자리(또는 비스듬한 자리)에 앉아 있었다. 주류의 비판을 종합해보면 다음과 같은 것이 될 것이다. "굴드의 견해는 논란이 많은 소수 이론이지만 그의 대중적 영향력 때문에 일반인들은 마치 그것이 정설인 것처럼 받아들인다." 실제로 그는 자신의 고향인 고생물학계를 제외하곤 다른 진화학계에서 크게 환영받은 학자라고 할 수 없다. 굴드의 활동은 '외로운' 투쟁인 경우도 많았다.

물론 이것은 진화학계 내에서만 국한된 진실이다. 반면 대중적 측면에서 그는 전혀 외롭지 않았다. 대중들이 존경하고 사랑해마지 않는 하버드 대학교의 교수이자 베스트셀러 저자였기 때문이다. 탁월한 지성의 소유자요 과학해설의 달인이라고 한다면 모두들 《코스모스》의 세이건을 떠올릴 것이다. 그런데 그동안 굴드는 생물학계의 세이건처럼 대우받았다. 달팽이 화석 연구로 학자의 인생을 시작한 그는 발생과 진화의 관계를 탐구한 《개체발생과 계통발생》(1977)이라는 전공서에서 출발하여, 2002년에는 1433쪽에 달하는 대작 《진화론의 구조》(2002)를 완성했다. 이 두 전문서 사이에 출간된 20권의 저서는 크게 보면 전부 대중과학서다. 하버드 대학교의 교수가 대중들을 위해 이런 다작을 할 수 있었던 원동력은 무엇일까? 그가 《자연사》라는 잡지에 1974년 1월부터 2000년 12월까지 무려 27년간이나 거의 매달 고정 칼럼을 연재했다는 사실 말고, 그것을 더 잘 설명해줄 수 있는 요인은 없다. 그는 그 에세이들을 엮어서 10권 이상의 단행본을 출간하기도 했다. 대중 작가로서 그의 인생은 화려함 자체였다.

가끔 이런 엉뚱한 상상을 해본다. 만일 굴드가 하버드 대학교의 교수가 아니었다면 그의 인생과 현대 진화론의 역사는 어떻게 달라졌을까? 그의 단골 비유인 '진화의 테이프'와 유사한 '개인사의 테이프'를 되감은 후 다시 틀어보면 어떤 결과가 나올까? 어쩌면 굴드는 《자연사》에 고정 칼럼을 연재할 수 있는 기회가 없었을지도 모르고, 똑같은 내용의 책을 냈어도 전문가와 일반인들에게 무시당했을지도 모른다. 재능은 있으나 소수 의견에 매달리는 어떤 변방의 외로운 외침쯤으로 끝날 수도 있었으리라. 그의 지위와 재능이 학계의 진보를 위해서도 좋은 일이었을까? 아니면 그것 때문에 오히려 학계의 진보가 지체되었던 것일까?

하지만 우리는 한편으로 그의 존재에 감사해야 할 것이다. 주류 진화학계의 권위에 끊임없이 도전했던 그의 '안티 정신', 즉 반점진론, 반적응주의, 반진보주의, 반제거론은 주류 과학계의 탁월한 대변인 역할을 했던 도킨스의 '보수적 공헌'과는 또 다른 측면에서 박수를 받을 만하다. 우리는 그를 진화학계의 '풀하우스'를 위해 어딘가에서 보내진 '악역 담당devil's advocate'이라고 여길 수도 있다. 그런데 그 악역의 화술과 레토릭이 너무나 화려하고 매력적이어서 적지 않은 이들이 그의 편이 되었다. 예컨대 그가 보여준 인문적 소양과 박식함은 도킨스의 그것에 비해 확실한 우위를 점했다. 비록 논증력 측면에서는 도킨스에게 약간 뒤졌을지 모르지만 말이다. 그리고 무엇보다도 27년간 《자연사》에 매달 원고를 써댔던 그의 호기심과 열정은 그의 활자에 중독된 독자 집단을 만들어내기에 충분했다.

 이 세상에 살다가 간 과학자 중에서 굴드만큼 다중언어—자신의 분야 언어, 타 분야 언어, 그리고 대중들을 위한 언어—를 자유롭게 구사할 수 있었던 이가 또 있을까? 나는 그가 진화학계의 명예의 전당에서 테드 윌리엄스Ted Williams로 남아주길 바란다.[17] 그보다 더 화려한 성적표를 가진 학자가 나올 수 없어서가 아니라, 이제는 진화학자들의 실력이 전반적으로 상승하여 그 정도로는 4할이 될 수 없다는 뜻에서 말이다. 그가 《풀하우스》에서 강조했듯이.

다윈의 식탁

에드워드 윌슨 인터뷰

《지구의 정복자》의 저자, 에드워드 윌슨과의 인터뷰

인터뷰 일시

2013. 11. 12

"그의 고차원적 사고와 글쓰기를 생각하면 슬픈 일이 아닐 수 없다. 결코 추천할 수 없다." 한 저명한 진화학자의 이런 평가를 받은 책이라면 독자들은 멈칫할 것이다. "살짝 던져놓을 게 아니다. 온 힘을 다해 집어 던져야 할 책이다. 정말 유감이다." 만일 이것이 《이기적 유전자》의 저자이며 이 시대의 대표 과학자 리처드 도킨스가 쓴 혹평이라면 어쩌겠는가?

일반 독자는 이렇게 도킨스의 혹평을 받은 책의 표지를 보고 눈을 의심할지 모른다. 저자가 《통섭》으로도 유명한 하버드 대학교의 사회생물학자 에드워드 윌슨이 아닌가? 1975년 출간된 그의 《사회생물학》을 읽고 훗날 행동생태학자가 된 이가 한둘이 아닐 진데, 왜 그는 지금 자신의 후배들에게 이런 '수모'를 겪어야 한단 말인가? 주류 진화학자들이 낙인찍은 문제의 책,《지구의 정복자The Social Conquest of Earth》(2012)를 나는 최근에 마치 금서라도 읽는 양 탐독했다.

이 문제작은 고갱의 화폭에 적힌 실존적 질문으로부터 시작한다. '우리는 어디에서 왔고, 무엇이며, 어디로 가는가?' 통섭학자 윌슨은 그의 트레이드마크처럼 유전학, 신경과학, 진화생물학, 고고학, 사회심리학, 역사학 등을 총동원하여 고갱의 화두에 답하려 했다. 그는 고갱의 물음을 다음과 같이 번역했다. "고도의 사회생활이 대체 왜 존재하며, 생명의 역사에서 왜 그토록 드물게 출현했는가? 그리고 그것을 가능하게 했던 원동력의 정체는 무엇인가?"

윌슨의 이전 저작들에 친숙한 독자라면 이 질문 자체는 오히려 식상하기까지 하다. 이타성의 진화야말로 그의 단골 메뉴니까. 자식도 낳지 않고 자매를 평생 돕는 일개미나 일벌의 이타적 행동을 어떻게 설명할 것인가? 곤충 세계에서 이런 테레사 수녀들의 존재는 다윈의 후예들도 풀지 못한 한 세기의 난제였다. 영국의 천재 생물학자 윌리엄 해밀턴은 1960년대에 이 수수께끼에 대한 해답으로 포괄 적합도 이론을 제시한다. '포괄 적합도'란 자신의 번식적 성공뿐만 아니라 친족들의 번식적 성공을 함께 고려한 값인데, 이 이론에 따르면 어떤 행동을 통해 자신이 손해를 보더라도 친족들이 그것을 상쇄하는 이득을 보게 된다면 그런 행동은 진화할 수 있다. 가령, 일개미의 불임은 자식보다 자매가 유전적으로 더 가까운 개미 사회에서는 충분히 일어날 수 있는 진화인 것이다.

지난 30여 년간 과학계의 베스트셀러 자리를 지켜온《이기적 유전자》는 사실은 해밀턴의 포괄 적합도 이론을 세련되게 대중화한 것에 불과했다. 혈연 선택이라고도 불리는 이 이론은 후에 곤충 사회뿐 아니라 포유류와 인간에게까지 확대 적용되면서 진화학계에서 가장 포괄적인 일반 이론으로 자리를 잡았다. 해밀턴은 이 이론의 창시자였고 윌슨은 초창기부터 강력한 옹호자 중 하나였다. 윌슨의 초기 대표작인《사회생물학》에서 그는 명확히 인정했다. "이타적 행동이 대체 어떻게 진화할 수 있을까? 대답은 혈연 선택이다."(포괄 적합도 이론은 혈연 선택 이론이나 이기적 유전자 이론으로 불리기도 한다.)

그랬던 그가 최근에 자신의 생각을 180도 바꿨다. 이 최근 변화를 모르는 독자들이라면, 윌슨의 최근작《지구의 정복자》를 읽다가 어쩌면 번역을 의심할지도 모른다. "불행히도 혈연 선택의 가정들을 근거로 삼은 포괄 적합도라는 일반 이론의 토대는 무너져 왔으며, 그것을 지지하는 증거는 점점 모호해지고 있다. 이 아름다운 이론은 한 번도 제대로 들어맞은 적이 없었고, 지금은 무너지고 있다." 그러니 지금 진화생물학계는 가히 패닉 상태라 할 수 있다.

이 책을 둘러싼 논쟁이 너무 궁금해 하버드 대학교 비교동물학 박물관 4층에 있는 그의 연구실을 찾았다.

장대익 : 왜 개미와 인간이 지구의 정복자입니까? 우선 그 얘기부터 시작해볼까요?

에드워드 윌슨 : 외계인 과학자가 지구에서 가장 깊은 인상을 받은 동물은 무엇일까요? 단적으로 개미와 인간을 말할 수 있습니다. 개미는 개체수, 몸무게, 환경에 미치는 영향 면에서 무척추동물계의 지존이며, 구성원들의 분업으로 이뤄진 고도의 조직을 갖춘 종입니다. 그 분업 중에 이타적 행위를 하는 경향이 포함되어 있어서 '진사회성eusocial' 동물이라 불리고 있지요. 개미, 벌, 흰개미 등은 이런 진사회성 동물인데 무척추동물 중에서 가장 복잡하고 생태적으로도 성공적인 종들입니다. 한편 인간은 유일하게 언어와 문명을 진화시킨 지배적인 종으로서 개미와 같이 번식적 분업이 진화하지 않았지만 협력과 동맹으로 이뤄진 복잡한 사회성을 갖고 있습니다. 외계인의 시선으로 지구 생명체 진화의 패턴을 관찰한다면, 두 가지를 이야기할 수 있을 겁니다. 육상 생물 중에서 가장 복잡한 사회 체제를 갖춘 종들이 우위를 점하여 그런 종들은 아주 '드물게' 출현했다는 사실 말이죠.

장대익 : 드물게 출현했다는 것은 어떤 의미인가요?

에드워드 윌슨 : 진사회성 동물은 곤충을 비롯한 2600개 과의 절지동물 중에서 단 15개 과에 불과합니다. 대개 개미, 말벌, 벌, 흰개미 류이지요. 한편 척추동물의 경우에는 더 희귀한데 땅속에 사는 아프리카의 벌거숭이두더지쥐에게서 두 차례 출현했고,

현생 인류로 이어지는 계통에서 한 번 진화했다고 할 수 있습니다. 그만큼 전제 조건들이 많다는 이야기지요. 곤충이나 인간의 진사회성이 진화하기 위해서는 개미 군체나 인간 집단을 위한 이타적 행동이 선택되어야 하는데 이것은 드문 경우이기 때문입니다. 중요한 것은 이들 사회의 진화 과정에서 집단 수준의 선택과 개체 수준의 선택이 상호작용을 해왔다는 것입니다.

장대익 : 사회성 진화의 원동력을 설명하면서 지난 50년 동안 사실상 폐기되었던 집단 선택론을 다시 끌어들이는 이유가 정말 궁금합니다. 이 책에서 선생님은 포괄 적합도 이론은 틀렸다고 단언하고 있습니다. 그 이론의 최고 옹호자였던 선생님이 어떻게 이런 결정을 내리셨는지요?

에드워드 윌슨 : 그 이론이 제게 영감을 준 것은 해밀턴 박사의 추상적인 공식 자체가 아니었습니다. 그보다는 반수배수성 haplodiploid 가설이라 불리는 주장 때문이었죠. 반수배수성이란 수정란이 암컷이 되고 미수정란이 수컷이 되는 성 결정 메커니즘을 말합니다. 이런 메커니즘 때문에 딸과 엄마(r=1/2) 보다 자매들이 서로(r=3/4) 유연관계가 더 가까워집니다. 1960~70년대에 진사회성이 진화했다고 알려진 종은 모두 막시류hymenoptera에 속했기 때문에 이 가설은 잘 들어맞았습니다. 하지만 1990년대에 와서 이 가설은 몰락하고 말죠. 가령, 흰개미는 이 설명 모형에 들어맞지 않았고, 이배수성 성 결정방식을 드러내는 진사회성 종들이 더 많이 발견되었으며, 포괄 적합도 이론의 기본 전제들

을 실제로 만족하는 사례가 자연계에 거의 없다는 사실이 드러났습니다. 포괄 적합도는 유령 같은 측정치입니다. 실제로 그것을 측정하는 학자는 아무도 없습니다. 그동안 얼마나 옹호했건 좋아했건 그건 문제가 아닙니다. 내 생각은 틀린 것이었습니다.

곤충의 복잡다단한 생태를 더 깊이 연구하면서 이렇게 저는 혈연 선택보다는 생태적 요인들이 진사회성의 진화를 이끌어왔다는 사실을 깨닫게 되었습니다. 가령, 진사회성 곤충들은 모두 암컷이 집을 짓는 것으로부터 출발하는데요, 이들에게는 유전자를 얼마나 공유했느냐보다 집을 공유했느냐가 더 중요한 요인이 됩니다. 또 다른 정복자인 인간의 경우 사회성 진화의 원동력은 확실히 유전자나 개체가 아닌 집단 선택이라 할 수 있습니다. 인류의 진화사에서 집단 간 충돌은 끊이질 않았는데 이 과정에서 부족주의, 명예심, 의무감 등이 이기심을 억누르게끔 진화할 수 있었던 것입니다. 개미든 인간이든 혈연 선택만으로는 그들의 진화를 설명할 수 없습니다. 다양한 수준에서 작용했던 선택압을 동시에 고려해야만 하죠. 인간의 본성은 그런 다수준 선택의 산물입니다. 문화, 도덕, 종교, 예술이 그 예라 할 수 있겠죠.

장대익 : 그럼 언제부터 혈연 선택 이론이 틀렸다고 확신하셨던 겁니까?

에드워드 윌슨 : 10년 전쯤부터입니다. 2005년부터 혼자 또는 공동으로 계속해서 혈연 선택 이론의 문제점을 지적하는 논문들

을 발표해 왔죠. 가령, 2008년에《바이오 사이언스》라는 저널에 실린 〈하나의 거대한 도약One giant leap: How insects achieved altruism and colonial life〉 등이 그렇다고 할 수 있겠습니다. 그런데 그 즈음에 하버드 대학교의 이론생물학자 두 명이 따로 저를 찾아와서는 제 생각에 동의를 표하면서 이타성의 진화를 설명하는 새로운 수학적 모델 작업을 같이 해보자고 제안했고, 그것이 우리가 추구하는 다수준 선택multilevel selection 모형으로 진화하게 된 것입니다.

사실 3년 전쯤에 윌슨은 하버드 대학교의 저명한 수리생물학자 마틴 노왁Martin Nowak 등과 함께 이 책의 이론적 근간이 된 논문을《네이처》에 발표했다. 거기서 그들은 오히려 포괄 적합도 이론이 기껏해야 자신들이 주장하는 다수준 선택론의 특수한 경우일 뿐이라는 도발적인 주장을 펼쳤다. 진화생물학의 근간을 흔드는 이 폭탄선언에 주류 진화학자들 중 137인이나 되는 이들이 그들의 문제점을 지적하며 공동으로 반대 서명을 하는 초유의 사태가 있었다. 엄청난 저항이라고 할 수 있다. 이에 대한 윌슨의 반응이 궁금했다.

장대익 : 선생님의 이론이 옳다고 한다면, 왜 그들은 포괄 적합도 이론을 패러다임처럼 고수하고 있을까요?
에드워드 윌슨 : 한마디로 무지하기 때문입니다. 그 많은 서명

자들이 공통적으로 인용하고 있는 참고문헌[West, S.A. (2009), *Sex Allocation*, Princeton University Press]이 하나 있는데 확신컨대 그것을 실제로 읽은 사람은 거의 없을 겁니다. 포괄 적합도가 실제로 측정된 적은 한 번도 없습니다. 지금부터 중요한 얘기입니다. 우리는 지금 진화생물학의 역사에서 매우 드문 사건을 경험하고 있죠. 지금은 패러다임 전이paradigm shift가 일어나고 있는 과학 혁명기라고 할 수 있습니다(코페르니쿠스 혁명을 생각해보라). 포괄 적합도 이론은 사회행동의 기원을 설명하지 못했습니다. 다행히 대안 이론은 있습니다. 하지만 새로운 것은 아닙니다. 표준적인 자연선택 이론으로 되돌아가야 할 것 입니다. 가령, 진사회성의 진화에서 공통적으로 나타는 현상은 그들이 집을 짓고 그것을 중심으로 협동한다는 사실입니다. 침팬지와 우리의 중요한 차이는 그들에게는 함께 모여 둘러앉을 모닥불(야영지)이 없었다는 점입니다. 방어 가능한 안전한 보금자리에 집단이 집결함으로써 생긴 결속력은 인간의 사회성 진화에 결정적 한방이었습니다. 혈연은 원인이 아니라 결과일 뿐입니다.

한때 같은 진영에서 좋은 관계를 유지했던 도킨스는 이번 책에 대해 '(쓰레기통에) 내던져야 할 책'이라고 혹평했다. 윌슨은 이를 어떻게 받아들이고 있을까? 나는 놀라운 대답을 들어야 했다.

장대익 : 선생님의 변심에 대해 맹렬히 비난하는 사람들, 가령

도킨스와 같은 분들에 대해서는 어떻게 생각하십니까?

에드워드 윌슨 : (고개를 가로 저으며) 읽지 말라고 썼더군요. 《이기적 유전자》로 얻은 그의 평판은 포괄 적합도 이론에 근거해 있습니다. 오우, 그는 제 이론을 평가할 만한 능력이 없는 사람입니다. 그는 과학자가 아니에요. 어떤 이들은 나와 그 사이에 충돌이 있는 것처럼 이야기하는데 그런 건 없어요. 저는 과학자들을 설득 중이고, 그는 대중들에게 말하고 있기 때문이죠.

7년 전에 철학자 대니얼 데닛과 함께 그를 만났을 때 윌슨은 도킨스에 대해 반감을 표현하진 않았다. 그의 불편함은 종교에 대한 견해 차이에서도 이어졌다.

장대익 : 이 책에서 선생님은 여전히 종교에 대해 비관적이면서 인문학에 대해서는 파트너십을 이야기하고 있습니다. 구체적으로 무슨 뜻입니까?

에드워드 윌슨 : 제가 종교에 대해 가지고 있는 불편함은 초월에 대한 그들의 관심이 아닙니다. 누구나 그걸 상상할 자유는 있겠지요. 문제는 창조 스토리에 있습니다. 이건 계몽의 대상입니다. 도킨스는 종교에 대해 융단폭격을 하고 있지만 그것은 가장 쉬운 길이죠. 많은 이들이 저를 과학으로 모든 것을 환원하려는 사람이라고 말하지만, 저는 그런 사람이 아닙니다. 외계인이 지구에 와서 인간의 행위 중에서 가장 흥미롭게 느낄 부분이 무엇

이라고 생각하십니까? 인간의 과학기술일까요? 아닙니다. 외계인은 너무나 오래전에 그 정도의 과학 수준에 도달했을 것이기 때문에 그에 관해 별 관심이 없을 겁니다. 오히려 그들이 관심을 보이는 것은 인문과 예술이 아닐까요? 내년 가을에 나올 새 책은 그런 것에 관한 이야기를 담고 있습니다.

그의 책들이 늘 그렇듯 《지구의 정복자》에도 사회성 곤충과 인간의 진화에 대한 최신 자료들이 가득하다. 하지만 그의 다른 책들과는 달리 그림, 도표, 사진도 곁들이며 매우 친절한 글쓰기를 보여준다. 여든을 훌쩍 넘은 그는 《통섭》을 비롯한 이전 저작들처럼 이번에도 도발을 감행했다. 다른 것이 있다면 그의 주 목표물이 이번에는 외부(인문사회학계)가 아닌 내부(진화학계)라는 점일 것이다. '개미와 인간을 정복자로 진화시킨 가장 중요한 원동력이 집단의 힘'이라는 그의 메시지에 동의할 수 있을까? 인간의 행동과 사회의 현상을 유전자나 개체의 관점으로 해석하는 현재의 지배 패러다임에서 이것은 분명 큰 도전이다. 과연 그는 코페르니쿠스가 될 수 있을까? 내 귀에는 아직도 확신에 찬 어조로 '과학 혁명'을 장담하던 그의 목소리가 생생하다. 《다윈의 식탁》 시즌 2를 부르는 소리일까? 일단 좀 더 공부하며 지켜보기로 하자.

• Good Bye •

《다윈의 식탁》 증보판을 내며

감사의 말씀

이 책을 만드는 데 들어간 재료들

찾아보기

《다윈의 식탁》 증보판을 내며

2008년 11월, 첫 《다윈의 식탁》이 차려졌습니다. 그 이후로 지난 5년 여 동안 많은 독자들이 식탁을 찾아주셨고, 다양한 반응들이 있었습니다(우선, 건강 코너에 꽂혀 있는 이 책을 발견했을 때가 잊히지 않습니다. '다윈이 어떻게 자연식을 했는가'를 기대했나 봅니다). 독자 반응 중에서 가장 공통적인 것은 '감쪽같이 속았다'는 것이었습니다. 압권은 이 책이 2009년 12월에 KBS〈TV 책을 말하다〉의 테마북으로 선정되었을 때였습니다. 그때 담당 PD는 에필로그에 가서야 팩션이라는 사실을 알고 책을 집어 던졌다고 했습니다. 실제로 벌어진 일들인 줄 철석같이 믿고 있었던 거죠. 어떻게 독자를 이런 식으로 감쪽같이 속일 수 있냐며 항의하시는 독자들도 여럿 계셨습니다. 독자를 기만하려는 의도는 전혀 없었지만, 혹시라도 불쾌하셨다면 이 자리에서 사과드립니다.

하지만 독자들의 반응 중에서 가장 좋았던 것은 "진화론 논쟁이 이렇게 재밌는 줄 몰랐다"는 것이었습니다. 게다가 "디테일한 논쟁을 이해하게 되었다"라는 말을 들었을 때의 보람이란 이루 말할 수 없는 것이었습니다. 저의 대중적 글쓰기의 철학 중 하나는 '배운 사람답게 생각하고 보통 사람처럼 쓰라'는 것입니다. 어렵고 디테일한 현대 진화론 논쟁을 잘 소화한 후에 일반 독자들도 이해가 가능하도록 설명하려고 노력했습니다.

그럼에도 논쟁 이해는 여전히 높은 문턱일 수밖에 없습니다. 특히 '원숭이가 진화하면 사람이 된다'는 식으로 진화론을 오해하곤 하는 일반 독자들에게 현대 진화론의 수준 높은 논쟁은 그림의 떡일 수 있습니다. 진화론에 대한 기본적 이해가 부족하기 때문에 아무리 흥미롭고 품격 있는 논쟁일지라도 제대로 즐길 수가 없는 것이지요. 실제로 적지 않은 분들이 이 책에 등장하는 논객들을 따라가는 길이 너무 가파르다고 불평하셨습니다.

증보판에서는 이 부분을 보완하고 싶었습니다. 그래서 이번에 저는 '이것이 진화론이다'라는 글(에피타이저)을 앞부분에 새롭게 추가했습니다. 이 글은 한마디로 '생초보를 위한 진화론'입니다. 거기서 저는 자연선택 이론은 무엇이고, 진화의 다른 메커니즘들은 어떠하며, 진화의 증거들은 무엇이고, 진화론에 대한 흔한 오해들은 왜 있는지를 핵심적으로 이야기했습니다. 혹시라도 자신이 진화론의 기본을 잘 모른다고 생각하는 독자들이라면 에피타이저를 잘 소화하고 가시길 바랍니다. 그래야 메인 요리의 맛이 살아납니다. 그렇지 않은 분들은 곧바로 메인을 맛보셔도 좋을 것 같습니다.

그동안 저는 《다윈의 식탁》(초판)을 읽은 독자들과 여러 차례

만났습니다. 그때마다 제가 듣는 공통 질문은 "그래서 당신은 어느 편인가?"라는 거였습니다. 사실 저는 매 식탁이 끝날 때마다 '관전기'를 통해 각 쟁점에 대한 저의 의견을 살짝 내비쳤습니다. 즉, 사안별로 양쪽을 오가며 편든 셈입니다. 하지만 독자들은 전반적으로 저를 도킨스 진영의 사람으로 평가하는 것 같습니다(틀린 말이 아닙니다). 게다가 초판의 디저트에 '도킨스 깊이 읽기'만 실어놓고는 거기서 그를 매우 높게 평가하지 않았습니까? 적어도 형식상으로도 형평성에 문제가 있었던 거지요. 그래서 이번 증보판에서는 '굴드 깊이 읽기'를 새롭게 추가해 최소한의 균형을 맞추려 했습니다. 처음부터 이렇게 해야 했습니다.

여기에 마지막으로 하나를 더 추가했습니다. 그것은 사회생물학자 에드워드 윌슨과의 인터뷰입니다. 이 인터뷰는 2013년 11월 12일 하버드 대학교의 비교동물학박물관 4층에 위치한 그의 연구실에서 진행되었습니다(실제 인터뷰였으니 긴장은 푸십시오). 중앙일보의 요청(11월 30일자 게재)으로 그의 최신작 《지구의 정복자》에 대한 저자 인터뷰를 하게 된 경우였습니다. 거기서 윌슨은 《다윈의 식탁》의 주인공 윌리엄 해밀턴의 혈연 선택 이론(또는 포괄 적합도 이론)이 틀렸다고 단언합니다. 사실, 윌슨이 이런 충격적인 주장을 하기 시작한 지는 7~8년 쯤 되었습니다. 이러한 그의 기이한 행보에 진화학계는 속병을 앓을 수밖에 없었습니다. 윌슨이 누구입니까? 진화학계에 해밀턴의 혈연 선택 이론을 소개하고 그를 데뷔시킨 장본인 아닙니까? 그 이후로 지난 반세기 동안 해밀턴은 진화학계의 지존이었습니다. 그런 그를, 그 누구도 아닌 윌슨이 깎아 내리며 "새로운 혁명이 필요하다"고 하고 있으니, 진화학계가 멘붕에 빠질 수밖에 없습니다.

그래서 저는 윌슨의 주장과 해명을 가감 없이 전달하기 위해 그와 나눈 두 시간가량의 대화를 정리하여 디저트의 끝부분에 추가했습니다. 그러고 보니 해밀턴의 장례식으로 시작한《다윈의 식탁》을 해밀턴 밈(그의 포괄 적합도 이론)의 죽음을 선언하는 인터뷰로 끝내게 되었습니다. 그의 밈을 여전히 중요하게 받아들이는 사람으로서 살짝 불편하기도 합니다. 하지만 해밀턴에 대한 꿈으로 시작해 그에 대한 (하나의) 현실로 끝내는 방식도 괜찮아 보입니다. 오히려 현실의 이 사건은《다윈의 식탁》이 말하고자 하는 가장 큰 메시지가 무엇인지를 다시 한 번 환기시킵니다. 그렇습니다. 과학은 논쟁입니다!

《다윈의 식탁》 증보판을 내며

감사의 말씀

《다윈의 식탁》은 제가 10년 전쯤부터 꿈꿔왔던 '다윈 3부작' 중의 한 권입니다. 56권의 과학책을 소개한 《다윈의 서재》가 몇 달 전에 먼저 출간되긴 했지만, 《다윈의 식탁》은 저의 지적 정체성(과학철학자/진화학자)을 가장 명확히 드러낸 첫 작품이라고 할 수 있습니다. 물론 시기적으로도 가장 먼저였습니다(2008년 초판). 이번에 몇 가지를 보완하고 추가하여 증보판을 낼 수 있어서 정말 행복합니다. 그동안 저의 식탁에 오신 독자 여러분들이야말로 이런 증보 작업을 가치 있게 그리고 가능하게끔 만든 분들입니다. 감사합니다. 또한, 머릿속에만 있던 '다윈 3부작'이 활자화될 수 있도록 해주신 바다출판사의 김인호 대표님과 편집진께 감사의 마음을 전합니다.

생물철학을 공부하겠다고 저의 연구실에 들어온 대학원생들은 하나 같이 이 책에 각별한 애정을 표했습니다. "이 책을 읽고 진화학계의 지형도를 그릴 수 있었다"면서 말입니다(적어도 입학 초기에는 그렇게 고백하더군요). 박사과정의 전진권, 김진영, 석사과정의 박선진, 김은수, 이형석, 권오현, 맹미선, 이민섭은 저의 든든한 제자들입니다. 이들은 모두 우리의 연구가 얼마나 흥미롭고 의미 있는 것인지를 끊임없이 상기시키는 동학입니다.

꼼꼼하게 리뷰를 해준 이들도 있습니다. 정세권은 초판의 내용과 문장에 대한 자세한 리뷰를 해주었고, 권오현, 맹미선은 증보판을 정성껏 검토해주었습니다. 손혜민은 초판과 증보판을 모두 검토하고 유익한 조언을 해주었습니다.

제가 몸담고 있는 서울대학교 자유전공학부 학생들도 이 책에 대해 적지 않은 피드백을 주었습니다. 특히 〈생명〉, 〈인간, 동물, 기계〉, 〈과학과 종교〉, 〈인간 본성의 과학적 이해〉 등의 제 세미나 수업에서 이 책은 여러 번 읽혔습니다. 유익한 비평을 해준 학생들에게 고마움을 전합니다.

마지막으로 저를 과학철학의 냉정한 세계로 인도해주신 서울대학교 과학사 및 과학철학 협동과정의 조인래 교수님, 진화학의 우아한 세계로 끌어주신 이화여자대학교 에코과학부의 최재천 교수님, 그리고 진화철학의 새로운 세계로 초대해주신 미국 터프츠대학교 철학과의 대니얼 데닛 교수님께 머리 숙여 감사의 말씀을 드립니다. 이분들과 '식탁하지' 않았더라면 《다윈의 식탁》은 결코 차려질 수 없었을 것입니다.

관악에서
2014월 8월 장대익

이 책을 만드는 데 들어간 재료들

에피타이저

다윈의 삶과 사상, 그가 제창한 진화론의 기본 개념들을 이해하는 데 도움이 될 만한 책들은 다음과 같다.

- 다윈 & 페일리: 진화론도 진화한다 | 장대익 지음 | 김영사 | 2006

  다윈의 생애와 사상, 진화의 기본 개념과 적용, 그리고 논쟁들을 포괄적으로 소개한 개론서.

- 신중한 다윈씨 | 데이비드 쾀멘 지음 | 이한음 옮김 | 승산 | 2008

  다윈이 왜 20년간 자신의 자연선택론을 발표하지 않았는지를 짐작하게 만드는 책.

- 진화 | 칼 짐머 지음 | 이창희 옮김 | 세종서적 | 2004

  미국 PBS가 제작한 6부작짜리 다큐멘터리 〈진화Evolution〉의 원작.

- 한 치의 의심도 없는 진화 이야기 | 션 캐럴 지음 | 김명주 옮김 | 지호 | 2008

  엄격한 과학의 입장에서 진화론의 진실을 이야기한 책.

- 지울 수 없는 흔적 | 제리 코인 지음 | 김명남 옮김 | 을유문화사 | 2011

진화의 다양한 현대적 증거들이 핵심적으로 정리된 탁월한 대중서.

• 내 안의 물고기 | 닐 슈빈 지음 | 김명남 옮김 | 김영사 | 2009

진화의 화석학적 증거들이 정리된 책, 틱타알릭의 발견 이야기도 담겨 있다.

그 외 참고할 만한 책으로는 다음과 같다.

• 진화의 탄생 | 마이클 루스 지음 | 류운 옮김 | 바다출판사 | 2010

다윈부터 윌슨에 이르는 진화생물학의 역사와 철학이 정리된 명저

첫째 날

최근 10여 년 사이 세련된 적응주의를 대변하는 연구서와 대중
서가 봇물 터지듯 쏟아져 나왔다. 대표적인 책들은 다음과 같다.

• 마음은 어떻게 작동하는가? | 스티븐 핑커 지음 | 김한영 옮김 | 동녘사이언스 |
2007

다윈이 현대 심리학자로 다시 태어났다면 썼을 만한 책.

• 진화심리학 | 데이비드 버스 지음 | 이충호 옮김 | 웅진지식하우스 | 2012

진화사회심리학의 대가가 대학 수업 교재를 겨냥해 쓴 진화심리학 개론서.

• 붉은 여왕 | 매트 리들리 지음 | 김윤택 옮김 | 김영사 | 2006

성의 진화가 인간 본성의 진화에 얼마나 중요한지를 탁월하게 보여준 책.
진화심리학의 시작을 대중에게 알리는 역할을 했다.

이 책을 만드는 데 들어간 재료들

- 빈 서판 | 스티븐 핑커 지음 | 김한영 옮김 | 사이언스북스 | 2004

선천적인 것이 없다고 말하기 전에 꼭 읽어봐야 할 책. 인간 본성에 대한

전통적 견해(빈 서판 이론)를 현대 과학으로 조목조목 비판한다.

- 사회생물학과 윤리 | 피터 싱어 지음 | 김성한 옮김 | 연암서가 | 2012

응용윤리학의 석학인 저자가 사회생물학과 윤리학의 관계를 조명한다.

- 살인의 진화심리학 | 최재천 외 지음 | 서울대학교출판부 | 2003

국내 최초의 진화심리학 연구서로, 조선 말기 검안 문서에 기록된 살인 사

건과 1990년대에 수원에서 벌어진 살인 사건의 패턴을 진화심리학적으로

비교 연구했다.

- 섹슈얼리티의 진화 | 도널드 시먼스 지음 | 김성한 옮김 | 한길사 | 2007

성선택이 남녀의 성 행동을 어떻게 진화시켰는지 탐구한 진화심리학의 고전.

- 언어본능 | 스티븐 핑커 지음 | 김한영 외 옮김 | 동녘사이언스 | 2008

언어심리학자가 인간의 언어 능력과 언어 진화에 대해 쓴 책.

- 연애: 생존기계가 아닌 연애기계로서의 인간 | 제프리 밀러 지음 | 김명주 옮김 |

동녘사이언스 | 2009

성선택에 의한 적응이 마음의 진화에 미친 영향을 탐구했다.

- 욕망의 진화 | 데이비드 버스 지음 | 전중환 옮김 | 사이언스북스 | 2007

사랑, 섹스, 연애, 결혼 그리고 남녀의 서로 다른 욕망에 대한 진화심리학

보고서.

- 인간 본성에 대하여 | 에드워드 윌슨 지음 | 이한음 옮김 | 사이언스북스 | 2000

《사회생물학》에서는 못다 한 인간에 대한 본격적인 사회생물학.

- 진화심리학 | 딜런 에반스 지음 | 오스카 저레이트 그림 | 이충호 옮김 | 김영사 |

2001

진화심리학의 기본 개념과 역사를 소개한 만화. 그 어떤 두툼한 진화심리
학 개론서 이상으로 탁월하다.

• Barkow, J. H., Cosmides, L. & Tooby, J.(eds.), *The Adapted Mind*,
Oxford University Press, 1992

진화심리학의 바이블.

반면 적응주의에 반대하는 학자들의 저서(한국어판 번역서) 수는
상대적으로 적다. 다음의 책들이 대표적이다.

• 인간에 대한 오해 | 스티븐 제이 굴드 지음 | 김동광 옮김 | 사회평론 | 2003

IQ, 우생학, 골상학, 두개계측학 속에 들어 있는 인종, 계급, 성에 대한 사회
적 편견을 분석하고, 이 주제들에 대한 역사적 뿌리를 들춰낸다. 그 뿌리에
는 생물학적 결정론이 똬리를 틀고 있다는 것이 저자의 분석이다.

• 판다의 엄지 | 스티븐 제이 굴드 지음 | 김동광 옮김 | 세종서적 | 1998

저자의 대표적인 진화 에세이 모음집. 과학과 정치의 내밀한 관계를 추적
한 글들이 눈에 띈다.

• DNA 독트린 | 리처드 르원틴 지음 | 김동광 옮김 | 궁리 | 2001

진화유전학의 대가인 저자가 사회생물학의 유전자 환원주의와 유전자 결
정론을 호되게 비판한 책.

• Buller, D., *Adapting Minds*, the MIT Press, 2005

진화심리학에 대한 가장 세련된 비판.

이 책을 만드는 데 들어간 재료들

둘째 날

이기적 유전자 이론, 또는 혈연 선택론은 1970년대 이후 줄곧 행동생태학 분야의 주류 이론으로 확고하게 자리 잡았다. 이기적 유전자 이론을 소개한 책들을 다음과 같다.

- 에덴의 강 | 리처드 도킨스 지음 | 이용철 옮김 | 사이언스북스 | 2005

  유전자의 눈높이가 무엇인지를 핵심적으로 보여줌.

- 이기적 유전자(개정 증보판) | 리처드 도킨스 지음 | 홍영남, 이상임 옮김 | 을유문화사 | 2010

  더 이상 알릴 필요가 없는 책이지만, 너무나 많은 독자들이 오독하고 있는 책이기도 하다. 이기적 유전자가 '이타적' 인간을 진화시켰다는 것이 이 책의 메시지다.

- 이타적 유전자 | 매트 리들리 지음 | 신좌섭 옮김 | 사이언스북스 | 2001

  도킨스가 《이기적 유전자》에서 못 다한 얘기를 담고 있지만, 한국어판의 제목은 독자들을 혼돈에 빠뜨린다. 원제는 '덕의 기원The origin of virtue'이다.

- 이타적 인간의 출현 | 최정규 지음 | 뿌리와이파리 | 2009

  게임 이론으로 풀어본 협동의 진화. 국내 경제학자가 쓴 탁월한 입문서다.

- 확장된 표현형 | 리처드 도킨스 지음 | 홍영남 옮김 | 을유문화사 | 2004

  유전자의 마수가 남의 행동까지도 변화시킬 수 있음을 보여준 '무서운' 책.

다수준 선택론은 혈연 선택론의 대항마로, 지난 십여 년 사이에 활발히 논의되고 있지만 상대적으로 극히 소수다. 생물학자들보다는 주로 철학자들이 이 논의에 더 깊은 관심을 보이는 게 특징이다.

- **종교는 진화한다** | 데이비드 슬론 윌슨 지음 | 이철우 옮김 | 아카넷 | 2004

  새로운 유형의 집단 선택론으로, 종교 현상을 설명해보려는 시도.

- **타인에게로** | 엘리엇 소버, 데이비드 슬론 윌슨 지음 | 설선혜 외 옮김 | 서울대출판문화원 | 2013

  집단 선택론의 부활을 알린 책. 저자들은 자신의 이론을 다수준 선택론이라 부른다. 심리학적 이타성이 진화할 수 있는 경로도 분석했다.

셋째 날

다수의 생물학자들은 발생 과정에 유전자의 영향이 심대하다고 생각한다. 하지만 유전자 결정론은 반대한다. 유전자를 중시하는 책들은 다음과 같다.

- **게놈** | 매트 리들리 지음 | 하영미 외 옮김 | 김영사 | 2001

  인간이 가진 23쌍의 염색체가 인체 내에서 어떤 기능을 하는지, 그리고 인간의 질병과 행동에 유전자가 하는 역할이 무엇인지를 잘 정리해놓은 책.

- **본성과 양육** | 매트 리들리 지음 | 김한영 옮김 | 김영사 | 2004

  '본성이냐 양육이냐'의 양자택일을 해서는 안 되는 이유가 '양육을 통한 본성nature via nurture'이라고 설득력 있게 제시했다.

- 이중나선 | 제임스 왓슨 지음 | 최돈찬 옮김 | 궁리 | 2006

  유전자 결정론의 냄새가 가장 세게 풍기는 책.

- 하나의 세포가 어떻게 인간이 되는가 | 루이스 월퍼트 지음 | 최돈찬 옮김 | 궁리
  | 2001

  발생의 신비를 한 꺼풀 벗겼다.

- 확장된 표현형 | 리처드 도킨스 지음 | 홍영남 옮김 | 을유문화사 | 2004

  저자는 유전자 결정론은 반대하지만, 유전자 환원주의는 기꺼이 받아들인다.

반면 많은 이들이 유전자 환원주의에 빠져 있다고 경고한 책들
도 있다. 다음을 보라.

- 삼중나선 | 리처드 르원틴 지음 | 김병수 옮김 | 잉걸 | 2001

  유전자와 환경 사이에 유기체가 있고, 이 유기체는 고정된 환경에 적응하
  는 대상이 아니라 환경을 변화시키는 능동적 주체임을 강조한다.

- 유전자의 시대는 끝났다 | 이블린 폭스 켈러 지음 | 이한음 옮김 | 지호 | 2002

  저자는 유전자의 기능과 의미가 현대에 와서 지나치게 부풀려졌다고 비판
  한다.

- DNA 독트린 | 리처드 르원틴 지음 | 김동광 옮김 | 궁리 | 2001

  저자는 오늘날의 DNA 담론에 낀 거품이 빠져야 진실이 보인다고 한다.

- Oyama, S., Griffiths, P. E., & Gray, R. D.(eds.), *Cycles of Contingency*,
  MIT Press, 2001

  발생계 이론에 대한 소개와 함의를 담은 중요한 논문 모음집.

한편 최근의 이보디보는 발생 유전자들을 발견함으로써 유전자의 중요성을 다시 부각시키고 있다.

- 이보디보 | 션 캐럴 지음 | 김명남 옮김 | 지호 | 2007

  진화론과 발생학의 행복한 만남을 그리고 있다. 이보디보의 존재감을 알린 최초의 대중서.

- Carroll, S. B., Grenier, J. K., and Weatherbee, S. D., *From DNA to Diversity*, Blackwell Science, 2001.

  유전자가 발생과 진화 과정에서 정교한 도구상자 역할을 한다는 사실을 형형색색 잘 보여주고 있다.

.

넷째 날

'근대적 종합'이 일어난 1940년대에서 1950년대까지 점진론은 다윈주의의 뼈대이기도 했다. 점진론적 입장이 드러난 책들은 다음과 같다.

- 눈먼 시계공 | 리처드 도킨스 지음 | 이용철 옮김 | 사이언스북스 | 2004

  다윈이 점진론을 끝까지 밀어붙였다면 바로 이런 모습이었을 것이다. 창조론과 단속평형론을 땅에 묻기 위해 쓴 책.

- 이것이 생물학이다 | 에른스트 마이어 지음 | 최재천 외 옮김 | 바다출판사 | 2015

  말 그대로 한 세기를 살다간 진화생물학의 거장이 노년에 쓴 생물학 고급 입문서. 그는 1940~1950년대 '근대적 종합'을 이끌어낸 주체이기도 했다.

- 진화론 논쟁 | 에른스트 마이어 지음 | 신현철 옮김 | 사이언스북스 | 1998

  다윈주의가 무엇인지를 정리해놓은 책. 저자는 점진론, 공통 조상, 자연선

  택 등이 다윈주의의 핵심 개념이라고 말한다.

- 핀치의 부리 | 조너던 와이너 지음 | 이한음 옮김 | 이끌리오 | 2002

  지금도 갈라파고스 제도의 핀치가 자연선택에 의해 진화하고 있음을 보여

  준 책. 이 책을 읽고 있으면 자연선택의 포스가 느껴진다.

- Dennett, D., *Darwin's Dangerous Idea*, Simon & Schuster, 1996.

  도킨스 논의의 철학 버전. 굴드와 르원틴의 반적응주의와 굴드와 엘드리지

  의 단속평형론을 조목조목 비판한 대표적인 진화철학서다. 데닛의 저서 중

  국내에 소개되어 있는 책은 《마음의 진화》,《의식의 수수께끼를 풀다》,《주

  문을 깨다》,《자유는 진화한다》이며, 그에 대한 책인 《다니엘 데닛》(앤드루

  브룩, 돈 로스 편저, 석봉래 옮김, 몸과마음, 2002)도 출간되었다.

굴드와 엘드리지의 단속평형론를 소개하는 책은 의외로 국내에
소개된 게 별로 없다. 굴드의 저서 중 주로 1990년대 이후에 나
온 책만 번역되어서 그럴 수도 있다.

- 판다의 엄지 | 스티븐 제이 굴드 지음 | 김동광 옮김 | 세종서적 | 1998

  저자의 대표적 진화 에세이 모음집. '진화의 속도'를 다룬 장이 있다.

- Gould, S. J., *The Structure of Evolutionary Theory*, The Belknap Press
  of Harvard University Press, 2002.

굴드의 진화사상이 1433쪽이 넘는 이 책에 집대성되어 있다. 단속평형론에 관한 논의도 풍부하다. 방대한 분량 덕분에 국내에 번역되긴 힘들 듯.

한편 최근 이보디보의 관점은 '점진론/도약론' 논쟁에 새로운 해결책을 제시하는 듯하다. 이보디보에 대한 책은 《이보디보》 딱 한 권뿐이지만, 다음과 같은 영문 자료가 도움이 될 것이다.

• Gilbert, S. et al., "Resynthesising evolutionary and developmental biology", *Developmental Biology*, 173:357~372, 1996.
  진화와 발생의 재결합 전망을 밝힌 기념비적 논문.
• Hall, B. K. & Olson, W. M.(eds.), *Keywords and Concepts in Evolutionary Developmental Biology*, Harvard University Press, 2003.
  이보디보의 기본 개념과 함의들을 항목별로 정리한 책.

다섯째 날

진화와 진보를 어떻게든 떼어놓으려는 입장들은 다음의 책에서 확인할 수 있다.

• 풀하우스 | 스티븐 제이 굴드 지음 | 이명희 옮김 | 사이언스북스 | 2002
  진화에서 진보를 떼어놓기 위한 현란한 노력. 진화는 다양성의 증가일 뿐! 야구를 모르는 분께는 비추.

• 생명, 그 경이로움에 대하여 | 스티븐 제이 굴드 지음 | 김동광 옮김 | 경문사 | 2004

캄브리아기 대폭발에 대한 저자의 해석은 다양성에 대한 새로운 시각을 제공해 준다.

• 멸종 | 데이비드 라우프 지음 | 장대익 · 정재은 옮김 | 문학과지성사 | 2003

공룡멸종 뿐만 아니라 몇 번의 대멸종이 주기적으로 찾아오는 외계 운석들과의 충돌에서 빚어진 것이라고 주장한다.

진화를 진보 개념과 연결시키는 것이 문제가 안 된다는 입장들도 만만치 않다.

• 40억 년간의 시나리오 | 존 메이너드 스미스 · 외르시 서트마리 지음 | 한국동물학회 옮김 | 2001

생명의 시작에서부터 언어의 기원까지, 총 여덟 번에 걸쳐 일어난 진화사 속 대변혁 사건의 시나리오. 대변혁기에는 하위 수준들의 협동으로 인해 상위 수준의 조직이 생성된다는 내용이다. 같은 이들이 쓴《진화의 대전환 The major transitions in evolution》의 대중판이라 할 수 있는데, 국내 번역에는 문제가 많다. 책에 표기된 '이올스 스자스마리'는 '외르시 서트마리'의 잘못된 표기이다.

• 조상 이야기 | 리처드 도킨스 지음 | 이한음 옮김 | 까치글방 | 2005

인류의 진화를 시작으로 40억 년의 진화 역사를 역추적한다.《40억 년간의 시나리오》와는 반대 반향.

과학의 본질에 관한 20세기 과학철학자나 과학지식사회학자들 간의 논쟁을 좀 더 깊이 알고 싶다면, 다음의 책도 도움이 될 것이다.

• 쿤 & 포퍼: 과학에는 뭔가 특별한 것이 있다 | 장대익 지음 | 김영사 | 2008

　과학에는 정말로 뭔가 특별한 것이 있을까? 이 질문을 놓고 20세기 논리실증주의자, 포퍼, 쿤, 과학사회학자들이 벌인 대논쟁을 재구성했다.

일곱째 날

종교를 진화론적 관점에서 해부하려는 시도들은 다음과 같다. 그중 도킨스는 가장 극단적인 입장으로, 종교(엄밀히 말해 인격화한 초자연적 존재를 믿는 종교)를 인류 문명에서 제거하고자 한다.

• 만들어진 신 | 리처드 도킨스 지음 | 이한음 옮김 | 김영사 | 2007

　장롱 속에서만 '종교 없는 세상'을 꿈꾸는 소심한 무신론자들을 선동한다. 저자는 현대 과학의 이름으로 종교에 사망 선고를 내린다.

• 악마의 사도 | 리처드 도킨스 지음 | 이한음 옮김 | 바다출판사 | 2005

　리처드 도킨스가 스티븐 제이 굴드를 추모하기 위해 엮은 5장의 내용은 큰 감동이다.

• 무지개를 풀며 | 리처드 도킨스 지음 | 최재천 · 김산하 옮김 | 바다출판사 | 2008

　과학이 얼마나 경이로운 활동이며, 그 과학이 주는 인생의 가치와 의미는

이 책을 만드는 데 들어간 재료들

또 얼마나 멋진지 역설하고 있다. 과학과 가치에 대한 도킨스의 견해가 잘 드러난다.

- **통섭** | 에드워드 오스본 윌슨 지음 | 최재천 · 장대익 옮김 | 사이언스북스 | 2005
  계몽시대 이후에는 파편화된 지식을 한데 엮어보려는 시도들이 욕을 먹었는데, 윌슨은 지금이야말로 지식의 대통합을 시도할 시점이라고 주장한다. 물론 그가 생각하는 통합의 열쇠는 과학(특히 진화생물학, 신경과학, 나노과학, 인지과학)이 쥐고 있다. 여기서 그는 과학을 해방된 종교라고 말하고 종교에 대한 적응주의적 이론을 제시한다.
- **종교는 진화한다** | 데이비드 슬론 윌슨 지음 | 이철우 옮김 | 아카넷 | 2004
  새로운 유형의 집단 선택론으로 종교 현상을 설명해보려는 시도.
- **왜 종교는 과학이 되려 하는가** | 존 브록만 엮음 | 김명주 옮김 | 바다출판사 | 2012
  지적 설계를 주장하는 창조론자들을 협공하기 위해 도킨스와 굴드 진영의 진화학자들이 뭉쳤다.

창조론을 비판하는 책은 상당히 많지만 그중에서 다음과 같은 책들이 유용하다.

- **왜 다윈이 중요한가** | 마이클 셔머 지음 | 류운 옮김 | 바다출판사 | 2008
  참을 수 없는 창조론의 가벼움.
- **왜 사람들은 이상한 것을 믿는가** | 마이클 셔머 지음 | 류운 옮김 | 바다출판사 | 2007

진화의 역사에서 장착한 믿음 엔진 때문에 우리는 아직도 컬트를 믿는다.

- **과학적 사기 | 필립 키처 지음 | 주성우 옮김 | 이제이북스 | 2003**

  과학을 오남용하고 있는 창조론을 비판한다.

에필로그

도킨스의 사상을 조명한 책도 출간되었다.

- **리처드 도킨스 | 앨런 그래펀 지음 | 이한음 옮김 | 을유문화사 | 2007**

  각 분야의 일급 학자들이 리처드 도킨스의 과학과 철학을 입체적으로 조명한 책이다.

굴드의 삶과 사상을 조명한 책은 국내에 아직 출간되지 않았다. 대신 다음의 자료가 도움이 될 것이다.

- **악마의 사도 | 리처드 도킨스 지음 | 이한음 옮김 | 바다출판사 | 2005**

  도킨스가 스티븐 제이 굴드를 추모하기 위해 엮은 5장의 내용은 큰 감동이다. 이 둘이 서로 동의한 건 딱 두 가지였다. 진화가 사실이라는 것과, 자신들이 모두 최고의 글쟁이라는 것.
- Shermer, M., "This View of Science: Stephen Jay Gould as Historian of Science and Scientific Historian, Popular Scientist and Scientific Popularizer", *Social Studies of Science 32/4*, pp. 489~525, 2002.

최근 굴드의 '자연사' 에세이 모음집들이 많이 번역, 출간되었다. 그 목록은 다음과 같다.

- 다윈 이후 | 스티븐 제이 굴드 지음 | 홍욱희, 홍동선 옮김 | 사이언스북스 | 2009
- 힘내라, 브론토사우루스 | 스티븐 제이 굴드 지음 | 김동광 옮김 | 현암사 | 2014
- 플라밍고의 미소 | 스티븐 제이 굴드 지음 | 김명주 옮김 | 현암사 | 2013
- 여덟 마리 새끼 돼지 | 스티븐 제이 굴드 지음 | 김명남 옮김 | 현암사 | 2012
- 시간의 화살, 시간의 순환 | 스티븐 제이 굴드 지음 | 이철우 옮김 | 아카넷 | 2012
- 레오나르도가 조개 화석을 주운 날 | 스티븐 제이 굴드 지음 | 김동광, 손향구 지음 | 세종서적 | 2008

다음의 홈페이지도 유용하다.

— http://richarddawkins.net
— http://www.stephenjaygould.org

도킨스 깊이 읽기 ◆ 주석

이 글은 서울대학교 철학사상연구소에서 발행한 《철학사상》(2007) 195~225쪽에 수록된 논문이다. 여기서 나는 도킨스의 주요 저작에 흐르고 있는 그의 중심 사상을 비판적으로 고찰해보았다. 도킨스를 더 깊이 이해하고 싶은 독자들에게 도움이 될 것 같아 첨부한다.

1 http://www.edge.org/3rd_culture/selfish06/SelfishGene30.mp3

2 2013년에는 《프로스펙트》 선정 세계 사상가 1위에 도킨스가 뽑혔다. 《프로스펙트》는 도킨스가 트위터에서 50만 명 이상의 팔로어를 보유하고 있고, 트위터 여론조사에서도 높은 순위에 오른 것이 선정 이유라고 밝혔다.

3 그동안 도킨스의 사상을 조명하려는 시도들이 있었다. Dennet, 1995; Brown, 2001; Sterelny, 2001; McGrath, 2004; Grafen & Ridley, 2006.

4 앞서 소개되지 않았던 책 제목을 살펴보면 다음과 같다. 《에덴의 강River Out of Eden》(2005), 《불가능한 산 오르기Climbing Mount Improbable》, 《악마의 사도A Devil's Chaplain》(2003), 《조상 이야기The Ancestor's Tale》(2005). 이 책들은 '도킨스 삼부작'의 변주들이라 할 수 있다.

5 그는 쓸데없는 논쟁을 피하고자 '이기적' '이타적'이라는 용어들을 행동적 측면에서 사용했다고 명시적으로 밝히고 있다. 하지만 이 부분은 여전히 많은 이의 논쟁처다.

6 밈학의 과학적 지위에 관해서는 Aunger(2002)에 수록된 논문들을 참조할 것.

7 하지만 이 책은 전작과는 달리 우선적으로 전문가를 위해 쓴 책이기 때문에 대중이 읽고 소화하기에는 어려운 측면이 있다.

8 이런 논리는 《확장된 표현형》의 12~14장에서 다양한 사례와 함께 잘 드러나 있다.

9 이상에서도 살펴보았듯이 도킨스는 인간의 문화를 '밈'으로 보기도 하고 유전자의 '확장된 표현형'으로 보기도 한다. 그렇다면 이 두 관점에는 긴장이 전혀 없을까? 확장된 표현형이 유전자를 출발점으로 인과의 화살을 그리는 경우라면, 밈은 유전자의 영향으로부터 자유로운 경우 아닌가? 나는 이렇게 두 경우가 서로 다른 메커니즘으로 작동한다고 생각한다. 하지만 문화의 복제와 전달 현상을 총체적으로 이해하기 위해서는 이 두 메커니즘을 다 받아들일 수밖에 없을 것이다.

10 도킨스는 이번에 아주 작심을 하고 이런 도발을 감행하고 있다. 실제로 책 출간에 즈음하여 자신의 공식 홈페이지(http://richarddawkins.net)를 만들었고, '이성과 과학을 위한 리처드 도킨스 재단(RFRS, The Richard Foundation for Reason and Science, http://richarddawkins.net/foundation)'도 세워 본격적인 무신론 캠페인에 들어갔다. 미국과 영국을 순회하며 책에 대한 강연, TV 출연, 인터뷰 등으로 바쁜 일정을 보내고 있고, 2006년에는 영국 BBC를 통해 〈모든 악의 근원Root of All Evil〉이라는 다큐멘터리를 직접 만들어 방영하기도 했다. 이런 맥락에서 적어도 현재로서는 그가 '운동가'로 변신했다고 할 수 있을 것이다.

11 적응과 부산물의 차이를 쉽게 이해해보자. 온몸을 돌아다니며 산소를 운반해주는 피는 적응의 사례이다. 그런데 피의 '붉은 색깔'은 산소 운반을 담당하는 헤모글로빈 때문에 생긴 일종의 부산물이다. 즉 피는 적응이지만 피의 색은 부산물이다.

12 종교의 진화론에 대한 최근의 리뷰 중에서 《뉴욕타임스》에 실린 다음의 글이 도움이 될 것이다. Henig, R. M., "Darwin's God", *The New York Times*, March 4, 2007. 하지만 이 글은 주로 부산물 이론만을 소개하고 있으며, 적응주의는 간략하게만 다루고 있다. 게다가 밈 이론에 대해서는 아예 다루고 있지 않다는 단점이 있다.

13 선택의 수준 논쟁에 대한 최신 흐름과 해법들은 장대익(2005)에 정리되

어 있다.

14 흔히 'meme'은 '모방자'로 번역되는데, 이렇게 되면 'meme'의 다양한 기능 중에 특정 기능만을 표상하기 때문에 맥락에 따라서 적절하지 못한 경우가 생긴다. 그래서 최적의 번역어가 발견되지 않는 한 '밈'이라는 소릿값으로 표기하는 것이 더 적절할 수 있다.

도킨스 깊이 읽기 ◆ 참고문헌

- 장대익, 〈이타성의 진화와 선택의 수준 논쟁〉,《과학철학》8권 1호, 2005, pp. 81~113.

- Atran, S., In Gods We Trusts: The Evolutionary Landscape of Religion, Oxford University Press, 2002.

- Aunger, R.(ed.), Darwinizing culture, Oxford University Press, 2000.

- Barkow, J. H., Cosmides, L. & Tooby, J.(eds.), The Adapted Mind, Oxford University Press, 1992.

- Boyer, P., The Naturalness of Religious Ideas, University of California Press, 1992.

- Boyer, P., Religion Explained: Evolutionary Origins of Religious Thought, Basic Books, 2001.

- Boyer, P., "Religious Thought and Behavior as By-products of Brain Function", Trends in Cognitive Sciences vol.7(3), 2003, pp. 119~124.

- Brown, A., The Darwin Wars, Simon & Schuster, 2001.

- Dawkins, R., The Selfish Gene, Oxford University Press, 1976/1989/2006a; 홍영남 옮김,《이기적 유전자》, 을유문화사, 2006.

- Dawkins, R., Extended Phenotype, Oxford University Press, 1982; 홍영남 옮김,《확장된 표현형》, 을유문화사, 2004.

- Dawkins, R., The Blind Watchmaker, Longman, 1986; 이용철 옮김, 《눈먼 시계공》, 사이언스북스, 2004.

- Dawkins, R., A Devil's Chaplain, Houghton Mifflin, 2003; 이한음 옮김, 《악마의 사도》, 바다출판사, 2005.

- Dawkins, R., "Extended Phenotype–But Not Too Extended. A Reply to Laland, Turner and Jablonka", Biology and Philosophy vol. 19, 2004, pp. 377~396.

- Dawkins, R., The God Delusion, Houghton Mifflin, 2006b; 이한음 옮김, 《만들어진 신》, 김영사, 2007.

- Dennett, D., The Intentional Stance, MIT Press, 1987.

- Dennett, D., "Real Patterns", Journal of Philosophy vol. 89, 1991, pp. 27~51.

- Dennett, D., Darwin's Dangerous Idea, Touchstone, 1995.

- Dennett, D., Brain Children, The MIT Press, 1998.

- Dennett, D., "The Evolution of Culture". The Monist vol. 84, 2001, pp. 305~324.

- Dennett, D., Breaking the Spell: Religion as a Natural Phenomenon, Viking, 2006; 김한영 옮김, 《주문을 깨다》, 동녘사이언스, 2010.

- Dennett, D., "Review of Richard Dawkins' The God Delusion", Free Inquiry vol. 27, 2007, pp. 64.

- Fodor, J., Psychosemantics, MIT Press, 1987.

- Gould, S. J. and Lewontin, R., "The Spandrels of San Marco and the Panglossian Paradigm: A critique of the adaptationist Programme", Proc. of the Royal Society of London Series B. vol. 205, 1979, pp. 581~598.

- Gould, S. J., The Structure of Evolutionary Theory, The Belknap Press of Harvard University Press, 2002.

- Grafen, A. & Ridley, M.(eds.), Richard Dawkins: How a Scientist Changed the Way We Think, Oxford University Press, 2006; 이한음 옮김, 《리처드 도

킨스》, 을유문화사, 2007.

- Guthrie, S., Faces in the Clouds: A New Theory of Religion, Oxford University Press, 1993.

- Keller, L.(ed.), Levels of Selection in Evolution, Princeton University Press, 1999.

- Kitcher, P., "Battling the Undead: How (and How Not) to Resist Genetic Determinism", in R. Singh, K. Krimbas, D. Paul & J. Beatty(eds.), Thinking about evolution: Historical, philosophical and political perspectives, Cambridge University Press, 2001, pp. 396~414.

- Laland, K. N., "Extending the Extended Phenotype", Biology and Philosophy vol. 19, 2004, pp. 313~325.

- Lewontin, R., "Gene, Organism and Environment", in S. Oyama, P. E. Griffiths, & Russell Gray(eds.), Cycles of Contingency: Developmental Systems and Evolution, MIT Press, 1983/2001, pp. 59~66. originally in D. S. Bendall(3rd.), Evolution: From Molecules to Men, Cambridge University Press, 1983, pp. 273~285.

- McGrath, A., Dawkin's God: Genes, Memes, and the Meaning of Life, Wiley, 2004.

- Mesoudi, A., Whiten, A., & Laland, K. N., "Towards a Unified Science of Cultural Evolution", Behavioral and Brain Sciences vol. 29, 2006, pp. 329~383.

- Odling Smee, F. J., Laland, K. N. & Feldman, M. W., Niche Construction: The Neglected Process in Evolution, Princeton University Press, 2003.

- Searle, J., Intentionality: An Essay in the Philosophy of Mind, Cambridge University Press, 1983.

- Sober, E. & Wilson, D.S., Unto Others: The Evolution & Psychology of

이 책을 만드는 데 들어간 재료들

Unselfish Behavior, Harvard University Press, 1998; 설선혜 외 옮김,《타인
에게로》, 서울대출판문화원, 2013.

- Sterelny, K., Dawkins vs. Gould: Survival of the Fittest, Icon Books, 2001;
  장대익 옮김,《유전자와 생명의 역사》, 몸과마음, 2002.

- Sterelny, K. & Kitcher, P., "The Return of the Genes", Journal of Philosophy
  vol. 85, 1998, pp. 339~360.

- Wilson, D. S., Darwin's Cathedral: Evolution, Religion, and the Nature of
  Society, The University of Chicago Press, 2002; 이철우 옮김,《종교는 진화한
  다》, 아카넷, 2004.

- Wilson, E. O., Sociobiology: The New Synthesis, Belknap Press, 1975.

- Wilson, E. O., Consilience: The Unity of Knowledge, Knopf, 1998; 최재천
  ·장대익 옮김,《통섭: 지식의 대통합》, 사이언스북스, 2005.

굴드 깊이 읽기 ◆ 주석

1   이 글에서 언급되는 '주류 다윈주의'는 자연선택 메커니즘, 공통 조상, 종 분화, 생명의 나무, 점진론을 진화론의 핵심으로 받아들이는 견해를 지칭 하며, '주류 진화학자'들은 앞으로 논의될 적응주의와 점진론, 그리고 진 보주의적 진화론을 핵심적으로 받아들이는 진화학자들을 가리킨다. 하 지만 이에 비해 (종교에 대한) 제거주의적 진화론을 '주류 진화학계의 견 해'라고 말하기에는 조심스러운 측면이 있다. 왜냐하면 주류 진화학계 내 에서도 종교의 지위를 인정하거나 제거주의적이지 않은 방식으로 종교 를 대우하는 태도가 실제로 존재하기 때문이다.

2   이 라틴어 구절은 "자연은 도약하지 않는다"로 해석되며 린네가 쓴 표현 이라고 알려져 있다(Ruse, 1999).

3   '제약'에 관한 마이어의 관점은 어떤 의미에서 상당히 전일론적holistic이 다. 그에 따르면 유전자는 팀으로서 기능하며, 어떤 주어진 유전자에 대 해서 다른 많은 유전자들이 일종의 네트워크를 형성한다. 그리고 환경에 대한 우세적 상호작용epistatic interaction을 통해 유전형의 응집성이 유지 된다(Mayr, 1982). 따라서 이 관점에서는 기존의 우세적 균형이 깨진 후에 야 중요한 종분화가 일어난다고 할 수 있다.

4   사실 적응주의와 진화의 양상 문제는 서로 밀접히 연관되어 있다. 왜냐 하면 점진론자들처럼 점진적인 자연선택 과정을 받아들이면 자연선택의 강한 힘을 주장하는 적응주의로 나아가기가 훨씬 쉽기 때문이다. 실제로 적응이 일어나려면 선택압이 한 방향으로 계속 작용해야 하는데, 이렇게 되면 형질의 변화는 점진적이 된다.

5   실제로 역사적 정의들 중에서는 굴드와 브르바의 것이 시험하기에 가장 어렵다고 알려져 있다. 그렇다면 그들의 정의를 좀 더 작동 가능하도록 하려면 어떻게 하면 좋을까? 몇몇 학자들은 분지론적 방법cladistic method 을 적용하여 적응과 변용형질을 구분하려고 시도했다. 일반적으로 어떤

이 책을 만드는 데 들어간 재료들

형질이 그 계통 집단에서 파생되고 선행 형질들보다 기능적으로 우월하다면 그 형질은 적응으로 간주된다(Rose & Lauder, 1996). 따라서 어떤 조상 분류군에서 생겨난 형질이 현재까지 그 형태가 변화되지 않고(그러나 기능은 변화되고) 그대로 그 계통 내에 지속되었다면, 비록 그 형질이 후손 분류군들을 구성하고 있는 전체 클레이드clade를 위한 적응으로 간주될 수 있다 해도(만일 그 형질이 좀 더 포괄적인 클레이드와 관계되어서 파생된다면), 후손 계통에서 그것은 변용형질이라 할 수 있다. 이 정의에서는 인간의 눈은 적응이 아닐 수도 있다. 왜냐하면 모든 영장류는 눈을 가지고 있기 때문이다.

6 인간의 맹장은 처음에 소화 기관의 역할을 했지만 지금은 퇴화된 기관으로 염증의 장소가 될 뿐 별다른 기능을 하지 못한다. 반면, 암컷 점박이 하이에나는 클리토리스가 수컷의 성기와 비슷할 정도로 큰데, 암컷은 이 기관을 다른 개체들을 만날 때 복잡한 방식으로 사용한다. 따라서 현재는 적응적이다. 하지만 이 클리토리스가 바로 이런 기능이나 다른 기능들을 위해 진화되었다고는 보기 어렵다. 암컷의 공격성은 수컷화 호르몬의 양과 함께 증가하는데, 그 공격성이 선택되는 과정에서 생긴 호르몬의 부수효과 때문에 클리토리스가 비대해진 것이기 때문이다.

7 이 대목에서 우리는 자연스럽게 적응주의를 바라보는 또 다른 창에 이르게 된다. 예컨대 메이너드 스미스의 적응주의와 소버와 오잭이 정식화한 적응주의를 비교해보자. 둘 다 최적화 모형을 적응주의로 규정하고 있지만 메이너드 스미스는 적응주의를 경험적 논제라기보다는 방법론적 논제로 받아들이는 것 같다. 그에 따르면, 최적성 개념은 유기체가 도달하거나 아직은 도달하지 못한 잘 정의된 목표가 무엇인지를 우리에게 분명히 보여준다. 즉 그저 생명 체계를 연구하는 최선의 방법은 좋은 설계를 찾는 일이라는 식이다(Maynard Smith, 1984; 1987). 반면, 적응주의를 하나의 연구 프로그램으로 보는 소버의 견해는 명확히 경험적 논제이다. 최근

에 고드프리 스미스가 구분한 세 가지 유형의 적응주의에 비춰 볼 때, 소버와 메이너드 스미스의 견해는 차례로 경험적 적응주의와 방법론적 적응주의에 해당될 수 있을 것이다. 이 두 가지 외에도 복잡한 적응의 존재를 설명하는 일이 진화 생물학의 중심 문제라고 보는 '설명적 적응주의'도 가능하다(Godfrey-Smith, 2001).

8 이렇게 자연선택의 중요성이 점점 약화되는 쪽으로 그의 견해가 변해왔다는 점도 상당히 흥미롭다.

9 원래 그가 처음에 염두에 뒀던 책 제목은 '오파비니아에 대한 경의'였다고 한다(Gould, 1989).

10 물론 여기서 '갑자기'는 대개 수백만 년 정도를 기본 단위로 하는 지질학적 시간 스케일에서 사용된 표현이다.

11 K-T 대멸종 K-T mass extinction은 지질 시대에 있었던 여러 번의 대멸종 가운데 특히 6500만 년 전의 대멸종 사건을 지칭하는 용어이다. 공룡이 멸종한 시기가 바로 이때이며, 중생대의 백악기(K)와 신생대의 제3기(T) 사이에 벌어진 일이기 때문에 'K-T'라는 약자가 붙었다.

12 여기서 '복잡성complexity'이라는 주제는 그리 단순하지 않다. 예컨대 가장 기본적인 문제, 즉 '복잡성이 어떻게 정의되는가'라는 문제, 그리고 '그것을 어떻게 객관적으로 측정할 수 있는가'라는 문제도 속 시원히 해결되지 않았다. 그러나 이런 세부적이고 어려운 문제들은 잠시 접어두자. 이 글에서는 복잡성에 대한 가장 직관적이고 상대적 관점(가령 '인간보다 세균은 더 복잡하다')에서 출발하여, 과연 생명의 진화가 복잡성을 증가시키는 방향으로 진행되어 왔는지, 혹은 다른 무언가를 증가시키는 방향으로 진행되었는지에 대해서 따져보기로 하자.

13 한편 복잡성의 정의와 객관적 측정방법에 대해 연구해온 맥셰이는 진화의 추세를 크게 '(무엇인가에 의해) 조종된 추세'와 '수동적 추세'로 나누고 생물의 진화 역사에서 나타나는 복잡성의 증가는 후자라고 결론 내린

다. 수동적 추세는 굴드의 술꾼 모형과 동일하게 해석된다. 그는 복잡성의 의미를 명확히 하기 위해 그것을 형태적 측면에서 정의하고 척추동물의 추골들이 갖는 복잡성의 정도를 객관적으로 측정·비교하려 했다. 그런 후에 그는 복잡성의 증가 유형이 수동적 추세에 더 적합하다는 결론을 내린다. 하지만 그는 자신의 주장이 복잡성 측면에서만 진화의 방향성을 부정하는 것이라고 한정했다(McShea, 1991; 1993).

14 다른 하나는 진보에 대한 적응주의적 견해로서 진보를 복잡성이나 지능 등의 증가로 보지 않고 주어진 환경에서의 성공적 적응에 기여하는 특성들이 축적되는 과정으로 이해한다. 예컨대, 여러 계통들에서 발생한 눈의 진화가 바로 전형적인 진보적 진화 과정이다. 물론 이런 식의 진보가 가능하려면 그 계통들에서 선택압이 어느 정도 일정하게 유지되어야 한다. 이러한 조건 탓에 이런 유의 진보는 길어야 수백만 년 지속될 뿐이다. 그러다 갑자기 멸절이 발생하면 다시 원점으로 돌아가 새로운 내용의 진보가 계속된다. 이것이 진보적 진화의 실체라고 도킨스는 주장하고 있다(Dawkins, 1992; 1996).

15 생물철학자 스티렐니도 이와 유사한 진보 개념을 제안하고 있다(Sterelny, 2003).

16 대표적으로 쿤, 파이어아벤트, 러커토시가 이런 견해에 가까운 과학철학자라고 할 수 있다.

17 테드 윌리엄스는 굴드가 열광했던 뉴욕 양키즈의 라이벌 팀인 보스턴 레드삭스 소속의 선수였다. 그는 1941년에 4할 6리의 타율로 시즌을 마감하면서 메이저리그 마지막 4할 타자로 기록되었다.

굴드 깊이 읽기 ◆ 참고문헌

- 신재식 · 김윤성 · 장대익, 《종교전쟁》, 사이언스북스, 2009.

- 장대익, 철학연구회 엮음, 〈선택 이론의 개념적 쟁점: 선택의 수준과 단위, 그리고 힘에 관하여〉, 《진화론과 철학》, 철학과현실사, 2003, pp. 221~277.

- 장대익, 〈이보디보 관점에서 본 유전자, 선택, 그리고 마음: 모듈론적 접근〉, 서울대학교 박사학위 논문, 2005.

- Amundson, R., "Two Concepts of Constraint: Adaptationism and the Challenge from Developmental Biology", Philosophy of Science vol. 61, 1994, pp. 556~578.

- Budd, G. E., "The Morphology of Opabinia Regalis and the Reconstruction of the Arthropod Stem-group", Lethaia vol. 29, 1996, pp. 1~14.

- Catling, D. C., Glein, C. R., Zahnle, K. J., McKay, C. P., "Why O_2 Is Required by Complex Life on Habitable Planets and the Concept of Planetary 'Oxygenation Time'", Astrobiology vol. 5, 2005, pp. 415~438.

- Conway Morris, S., The Crucible of Creation: the Burgess Shale and the Rise of Animals, Oxford University Press, 1997.

- Conway Morris S., Life's Solution: Inevitable Humans in a Lonely Universe, Cambridge University Press, 2003.

- Darwin, C., On the Origin of Species, Murray, 1859.

- Dawkins, R., "The evolution of evolvability", in Langton, C.(ed.), Artificial Life, Addison Wesley, 1989.

- Dawkins, R., "Progress", in E. Fox Keller & E. Lloyd(eds.), Keywords in Evolutionary Biology, Harvard University Press, 1992, pp. 263~272.

- Dawkins, R., Climbing Mount Improbable, W. W. Norton, 1996.

- Dawkins, R., "Human Chauvinism: A Review of S. J. Gould's Full House",

Evolution vol.51, 1997, pp. 1015~1020.

- De Rosa, R., Grenier, J. K., Andreeva, T., Cook, C. E., Adoutte, A., Akam, M., Carroll, S. B. & Balavoine, G., "Hox Genes in Brachiopods and Priapulids and Protostome Evolution", Nature vol. 399, 1999, pp. 772~776.

- Dennett, D. C., Darwin's Dangerous Idea: Evolution and the Meanings of Life, Simon & Schuster, 1996.

- Dennett, D. C. & Plantinga, A., Science and Religion, Oxford University Press, 2010.

- Godfrey-Smith, P., Three Kinds of Adaptationism, in Orzack, S. H. & Sober, E.(eds.), Adaptationism and Optimality, Cambridge University Press, 2001, pp. 335~357.

- Goldschmitdt, R., The Material Basis of Evolution, Yale University Press, 1940.

- Gould, S. J., Ontogeny and Phylogeny, Belknap Press, 1977.

- Gould, S. J., "Is a New and General Theory of Evolution Emerging", Paleobiology vol. 6, 1980, pp. 119~130.

- Gould, S. J., Wonderful Life: The Burgess Shale and the Nature of History, W. W. Norton & Co, 1989; 김동광 옮김, 《생명, 그 경이로움에 대하여》, 경문북스, 1998.

- Gould, S. J., Full House: The Spread of Excellence from Plato to Darwin, Harmony Books, 1996; 이명희 옮김, 《풀하우스》, 사이언스북스, 2002.

- Gould, S. J., Rocks of Ages: Science and Religion in the Fullness of Life, Ballantine Books, 1999.

- Gould, S. J., The Structure of Evolutionary Theory, The Belknap Press of Harvard University Press, 2002.

- Gould, S. J. & Eldredge, N., "Punctuated Equilibria: an Alternative to Phyletic

Gradualism", in Schopf, T. J.(ed.), Models in Paleobiology, Freeman, 1972, pp. 82~115.

- Gould, S. J. & Eldredge, N., "Punctuated equilibrium comes of age", Nature vol. 366, 1993, pp. 223~227.
- Gould, S. J. & Lewontin, R., "The Spandrels of San Marco and the Panglossian Paradigm: A Critique of the Adaptationist Programme", Proc. of the Royal Society of London series. B. vol. 205, 1979, pp. 581~598.
- Gould S. J. and Vrba E. S., "Exaptation: a Missing Term in the Science of Form", Paleobiology 8, 1982, pp. 4~15.
- Hoffman, A., "Twenty Years Later: Punctuated Equilibrium in Retrospect", in Somit, A. & Peterson, S. A.(eds.), The Dynamics of Evolution, Cornell University Press, 1992, pp. 121~138.
- Maynard Smith, J., "Macroevolution", Nature vol. 289, 1980, pp. 13~14.
- Maynard Smith, J., "Optimization Theory in Evolution", in Sober, E.(ed.), Conceptual Issues in Evolutionary Biology, The MIT Press, 1984.
- Maynard Smith, J., "How to Model Evolution", in Dupre, J.(ed.), The Latest on the best, The MIT Press, 1987.
- Maynard Smith, J. and Szathmary, E., The Origins of Life: From the Birth of Life to the Origin of Language, Oxford University Press, 1999.
- Mayr, E., Animal Species and Evolution, Harvard University Press, 1963.
- Mayr, E., "Speciation and Macroevolution", Evolution vol. 36, 1982, pp. 1119~1132.
- Mayr, E., "Speciational Evolution or Punctuated Equilibria", in Somit, A. & Peterson, S. A.(eds.), The Dynamics of Evolution, Cornell University Press, 1992, pp. 21~53.
- McShea, D. W., "Complexity and Evolution: What Everybody Knows",

Biology and Philosophy vol. 6, 1991, pp. 303~324.

- McShea, D. W., "Evolutionary Change in the Morphological Complexity of the Mammalian Vertebral Column", Evolution vol. 47, 1993, pp. 730~740.
- Murphy, N., Reconciling Theology and Science: A Radical Reformation Perspective, Pandora Press, 1997.
- Orzack, S. H. & Sober, E., "Optimality Models and the Test of Adaptationism", American Naturalist vol. 143, 1994, pp. 361~380.
- Orzack, S. H. & Sober, E., "How to Formulate and Test Adaptationism", American Naturalist vol. 148, 1996, pp. 202~210.
- Orzack, S. H. & Sober, E.(eds.), Adaptationism and Optimality, Cambridge University Press, 2001.
- Parker, G. & Maynard Smith, J., "Optimality Theory in Evolutionary Biology", Nature vol. 348, 1990, pp. 27~33.
- Peters, T., "Theology and Science: Where Are We", Zygon vol. 31, 1996, pp. 323~343.
- Raup, D., Extinction: Bad Luck or Bad Genes?, W. W. Norton, 1991; 장대익 · 정재은 옮김, 《멸종》, 문학과지성사, 2003.
- Rhodes, F., "Gradualism, punctuated equilibrum and the Origin of Species", Nature vol. 325, 1983, pp. 269~272.
- Rose, M. & Lauder, G.(eds.), Adaptation, Academic Press, 1996.
- Ruse, M., The Darwinian Revolution: Science Red in Tooth and Claw, University of Chicago Press, 1999.
- Shermer, M. B., "This View of Science: Stephen Jay Gould as Historian Science and Scientific Historian, Popular Scientist and Scientific Popularizer", Social Studies of Science vol. 32, 2002, pp. 489~525.
- Simons, A. M., "The Continuity of Microevolution and Macroevolution",

Journal of Evolutionary Biology vol. 15, 2002, pp. 688~701.

- Skelton, P.(ed.), Evolution, Addison–Wesley Publishing company, 1993.
- Sober, E., Philosophy of Biology, 2nd, Westview Press, 2000; 민찬홍 옮김,《생물학의 철학》, 철학과현실사, 2004.
- Somit, A. & Peterson, S. A.(eds.), The Dynamics of Evolution, Cornell University Press, 1992.
- Sterelny, K., Dawkins vs. Gould: Survival of the Fittest, Icon Books, 2003; 장대익 옮김,《유전자와 생명의 역사》, 몸과마음, 2002.
- Williamson, P. G., "Selection or Costraint?: a Proposal on the Mechanism for Stasis", in Campbell, K. & Day, M. F.(eds.), Rates of Evolution, Allen & Unwin, 1987, pp. 129~142.
- Wittgenstein, L, Philosophical Investigations, Blackwell Publishing, 1953/2001; 이영철 옮김,《철학적 탐구》, 책세상, 2006.

찾아보기

책 · 논문

다윈의 식탁

용어 · 인명

다윈의 식탁

다윈의 식탁

다윈의 식탁

초판 1쇄 발행 | 2014년 10월 10일
개정판 1쇄 발행 | 2015년 11월 5일
개정판 12쇄 발행 | 2024년 8월 29일

지은이   장대익
편집   정일웅 · 김원영 · 박선진
본문디자인   김한기

펴낸곳   (주)바다출판사
주소   서울시 마포구 성지1길 30 3층
전화   322-3885(편집), 322-3575(통합마케팅부)
팩스   322-3858
이메일   badabooks@daum.net
홈페이지   www.badabooks.co.kr

ISBN 978-89-5561-801-3 03100